西北师范大学

NORTHWEST NORMAL UNIVERSITY

教育科学学院

◆ 博士学位论文丛书 ◆

万明钢　王兆璟　总主编

小学数学『综合与实践』领域

课程实施研究

史红燕 ◎ 著

甘肃人民出版社

甘肃·兰州

图书在版编目（CIP）数据

小学数学"综合与实践"领域课程实施研究 / 万明钢，王兆璟总主编 ；史红燕著. -- 兰州 ：甘肃人民出版社，2024. 12. -- ISBN 978-7-226-06110-7

Ⅰ．G623.502

中国国家版本馆CIP数据核字第 2024TU5317号

责任编辑：田彩梅

封面设计：李万军

小学数学"综合与实践"领域课程实施研究

XIAOXUE SHUXUE "ZONGHE YU SHIJIAN" LINGYU KECHENG SHISHI YANJIU

万明钢　王兆璟　总主编

史红燕　著

甘肃人民出版社出版发行

（730030　兰州市读者大道 568 号）

兰州新华印刷厂印刷

开本 787 毫米×1092 毫米　1/16　印张 21.5　插页 3　字数 335 千

2024 年 12 月第 1 版　　2024 年 12 月第 1 次印刷

印数：1~1 000

ISBN 978-7-226-06110-7　　定价：68.00 元

目　录

摘　要 ……………………………………………………… 001

Abstract ………………………………………………… 005

第一章　问题的提出 …………………………………… 001

一、研究背景 ……………………………………… 002

（一）数学"综合与实践"领域是帮助学生应对时代挑战的有效途径

…………………………………………………………… 002

（二）数学"综合与实践"领域是培养学生综合素养的重要载体

…………………………………………………………… 008

（三）数学"综合与实践"领域是促进学生发展的新型课程形态

…………………………………………………………… 010

二、研究目的 ……………………………………… 015

（一）提升小学数学"综合与实践"领域课程认识水平 ……… 016

（二）了解小学数学"综合与实践"领域课程实施现状 ……… 017

（三）构建小学数学"综合与实践"领域课程实施模式 ……… 017

三、核心概念界定 ………………………………… 018

（一）小学数学"综合与实践"领域 ………………… 018

（二）小学数学"综合与实践"领域课程实施 ……… 020

　　四、研究问题 ……………………………………………… 020

第二章　文献综述 ………………………………………………… 023

　　一、文献收集与整理 ……………………………………… 023

　　二、文献分类与综述 ……………………………………… 025

　　　　（一）小学数学"综合与实践"领域课程发展回顾 ………… 026

　　　　（二）小学数学"综合与实践"领域课程解读 ……………… 032

　　　　（三）小学数学"综合与实践"领域课程实施的研究现状与存在问题

　　　　………………………………………………………… 041

　　三、文献述评小结 ………………………………………… 048

第三章　研究设计 ………………………………………………… 053

　　一、理论基础 ……………………………………………… 053

　　　　（一）实践课程观 …………………………………… 053

　　　　（二）具身认知理论 ………………………………… 056

　　　　（三）课程整合理论 ………………………………… 059

　　　　（四）多元智能理论 ………………………………… 062

　　二、研究思路 ……………………………………………… 065

　　　　（一）课程再认识 …………………………………… 066

　　　　（二）课程实施现状分析 …………………………… 066

　　　　（三）课程实施模式构建 …………………………… 067

　　三、研究方法与对象 ……………………………………… 069

　　　　（一）研究方法 ……………………………………… 070

　　　　（二）研究对象 ……………………………………… 074

　　四、研究工具与研究过程 ………………………………… 075

　　　　（一）研究工具 ……………………………………… 075

　　　　（二）研究过程 ……………………………………… 080

第四章　小学数学"综合与实践"领域课程再认识 …………… 082

　　一、小学数学"综合与实践"领域课程价值与意义 ………… 082

　　　　（一）小学数学"综合与实践"领域课程价值取向 ……… 082

　　　　（二）小学数学"综合与实践"领域的实践意义 ………… 086

　　二、小学数学"综合与实践"领域课程内涵演变与特征分析 …… 089

　　　　（一）小学数学"综合与实践"领域的内涵演变 ………… 089

　　　　（二）小学数学"综合与实践"领域的特征分析 ………… 094

　　三、小学数学"综合与实践"领域课程目标与内容 ………… 100

　　　　（一）小学数学"综合与实践"领域课程目标 …………… 101

　　　　（二）小学数学"综合与实践"领域课程内容 …………… 105

　　四、小学数学"综合与实践"领域课程实施取向与挑战 ………… 117

　　　　（一）小学数学"综合与实践"领域课程实施取向 ……… 117

　　　　（二）小学数学"综合与实践"领域课程实施挑战 ……… 121

第五章　小学数学"综合与实践"领域课程实施现状调查

………………………………………………………… 124

　　一、小学数学"综合与实践"领域课程实施现状 ………… 124

　　　　（一）师生对小学数学"综合与实践"领域的认知理解不到位

………………………………………………………… 126

　　　　（二）师生对小学数学"综合与实践"领域课程价值认同度高

………………………………………………………… 130

　　　　（三）小学数学"综合与实践"领域在实践操作维度存在显著地域

　　　　　　差异 ………………………………………… 132

　　　　（四）小学数学"综合与实践"领域在情感体验维度存在师生差异

………………………………………………………… 136

　　二、小学数学"综合与实践"领域课程实施取得的成效 ……… 137

　　　　（一）小学数学"综合与实践"领域课程理念逐步明确

………………………………………………………… 137

（二）小学数学"综合与实践"领域课程资源与生活世界密切相关

　　……………………………………………………………………… 139

（三）小学数学"综合与实践"领域课程活动形式丰富多样

　　……………………………………………………………………… 141

三、小学数学"综合与实践"领域课程实施存在的问题 …………… 142

（一）课程资源开发利用不力 ……………………………………… 142

（二）课程授课时数安排不足 ……………………………………… 145

（三）课程目标方向不明确 ………………………………………… 146

（四）课程活动组织经验不足 ……………………………………… 148

四、小学数学"综合与实践"领域课程实施问题的成因分析 ……… 149

（一）课程理论体系的不健全 ……………………………………… 149

（二）课程实施模式的缺乏 ………………………………………… 150

（三）课程评价体系的缺失 ………………………………………… 151

第六章　小学数学"综合与实践"领域课程实施模式的原型构建

　　……………………………………………………………………… 154

一、小学数学"综合与实践"领域课程实施理念 …………………… 155

（一）课程范式由目标范式转向创生范式 ………………………… 155

（二）学生思维发展培养由学科思维转向跨学科思维 …………… 157

（三）课程评价标准由注重结果转向关注过程 …………………… 160

二、小学数学"综合与实践"领域课程实施维度 …………………… 161

（一）小学数学"综合与实践"领域的目标确立 ………………… 162

（二）小学数学"综合与实践"领域的内容创设 ………………… 165

（三）小学数学"综合与实践"领域的资源开发 ………………… 167

（四）小学数学"综合与实践"领域的评价设计 ………………… 168

三、小学数学"综合与实践"领域课程实施模式原型 ……………… 170

（一）小学数学"综合与实践"领域教学视频分析 ……………… 170

（二）小学数学"综合与实践"领域课程实施核心要素分析

　　……………………………………………………………………… 176

（三）小学数学"综合与实践"领域课程实施模式原型设计

　……………………………………………………………… 181

第七章　小学数学"综合与实践"领域课程实施模式的教学实践

　……………………………………………………………… 189

一、第一轮教学实践 ………………………………………… 191

（一）第一轮教学实践研究的问题 ………………………… 192

（二）第一轮"5E＋I"课程实施模式的实践过程 ……… 192

（三）第一轮实施效果的微观分析 ………………………… 202

（四）第一轮实施的反思与调整 …………………………… 211

二、第二轮教学实践 ………………………………………… 219

（一）第二轮教学实践研究的问题 ………………………… 219

（二）第二轮"5E＋I"课程实施模式的实践过程 ……… 220

（三）第二轮实施效果的微观分析 ………………………… 225

（四）第二轮实施的反思与调整 …………………………… 230

三、第三轮教学实践 ………………………………………… 235

（一）第三轮教学实践研究的问题 ………………………… 235

（二）第三轮"5E＋I"课程实施模式的实践过程 ……… 236

（三）第三轮实施效果的微观分析 ………………………… 243

（四）第三轮实施的反思与调整 …………………………… 250

四、三轮教学实践研究的总结与反思 …………………… 256

（一）"5E＋I"课程实施模式的三轮教学实践总结 …… 256

（二）"5E＋I"课程实施模式的三轮修订与反思 ……… 257

第八章　小学数学"综合与实践"领域课程实施模式的总结与展望

　……………………………………………………………… 259

一、"5E＋I"课程实施模式的理论总结 ……………… 259

（一）"5E＋I"课程实施模式的理论阐释 ……………… 260

（二）"5E＋I"课程实施模式的特色与创新 …………… 264

（三）"5E＋I"课程实施模式的应用策略 ……………… 266

二、"5E+I"课程实施模式的未来展望 ················· 269

第九章　结论与讨论 ························· 271

一、研究的基本结论 ·························· 271

（一）小学数学"综合与实践"领域课程内涵 ········· 271

（二）小学数学"综合与实践"领域课程特征 ········· 272

（三）小学数学"综合与实践"领域课程内容 ········· 274

（四）小学数学"综合与实践"领域课程实施取向 ······· 277

（五）小学数学"综合与实践"领域课程实施现状 ······· 280

（六）小学数学"综合与实践"领域课程实施模式 ······· 282

二、研究的讨论 ···························· 283

（一）调研工具、样本量、地域选取以及调研过程中的一些问题

··· 284

（二）对"5E+I"课程实施模型教学实践应用的反思 ······ 285

三、有待进一步研究的问题 ···················· 286

结　语 ································ 288

参考文献 ······························ 290

致　谢 ································ 311

附　录 ································ 313

摘　要

　　进入 21 世纪，我国义务教育课程改革进入实质性推进阶段，在课程目标、课程结构、课程内容和课程评价等方面都有了新的突破与发展。小学数学课程的综合性与实践性也得到了质的飞跃。21 世纪初的课程改革中前瞻性地提出了"综合与实践"领域。这是义务教育数学课程改革的创新之举，标志着基础教育数学课程结构的新突破和课程形态的新建构。"综合与实践"领域的设置不仅具有明确的现实需要，而且具有深厚的历史基础。追溯数学课程发展，"综合与实践"领域并不是全新的数学课程内容，而是对历次数学教学大纲中应用题和实践活动内容的继承与创新，其内涵在课程标准的修订过程中逐步演变与完善。

　　该领域设置二十年以来，在具体的实践过程中对课程的理解和认识如何？实施情况如何？本研究基于课程研究视角提出"小学数学'综合与实践'领域如何有效实施？"的研究总问题。要研究解决此问题需要从理论与实践两方面进行探索。一是提高小学数学"综合与实践"领域课程理论认识；二是构建小学数学"综合与实践"领域课程实施模式。从而，进一步将研究问题细化为三个研究子问题：（1）如何从课程层面认识小学数学"综合与实践"领域？（2）小学数学"综合与实践"领域课程实施现状如何？（3）小学数学"综合与实践"领域课程实施模式是什么？

　　首先，在文献资料分析和总结的基础上，阐释小学数学"综合与实践"领域课程价值意义、课程内涵与特征、课程目标与内容、课程实施取向与实施挑战，对小学数学"综合与实践"领域课程进行再认识。例如，通过再认识发现小学数学"综合与实践"领域课程内容从兴趣化转向领域化、从类型化转向主题化、从问题化转向项目化。对小学数学"综合与实践"领域课程的再认识，可以作为小学数学"综合与实践"领域课程实施的立论基础，指导构建小学数学"综合与实践"领域课程实施模式。

　　其次，基于上述研究问题，坚持实证主义方法论基础，运用质性与量化研究相结合的研究范式。从认知理解、价值认同、实践操作和情感体验四个维度设置编码体系，开发了具有较高信度和效度的小学数学"综合与实践"领域课程实施现状调查问卷（教师卷），并设计了小学数学"综合与实践"领域课程实施及影响因素（访谈提纲）。依据文献资料分析确定了北京、浙江、重庆、陕西、甘肃、青海六个省市地区作为调查研究地域。在上述地区发放并回收有效调查问卷 4194 份，并在每个地区分别选取 1 名数学教研组长、1 名教师和 3 名学生进行了半结构化访谈。对收集到的问卷调查数据主要进行了差异性分析、相关性分析和回归分析。结合访谈调查分析发现，师生对小学数学"综合与实践"领域的认知理解不到位，师生对小学数学"综合与实践"领域课程价值认同度高，小学数学"综合与实践"领域在实践操作维度存在显著地域差异，小学数学"综合与实践"领域在情感体验维度上存在师生差异。小学数学"综合与实践"领域课程实施存在的问题主要有课程资源开发利用不力，课程授课时数安排不足，课程目标方向不明确，课程活动组织经验不足。结合访谈分析发现，影响小学数学"综合与实践"领域课程实施的主要原因是课程实施理论体系的不健全、课程实施模式的缺乏、课程评价体系的缺失。

　　再次，在对小学数学"综合与实践"领域课程再认识和课程实施现状分析基础上，运用教学视频分析法对 12 节典型的小学数学综合实践活动课的教学课例特征进行分析，得到小学数学"综合与实践"领域的课堂教学样态，确定了小学数学"综合与实践"领域的五个核心要素：主题、问题、任务、活动和评价。基于小学数学"综合与实践"领域课程取向和课程实施取向，研究建构出"5E＋I"课程实施模式，主要包括创设（Establish）、提出（Introduce)、探究（Exploration)、展示（Exhibition)、拓展（Expand)、评价（E-valuate）6个环节，并从指导思想、功能目标、操作流程和实施条件四个方面进行了具体的阐述。

然后，将构建的小学数学"综合与实践"领域的"5E＋I"课程实施模式与具体的实践活动案例相结合，展开三轮教学实践研究。一方面，将课程实施理论转化为教学实践；另一方面，对构建的课程实施模式进行调适和修正。第一轮教学实践研究主要遵照模式原型进行实践活动案例的教学设计与实施，从宏观层面对"5E＋I"课程实施模式的教学操作流程进行教学验证。第二轮教学实践研究主要应用第一轮教学实践修改后的教学操作流程进行活动案例的设计与实施，从中观层面对"5E＋I"课程实施模式的师生行为指南进行调试和修改。第三轮教学实践研究主要应用第二轮教学实践修改后的教学操作流程进行活动案例的设计与实施，从微观层面对"5E＋I"课程实施模式的教学流程进行细节的打磨。最终提出"5E＋I"课程实施模式的教学操作流程：创设主题情境—提出问题—探究活动—展示交流—拓展创新，评价分阶段贯穿于教学流程之中。至此，经过三轮教学应用研究，构建了小学数学"综合与实践"领域的"5E＋I"课程实施模式的教学操作流程原型、变式及与之对应的师生行为指南。

最后，对构建的小学数学"综合与实践"领域的"5E＋I"课程实施模式进行理论总结，进一步阐释小学数学"综合与实践"领域的"5E＋I"课程实施模式的主要内容、理论内涵、价值意义等，并阐明"5E＋I"课程实施模式的特色与创新以及"5E＋I"课程实施模式的应用策略。至此，小学数学"综合与实践"领域的"5E＋I"课程实施模式构建经过了"从理论—实践—理论"的完整过程。

本研究构建的小学数学"综合与实践"领域的"5E＋I"课程实施模式，针对当前小学数学"综合与实践"领域课程实施存在的问题，提出了可以指导教学实践的具体操作流程及其变式，模式应用的灵活性高，可以很好地促进小学数学"综合与实践"领域课程的具身性整合与实践，并有利于在教学中突出学生的实践活动。评价贯穿于教学流程之中，体现了评价主体多元、评价方式多样和关注学生多元智能发展的优势。

关键词：小学；综合与实践；课程实施；课程取向；课程实施模式

Abstract

In the 21st century, China's compulsory education curriculum reform has en-
tered a substantial stage of promotion, with new breakthroughs and developments in
curriculum objectives, curriculum structure, curriculum content and evaluation. The
comprehensiveness and practicality of mathematics curriculum in primary schools
have also made a qualitative leap. The field of "synthesis and practice" was put for-
ward prospectively in the curriculum reform at the beginning of the 21st century. This
is an innovation of compulsory education mathematics curriculum reform, marking a
new breakthrough in basic education mathematics curriculum structure and a new
construction of curriculum form. The setting of the field of "synthesis and practice"
not only has a clear practical need, but also has a profound historical foundation.
Tracing back to the development of mathematics curriculum, the field of "synthesis
and practice" is not a new mathematics curriculum content, but the inheritance and
innovation of the application problems and practical activities in previous mathematics
syllabus, and its connotation has gradually evolved and improved in the course of re-
vising the curriculum standard.

Since the establishment of this field for 20 years, how about the understanding of
the course in the specific practice process? How about the implementation? Based on
this, this research proposes "how to effectively implement the field of 'synthesis and
practice' of primary school mathematics from the perspective of curriculum re-

search?" The general problem of research. To study and solve this problem, we need to explore from both theoretical and practical aspects. First, improve the theoretical understanding of the curriculum in the field of "synthesis and practice" of primary school mathematics; Second, construct the curriculum implementation mode in the field of "synthesis and practice" of primary school mathematics. Thus, the research questions are further divided into three sub questions: (1) How to understand the "synthesis and practice" field of primary school mathematics from the curriculum level? (2) How about the current situation of the implementation of the curriculum in the field of "synthesis and practice" in primary school mathematics? (3) What is the implementation mode of the curriculum in the field of "synthesis and practice" in primary school mathematics?

First of all, on the basis of literature analysis and summary, it explains the significance of curriculum value, curriculum connotation and characteristics, curriculum objectives and content, curriculum implementation orientation and implementation challenges in the field of "synthesis and practice" of primary school mathematics, re-recognize the curriculum in the field of "synthesis and practice" of primary school mathematics. For example, through re understanding, it is found that the curriculum content in the field of "synthesis and practice" in primary school mathematics has changed from interest oriented to domain oriented, from type oriented to theme oriented, and from problem oriented to project oriented. The re understanding of the curriculum in the field of "synthesis and practice" of primary school mathematics can serve as the theoretical basis for the implementation of the curriculum in the field of "synthesis and practice" of primary school mathematics, and guide the construction of the curriculum implementation model in the field of "synthesis and practice" of primary school mathematics.

Secondly, based on the above research issues, adhere to the basis of positivist methodology, and use the research paradigm of combining qualitative and quantitative research. A questionnaire (teacher's volume) on the current situation of curriculum implementation in the field of "integration and practice" of primary school mathematics with high reliability and validity was developed by setting up a coding system from four dimensions of cognitive understanding, value identification, practical operation and emotional experience. And designed the curriculum implementation and influencing factors (interview outline) in the field of "synthesis and practice" of primary school mathematics. Based on the analysis of literature, six provinces and cities including Beijing, Zhejiang, Chongqing, Shaanxi, Gansu and Qinghai were identified as the research areas. One mathematics teaching and research team leader, one teacher and three students from each region were selected to participate in the semi-structured interview. 4194 valid questionnaires were collected in the above areas. The collected survey data are mainly analyzed by difference analysis, correlation analysis and regression analysis. The investigation and analysis found that teachers and students did not fully understand the "synthesis and practice" field of primary school mathematics, teachers and students had a high degree of recognition of the curriculum value in the "synthesis and practice" field of primary school mathematics, there were significant regional differences in the practical operation dimension in the "synthesis and practice" field of primary school mathematics, and there were differences between teachers and students in the emotional experience dimension in the "synthesis and practice" field of primary school mathematics. The main problems in the implementation of the curriculum in the field of "synthesis and practice" in primary school mathematics are: inadequate development and utilization of curriculum resources, insufficient arrangement of teaching hours, unclear direction of curriculum objectives, and insufficient experience in organizing curriculum activities. According to the interview analysis, the main reasons that affect the implementation of the curriculum in the field of "synthesis and practice" of primary school mathematics are the imperfect theoretical system of curriculum implementation, the lack of curriculum implementation mode and the lack of curriculum evaluation system.

Thirdly, based on the re understanding of the curriculum in the field of "synthesis and practice" of primary school mathematics and the analysis of the current situation of curriculum implementation, the teaching video analysis method was used to analyze the characteristics of 12 typical teaching cases in the field of "synthesis and practice" of primary school mathematics, obtain the classroom teaching pattern in the field of "synthesis and practice" of primary school mathematics, and determine the five core elements in the field of "synthesis and practice" of primary school mathematics: theme, problem, task Activities and evaluations. The "5E+I" curriculum implementation mode in the field of "synthesis and practice" of primary school mathematics is proposed by reference to the construction of 5E teaching mode. This mode mainly includes six links: establish, introduce, explore, exhibit, expand, and evaluate. It also expounds the guiding ideology, functional objectives, operational procedures and implementation conditions.

Then, combine the "5E+I" curriculum implementation mode in the field of "synthesis and practice" of primary school mathematics with specific practical activity cases to carry out three rounds of teaching practice research. On the one hand, the curriculum implementation theory is transformed into teaching practice. On the other hand, it adjusts and revises the curriculum implementation mode. The first round of teaching practice research mainly follows the model prototype to carry out the teaching design and implementation of practical activity cases. The teaching operation process of the "5E+I" curriculum implementation mode is verified from the macro level. The second round of teaching practice research mainly applies the modified teaching operation process of the first round of teaching practice to design and implement activity cases. From the middle level, we will debug and modify the teacher-student behavior guide of the "5E+I" curriculum implementation mode. The third round of teaching practice research mainly applies the revised teaching operation process of the second round of teaching practice to design and implement activity cases. The teaching process of the "5E+I" curriculum implementation mode is polished in detail from the micro level. Finally, the teaching operation process of the "5E+I" curriculum implementation mode is proposed: creating a theme situation – raising questions – ex-ploring activities – displaying and communicating – expanding and innovating, and evaluation runs through the teaching process in stages. So far, after three rounds of teaching application research, the prototype of the teaching operation process of the "5E+I" curriculum implementation model in the field of "synthesis and practice" of primary school mathematics, its variants and the corresponding guide for teachers and students' behavior have been constructed.

Finally, a theoretical summary of the "5E+I" curriculum implementation model in the field of "synthesis and practice" of primary school mathematics is made. Fur-ther explain the main content, theoretical connotation and value significance of the "5E+I" curriculum implementation model in the field of "synthesis and practice" of primary school mathematics. It also clarifies the characteristics and innovation of the "5E+I" curriculum implementation mode and the application strategy of the "5E+I" curriculum implementation mode. So far, the construction of the "5E+I" curriculum implementation mode in the field of "synthesis and practice" of primary school math-ematics has gone through the complete process of "from theory to practice to theory".

The "5E+I" curriculum implementation mode in the field of "synthesis and practice" of primary school mathematics constructed in this study, in view of the prob-lems existing in the current implementation of the curriculum in the field of "synthesis and practice" of primary school mathematics, puts forward the specific operation pro-cess and its variants that can guide teaching practice, and has high flexibility in the application of the mode. It can well promote the integration and practice of the curricu-lum in the field of "synthesis and practice" of primary school mathematics. It also helps to highlight students' practical activities in teaching. The evaluation runs through the teaching process, reflecting the advantages of multiple evaluation subjects, diverse evaluation methods and focusing on the development of students' multiple intelligences.

Key words: primary school; Synthesis and practice; Curriculum implemen-tation; curriculum orientation; curriculum implementation mode

第一章　问题的提出

　　《中国教育现代化 2035》指出，"知行合一"是我国教育现代化八大基本理念之一；"增强综合素质，强化实践动手能力、合作能力、创新能力的培养"是我国教育现代化十大战略任务之一。[①]需要创新人才培养体系、丰富课程形式、创新教学方式，来实现《中国教育现代化 2035》的精神与目标。需要进一步注重综合与实践活动课程的开设与实施，推行启发式、探究式、参与式、合作式等课程教学方式，加强培养学生创新精神与实践能力，充分发挥基础教育的实践育人功能，综合与实践活动课程的设计与实施是对时代要求的积极回应，随着基础教育改革发展应运而生。同时能积极克服中小学课程教学中长期以来都存在的局限性问题。数学课程是基础教育阶段的核心课程之一，每一次基础教育改革，数学课程都备受瞩目。2001 年颁布的《义务教育数学课程标准（实验稿）》首次设置了"实践与综合应用"领域，与"数与代数""图形与几何""统计与概率"共同构建了完整的数学课程内容体系。[②]2012 年颁布的《义务教育数学课程标准（2011 年版）》再次全面修订，更名为"综合与实践"领域，并提出义务教育阶段的数学学习要使学生能获得数学的基础知识、基本技能、基本思想、基本活动经验。从"双基"

---

①　中共中央,国务院.中国教育现代化 2035[EB/OL].(2019-2-23).http://www.gov.cn/xinwen/2019-02/23/content_5367987.htm.

②　李清.初中数学"实践与综合应用"领域课程研究[D].长春:东北师范大学,2009:6.

到"四基"，不再仅仅讲究精讲多练，主张练中学，相信熟能生巧，追求基础知识的记忆和掌握、基本技能的操演和熟练，还要强调感悟数学基本思想，以及关注学生的基本活动经验。2022 年版义务教育数学课程标准以数学核心素养培养为目标导向，强调课程的综合性与实践性，进一步凸显基础教育阶段的立德树人根本任务。课程标准特别提出加强学生实践能力、应用意识和创新意识的培养，强调跨学科知识的有机结合，强调跨学科知识、传统文化的深度融合，进一步突出加强数学与现实生活、科学技术等方面的联系，更加重视"综合与实践"领域的教学；安排了主题活动和项目学习作为"综合与实践"领域的主要形式，并提出跨学科主题式学习和项目式学习的教学方式。从总体上说，数学"综合与实践"领域是时代对中小学生数学课程教学改革的实践与理论发展的内在要求，同时也是中小学生数学核心素养发展的内在要求。

一、研究背景

《国家中长期教育改革和发展规划纲要（2010—2020 年)》（以下简称《教育规划纲要》）提出，"坚持以人为本、全面实施素质教育，是我国教育改革和发展的战略主题"，[①]强调培养学生的学习能力、实践能力、创新能力。创新人才培养模式是对时代发展的积极回应。了解我们所处时代的新挑战，明确时代的特征以及知道新时代对学生发展提出的基本素养要求，这些将有助于我们进一步理解数学"综合与实践"领域的课程意义。

（一）数学"综合与实践"领域是帮助学生应对时代挑战的有效途径

全球正在经历科技革命与产业变革，第四次工业革命作为系统性的变革在全球范围内掀起巨变浪潮，具有数字化、网络化、智能化的基本特征。科

技与教育是通向未来的入口，经济、科技和教育三者之间的关系，好比今天、明天和后天的关系。经济是我们的今天，科技是我们的明天，教育则是我们的后天。新技术的变革具有革命性和颠覆性，既为教育改革与发展提供了创新机遇，又为其带来了不确定性的挑战。信息技术与教育领域的视域融合拓展了教育教学的时间与空间，数字化技术创造丰富了教育资源，人工智能对课程、教材、教学、管理等进行赋能。教学中新技术的辅助应用，可以相应减轻教师的教学工作任务，在一定程度上使教师教学工作得到解放。促进教师的专业化发展，促使教师更加专注于学生精神品质的发展、创新思维能力的培育、人格信仰的塑造等育人工作。这个时代信息瞬息万变，职业的新旧更替加速。信息成为战略资源，市场周期日益短暂，需要人类智力上的成熟来积极应对动荡不定的新环境。在某种程度上这是一个全球化时代、信息化时代、知识经济化时代和可持续发展时代。教育要顺应经济社会发展趋势，与时俱进。面对世界教育的全面发展与改革，我国基础教育进一步深化改革。因此，在全球化、信息化、知识经济化和可持续发展几个方面，对我国数学教育提出了新的挑战。

首先，世界的全球化发展态势，加速了国家与国家之间、地区与地区之间的经济、文化的交往，意味着整个世界的联系性、紧密性和依存性增强。近年来联合国各组织积极协调国家与国家之间、地区与地区之间的关系，解决处理各种冲突与分歧，组织各种会议、论坛来讨论人类生存与发展的时代主题[①]。可见，国家与国家之间、地区与地区之间的依存与互补越来越强。这就促进着人类命运共同体的进一步建立，社会需要具有全球意识、国际视野和开放性思维的公民。每个国家要注重培养公民的全球意识，提高公民对世界经济活动规则的了解，关注不同国家、种族的文化、经济、政治制度、生活方式等，强化对国际事务的认识。每个国家要拓展公民的国际视野，以便把握世界未来发展走向，及时汲取世界文化精髓，强化国际理解。每个国家

---

① 郭元祥.综合实践活动课程与教学论[M].北京:人民教育出版社,2013:1-2.

要训练公民开放性思维习惯，以便养成合作、交往的良好行为品质与行为习惯，发展从国际背景和世界发展的角度看待问题、解决问题的能力。整体上，每个国家都要积极发展和提高公民参与国际事务的能力。

总体上，全球化发展态势对各国教育提出了新的挑战，要求各国培养学生的全球意识、国际视野和开放性思维能力。为了迎接新的挑战，联合国教科文组织将学会认知、学会做事、学会共同生活和学会学习作为基础教育的四大支柱。世界各国基础教育课程与教学改革也特别注重新的要求，注重学生合作意识与交往能力的发展，要求公民学会合作、交流、分享和交往，具有处理社会事务的综合能力。日本文部颁布的中小学生《学习指导纲要》设置了"综合学习时间"作为课程内容领域之一，数学课程中也同样设置了"综合学习时间"内容。我国基础教育改革深入推进，积极改革调整课程结构，以此来回应时代的挑战。2001 年教育部制定的《全日制义务教育数学课程标准（实验稿）》设置了"实践与综合应用"课程作为课程内容之一，《义务教育数学课程标准（2011 年版)》将其更名为"综合与实践"领域，《义务教育数学课程标准（2022 年版)》对该领域做了重大修订，进一步明确了其内涵，设置了丰富的内容，提出了具体的教学要求，增加课时要求凸显了其重要性。

其次，随着信息技术的飞速发展，人类进入了信息时代。信息已经成为人类最具代表性的生产工具，成为人类生产、生活的必备要素，逐步融入人类生活的各个领域，改变着人类基本的生活方式与学习方式。信息时代对人类提出了新的挑战和要求，要求人类具备信息意识、信息价值观和信息能力。信息意识作为对信息本身的认识与理解观念，是现代社会考量人才的一个重要方面。信息时代要求人们一方面要认识到信息作为生活的一部分是一种重要的生活资源，另一方面要认识到信息作为资源必会产生价值。因而，需要培养人们利用信息资源的意识。此外，还要明确认识到信息蕴藏在我们的生活之中，无处不在，需要具有发现信息的眼光。信息时代的变革影响着人们的人生观、价值观和世界观。信息时代明显改变了时空概念。原本时空是事物之间差异与变异的一种衡量尺度、价值标准。然而信息时代的技术、手段改变了事物间的空间与时间表现形式。信息时代的信息包罗万象、良莠不齐，如何判断与识别信息的好和坏，需要人们具有信息价值判断的敏锐度，需要建立信息价值观念。对于信息，持有自我的价值观，不盲从、不跟风，坚持道德底线。信息能力是信息时代人类基本的生活能力，具体包括信息收集、信息处理、信息分析、信息利用、信息资源管理、信息传播与交流能力。总之，信息时代需要人们学会适应与享受信息的速变带来的便捷与丰富的生活，更需要人们学会处理与分析千变万化的信息资源。

在现代的课程与教学过程中不断引入并应用高新信息技术，使得课程与教学基本要素进行重组或置换，让教育教学过程和方式发生重构。面对信息时代，基础教育需要培养学生基本的信息意识，对信息的自我认识与判断能力。浩如烟海的信息涌入学生的生活世界，学生需要学会选择与判断，这些信息选择的能力基于学生信息价值观念。因而，需要基础教育改革调整课程的基本结构和课程的基本内容，彻底变革学习方式。在教学中渗透信息时代的网络学习资源，丰富课程资源；引导学生学会利用网络信息，采取多样化的学习方式，提高学习效率。信息能力提升需要实践活动应用。因此新一轮世界各国的基础教育改革积极做出课程结构调整，增设综合实践类课程，创设开放性、真实情境的教学环境，倡导学生自己收集与处理信息来进行自主学习。《基础教育课程改革纲要（试行）》中将"收集与处理信息的能力"作为中小学生的必备技能之一，并要求综合与实践活动课程设计的要素之一必须包括信息技术。①信息技术也是数学学习和问题解决的有力工具，数学"综合与实践"领域跨学科主题式学习和项目式学习的过程也是学生信息素养培养与发展的过程。

再次，技术的迅猛发展极大促进了生产发展，也使知识更新空前加快。科学发展促进了学科分化与综合，新技术、新课程不断涌现。科技的竞争加剧了世界经济竞争，同时经济的竞争也激发了科技的进一步竞争。科学技术

---

①　中华人民共和国教育部.基础教育课程改革纲要（试行）［EB/OL］.（2001-6-8）.http://www.moe.gov.cn/srcsite/A26/jcj_kcjcgh/200106/t20010608_167343.html.

在经济增长中占比越来越大，科技的进步变革了生产方式。在新的历史时期，资本经济逐渐转变为知识经济，标志着全球进入知识经济时代。在知识经济时代，社会凸显出"学习化"的特征。社会就是人学习的基本背景，人的生活过程就是不断学习与发展的过程。社会中拥有丰富的学习资源，从而形成开放学习、社会化学习的基本观念。随着知识经济时代特征凸显，"创新"成为时代发展的核心关键词。时代对人们提出了具备创新意识和精神，养成善于探究的习惯与态度的更高、更新的要求。世界各国达成共识，增强综合国力务必提高公民素质，发展创新思维，形成创新意识，建构创新体系，重构人才培养的创新模式。

面对知识经济时代的挑战，世界各国的基础教育改革都关注学生"创新"意识和精神，注重问题解决能力的发展，加强综合实践能力的要求。各国在其基础教育改革纲要和学习指导纲要中都提出了"问题解决能力"的基本目标要求，提倡自主、合作、探究的学习方式。我国《基础教育课程改革纲要（试行）》明确提出"倡导学生主动参与、乐于探究、勤于动手"的课程目标，落实"注重培养学生的独立性和自主性，引导学生质疑、调查、探究，在实践中学习"的教学过程。[1]世界各国数学课程标准中也都开设了"解决问题"课程，确定了"问题解决"能力目标。数学"综合与实践"领域是发展学生应用意识和创新意识的重要载体，小学数学"综合与实践"领域的设计与实施更有利于培养学生探究性学习数学的良好习惯，激发学生数学学习兴趣，培养学生批判性思维品质，提高学生数学实践能力。

最后，技术的飞速发展与经济的迅猛增长，人类要面临资源枯竭、环境污染、能源匮乏等一系列问题，这将导致人类生存危机。联合国组织各国就相关问题进行讨论，达成了处理环境问题与资源开发的基本原则：可持续发展。各国纷纷制定了可持续发展战略计划。至此，可持续发展成为时代发展的主题。坚持可持续发展本质上是讨论人的可持续发展。可持续发展的社会

---

① 中华人民共和国教育部.基础教育课程改革纲要（试行）[EB/OL].(2001-6-8).http://www.moe.gov.cn/srcsite/A26/jcj_kcjcgh/200106/t20010608_167343.html.

需要人的可持续发展，人的可持续发展必然要求教育是可持续发展的。在可持续发展的时代视域下，人的价值更加凸显。可持续发展的人类社会面临的首要任务是改善人的生存境遇和人的发展前景。可持续发展着眼于长远的、持久的、未来的社会和人的发展，杜绝短视的、功利的发展观点。这是事物发展必须坚持的具有哲学意义的基本原则。因而在这样一个时代面前，需要建构持续学习的学习型社会。

可持续发展的时代特征影响下，教育也具有了可持续发展的特征要求，因而终身教育观念会点亮未来发展之路。每一位社会成员都要有可持续发展的愿望与能力，这需要建立终身教育的培养机制，确保每一位社会成员都能自主地思考和规划人生[1]。当然，教育也会进一步培养社会成员关注资源、环境可持续发展的意识。为了更好地适应社会可持续发展，需要推进基础教育改革，彻底摒弃只关注知识获得的功利教育观和唯分数论的短视计划，要着眼于学生的终身发展，重新建构科学的、可持续的基础教育课程体系和新型人才培养模式。因此，综合实践活动课程的设置与实施是对可持续发展时代的积极回应。《中国教育现代化 2035》提出"更加注重全面发展，更加注重面向人人，更加注重终身学习"等基本理念[2]。数学课程标准的总目标指出，通过义务教育阶段的数学学习，学生能获得适应未来生活和进一步发展所必需的数学基础知识、基本技能、基本思想、基本活动经验"，数学课程基本理念："人人都能获得良好的数学教育，不同的人在数学上得到不同的发展"。[3]这些数学课程思想都体现了可持续发展理念，体现了关注学生的终身发展。数学"综合与实践"领域的设计与实施就是为了更好地落实可持续发展观念，促进学生终身学习。

---

[1] 郭元祥.综合实践活动课程与教学论[M].北京:人民教育出版社,2013:8.
[2] 中共中央,国务院.中国教育现代化 2035[EB/OL].(2019-2-23).http://www.gov.cn/xinwen/2019-02/23/content_5367987.htm.
[3] 中华人民共和国教育部.全日制义务教育数学课程标准(2011 年版)[S].北京:北京师范大学出版社,2012:2.

（二）数学"综合与实践"领域是培养学生综合素养的重要载体

由于信息时代获得信息和更新信息的速度加快，社会知识更新周期缩短，信息获得渠道增多，国家间、个人间的竞争日益激烈，因而当今社会更加需要具有发现问题、思考问题、解决实际问题的全能型、创新型复合人才[①]。教育是一个连续的过程，培养创新实践型人才应从义务教育抓起。就基础教育而言，各国改革的一个基本点和共同点都集中在如何使本国的青少年具备21世纪所需要的"关键能力"。这种"关键能力"可以比较集中地概括为用新技术获取和处理信息的能力、主动探究能力、分析和解决问题的能力、合作交流能力、终身学习的能力等。教育的本质是促进人的发展，人的发展的本质诉求是实践活动。实践出真知，教育传播的是公共知识，学生个人的体验、感悟、理解、思维才是其自身拥有的个人知识。个人知识的获取源于生活实践活动，综合与实践活动是培养学生素养的重要载体。2014年《关于全面深化课程改革落实立德树人根本任务的意见》提出了发展中国学生核心素养的指导意见。2016年确立了我国学生核心素养体系总体框架，文化基础、自主发展、社会参与三个方面和人文底蕴、科学精神、学会学习、健康生活、责任担当、实践创新六大素养，以及十八个具体素养要点。随后，不同学科的学科核心素养体系也快速确立。2022年提出小学数学核心素养有数感、量感、符号意识、运算能力、几何直观、空间观念、推理意识、数据意识、模型意识、应用意识和创新意识。要培养学生的核心素养，传统的课程与教学模式和原有的学生学习方式难以胜任，必须寻找和创造新的课程形态。课程是儿童以经验为基础的理解、体验、探究、反思和创造性实践而建构的活动；儿童是课程的主体，教师和学生是课程的创生者；课程应该是开放的和舒展的。因此，"综合与实践"领域成为培养学生核心素养的重要数学课程内容形态。就数学学科而言，"综合与实践"领域成为全面培养学生数学核心素养的重要载体。

---

① 郭元祥.综合实践活动课程与教学论[M].北京:人民教育出版社,2013:11-12.

　　数学"综合与实践"领域是培养学生的数学思维和模型思想的重要途径。数学"综合与实践"领域以问题为载体，整合数学内容，让学生经历发现问题、提出问题、分析问题和解决问题的全过程，比较完整地理解数学，积累数学活动经验。在解决数学问题的过程中，学生需要积极地思考、想办法、交流与讨论。"综合与实践"领域本质上是让学生自主参与解决生活实际问题，关键是激发学生的思维活动。解决问题的过程中需要学生自主思考、自主探索、动手实践、合作交流、反思改进，最终寻求答案。在这一系列活动过程中，学生需要经历复杂的信息加工与重组，形成高阶思维。足见，数学"综合与实践"领域是发展学生数学思维品质的重要途径。模型思想作为数学课程核心素养之一，搭建起数学与外部世界的桥梁，是促进学生体会和理解数学，应用数学解决实际问题的基本手段，是推动数学发展的动力。数学"综合与实践"领域为学生模型思想的培养提供了平台。通过解决问题的全过程，让学生从实际情境中抽象出数学问题，用数学语言表征、探寻结果，最终解决实际问题，建立数学模型。

　　数学"综合与实践"领域是培养学生的应用意识和创新意识的有效载体。数学"综合与实践"领域针对实际的生活问题，让学生综合运用所学的知识和生活经验，参与问题解决的过程，感悟数学课程内容"数与代数""图形与几何""统计与概率"之间的联系，数学与学生个体生活经验之间的联系，数学学科与其他学科之间的联系。通过解决简单的生活实际问题，了解数学的意义与价值；通过数学活动，了解数学在社会生产和生活中的实际应用价值。对于应用意识而言，综合与实践领域具有两方面的作用，一方面，培养学生将数学知识，包括具体的概念、原理、公式等运用到实际问题解决过程中的能力；另一方面，引导学生发现生活中大量的数学问题，例如生活中的数量、图形问题可以抽象为数学问题。总体上培养学生应用数学、发现数学的素养与能力。对于创新意识的培养而言，学生发现和提出问题是素养基础，形成问题意识、积极思考是创新的核心，寻求方法、获得结论是创新的重要方法。数学"综合与实践"领域为学生自主参与、发现问题、提出问题和独立思考、获得结论创造了更大的机会与空间。综上可见，数学"综合与实践"

领域承载着学生应用意识和创新意识培养的重要任务，为学生的数学素养发展提供动力。

（三）数学"综合与实践"领域是促进学生发展的新型课程形态

时代发展既对数学提出了强有力的挑战，又为数学的发展创造了更多机遇，使得数学研究与应用领域得到了更大的拓展，这体现了数学为社会直接创造价值，推动社会生产力发展的价值功能。建立完善、全面的数学课程结构形态不仅是时代发展的要求，也是数学课程改革长期以来面临的局限问题的要求。因此，数学综合与实践课程的设计与实施对克服已有局限性问题具有重要的意义和现实针对性。

数学教育还在沿用几百年前的模式，对于将来社会的需要是盲目的，它既不反映培养高水平思维能力的要求，也不反映数学广泛应用性的特点，更没有使学生掌握好的学习方法。相反，它使学生感到数学是一堆强加给他们的法则，要求他们准确地记忆，迅速地复述，熟练地使用；数学被看成是训练严格、规矩、整洁、准确等气质的机器；也使数学的成果成为绝对的、不变的、永恒的真理。这种教育容易使人头脑僵化，也容易使人对数学产生厌倦情绪和害怕心理，而不是产生兴趣和自信心。这种状况如果不改变，必然会使国家在科学上和经济上落后，使儿童得不到合理的培养而不能适应时代的要求。因此，数学教育改革势在必行，需要重构数学课程与教学结构，需要创新数学课程形态，需要更新数学教学方式，因而数学"综合与实践"领域应运而生。"综合与实践"领域设置的目的在于培养学生综合运用有关知识与方法解决实际问题的能力，培养学生的问题意识、应用意识和创新意识，积累学生的活动经验，提高学生解决现实问题的能力。这既是适应教育改革的需要，也是数学教育的必然。近年来国际数学课程发展的一个重要趋势是充分发挥学生的主体作用，让学生学会学习。我国在基础教育课程改革中已经取得了丰硕的成果，革除了某些传统教育中的弊端，但仍然存在一些问题。了解数学课程与教学改革中现存的一些问题，更有助于我们理解数学"综合与实践"领域的课程意义。

第一，数学课程与教学的知识目标还居于决定性地位。在一次国际测试（TIMSS）中有一道题目："用卡车运士兵，每辆车装 36 个士兵，共有 1128 个士兵，问需要多少辆卡车？"中国有 70% 的学生列出了正确的算式并计算出正确结果；29% 的学生作答"需要 31 辆车，还余 21 人"，18% 的学生作答"需要 31 辆车"，23% 的学生作答"需要 32 辆车"。这反映出我国学生缺乏灵活运用数学知识解决实际问题的能力，认为数学就是解纯粹的题目，解题只为求得一个精准答案。可见，我国小学数学教育注重基础知识的掌握和基本技能的熟练程度，特别训练学生解决书本问题的能力，但运用所学数学知识解决实际生活问题的能力比较弱，在日常教学中往往被教师忽视，这样势必会影响学生可持续能力的发展。忽视了数学活动的过程教育价值、忽视了数学活动的可持续性。事实上，学数学就是做数学，就是解决实际问题，获得一种体验的本质内涵。究其深层原因，长期以来数学课程与教学目标局限于认知层面，让知识目标居于决定性的地位，造成数学课程与教学目标的单一化，课程与教学目标体系错乱。让现代社会发展所需的基本情感态度与价值观、过程与方法目标能力未能得到重视与落实。从而使时代所需的基本能力，尤其是应用意识、创新意识、探索能力、综合分析能力和社会实践能力的培养弱化、流失，致使数学课程与教学的功能单一，只凸显了对知识的获得与掌握价值。

数学的重要作用体现于对学生思维发展的作用以及作为科学语言所具有的描述、解释、说明自然现象和原理的特殊价值。随着科技的发展，数学应用和创新性要求越来越高。孕育学生的数学应用意识、培养学生的数学建模能力和提升学生解决生活相关问题的能力等方面的要求越来越突出。因而数学课程与教学目标需要多维平衡发展。这样才能使数学课程与教学功能得到全面发挥。2001 年教育部正式颁布了《全日制义务教育数学课程标准（实验)》，在不同学段提出了不同形式的学习课程，第一学段"实践活动"，第二学段"综合运用"，第三学段"课题学习"，并于 2011 年进行了修订，这标志着我国数学教育已进入一个全新的时代。课程标准作为指导教学、编写教材的纲领性文件，是指挥教学改革与发展的依据和标准。2011 年版课标将各学段的课程内容统一命名为"综合与实践"。2022 年版课标进一步凸显"综合与实践"领域的重要性，强调"综合与实践"领域旨在培养学生的综合素养，突破学科壁垒，综合运用相关知识、方法与思想解决现实生活中的问题，尤其注重训练学生的问题意识、培养应用意识和发展创新思维。通过数学活动帮助学生积累活动经验，着力提高学生解决现实问题的能力，塑造学生面对未知问题时积极做出回应的理性精神。这既是适应教育改革的需要，也是数学教育发展的必然。从素质教育向素养教育的转变，一次次课程改革逐步深化推进，树立了我国面对 21 世纪挑战的坚定信念。面对新世纪的挑战，我国基础教育课程改革规定从小学三年级开始一直到高中开设综合实践活动课程。随着教育现代化发展、信息化发展、智能化发展，数学教育的发展路向再更新，数学课程价值追求与时俱进。新的时代对人才提出了新的要求，提出了全面的要求。数学课程积极应对新时代的挑战与变革，数学教育始终发挥对学生思维发展与创造力培养的重要作用。义务教育数学课程标准表明义务教育阶段数学教育具有基础性、普及性和发展性的基本特征[①]。并且培养学生的抽象思维和推理能力，培养学生的创新意识和实践能力，促进学生在情感态度与价值观等方面的发展是义务教育阶段数学教育的基本要求。这将为学生未来的生活、工作和学习奠定重要的基础。数学"综合与实践"领域对丰富数学课程与教学目标，转变数学课程功能具有重要的意义。

第二，数学课程与教学内容仍然与社会实际和学生生活之间存在距离。义务教育数学课程和教学长期以来都表现出重书本知识的学科课程倾向，使得数学教学活动远离了学生的生活世界和社会实际。学生仅仅获得基本的数学知识，包括定理、公式、概念、法则等死板的数学符号、数学表达式。致使学生觉得数学枯燥、无趣甚至觉得很无用，使数学学习变成重复的题海训练，变成记忆各种解题技巧与方法。数学学习远离了学生的生活空间，远离了学生生活本身，不利于学生思维能力的提升、应用意识的培养，更谈不上

----

① 中华人民共和国教育部.全日制义务教育数学课程标准(2011 年版)[S].北京:北京师范大学出版社,.2012:1.

学生实践能力和创新精神的培养与发展。真实的、现存的、广泛的课程资源没有被有效纳入课程与教学的过程，仅仅局限于书本上僵化的数学知识，使得课程与教学不能服务于学生现实的生活需要。让学生的学习与现实生活脱节，培养出来的将是只拥有书本知识的书呆子，这与时代发展的要求格格不入。通过这种教学培养的学生仅仅会考试，完全没有实践能力。从而，发生普遍存在的"一毕业，就失业"的教育悲剧。这些现实悲剧的根源就是学生缺乏实践与创新的能力，然而造成学生这些能力缺失的根源是课程结构与教学内容的不完善以及与现实生活的割裂。数学能力的高低不应该由解题能力的高低来决定，需要考量学生的数学综合思维水平，需要发展学生在实际情境中发现问题、提出问题、分析问题、解决问题的实践能力和创新品质。

我国基础教育改革创新的标志之一就是设立了综合实践活动课程。就数学课程而言，数学"综合与实践"领域的设立是我国数学课程改革的创新之举，是我国数学课程发展的新形态。数学"综合与实践"领域以学生的生活和经验为出发点，以培养学生创新精神和实践能力为重点，是我国新一轮基础教育改革的重要内容之一。数学"综合与实践"领域的设置标志着我国基础教育数学课程结构的新突破和课程形态的新建构。从学生的生活和经验出发是落实立德树人根本任务的基本要求，是实现数学"双基"向"四基"目标转向的标志。如果仅仅从某种社会需要出发，漠视学生的生活和经验，设置的课程是功利的、不可持续发展的，终究会被学生抵制或抛弃。数学"综合与实践"领域就是要以生活问题为载体，以学生自主参与为主的学习活动。在空间上，缩短生与生活的距离，数学课程内容源于生活，数学学习作用于生活，以此来增加学生的数学活动经验，为学生自我生活奠定基础。注重学生实践体验、情感体悟、数学应用意识和创新意识的培养。

第三，数学课程与教学方式还依赖于接受性学习。在过去数学课程改革进程中遇到的普遍问题之一，就是数学课程与教学方式依赖于以知识掌握为目的的接受式学习。教师运用传统讲授的方式，让学生学习数学。在一次调研中，观察到数学课堂上每个学生都有一本数学课堂笔记本，上面密密麻麻抄写了很多数学知识点。学生采用这种单一的学习方式，通过记忆、背诵、重复书写的方法掌握数学知识。常说数学是思维的体操,以这种接受式学习,如何训练学生的数学思维?最基本的数学思考都没有,何谈思维的训练?学生惯于被教师牵着走,失去了学习的主动性,失去了思考的能力,这是一个多么可怕的现象。学生与教师被束缚在狭小的教室里,封闭于课堂,学生只是用纸笔书写着数字、数学符号和公式,缺乏实践活动,缺乏数学实验,缺乏数学体验。师生依附于教材上的有限资源,在教室里"坐"数学。单一的接受式学习方式,让学生数学学习失去了思考的乐趣、失去了数学成就感、失去了探究的数学精神。丰富数学课程与教学方式是当下急需解决的问题。

转变数学学习方式应该是新一轮基础教育数学课程改革的重要内容和改革目标之一。《基础教育课程改革纲要(试行)》《中国教育现代化2035》《关于深化基础教育课程改革进一步推进素质教育的意见》等国家出台的政策文件都提出要转变学生的学习方式,提倡学生主动参与、乐于动手、勤于动手、善于动脑,培养学生实践能力和创新意识。数学课程标准也提出了积极思考、动手实践、自主探索、合作交流等重要的数学学习方式。[①]要求给学生提供足够的时间和空间,经历观察、实验、猜测、计算、推理、验证等活动过程。数学综合与实践领域的设置,对转变学生数学学习方式具有直接作用。"综合与实践"领域可以实现数学学习方式的多样化,智能时代涌现出很多新型学习形态,project-based learning 或 project learning 的研究性学习和 deep-learning 深度学习方式等,这些都可以作为数学学习的方式。数学"综合与实践"领域为学生提供了综合、实践的平台,让学生通过数学活动的过程去做数学、体验数学方法、感悟数学思想、积累数学活动经验。在数学活动过程中,学生学习思考、合作、交流、讨论与表达等,这样更有助于学生转变学习方式,培养自主学习能力,进而学会学习。综上所述,时代的变革要求赋予了数学"综合与实践"领域新的价值意义与责任要求,需要深入推进数学"综合与实践"领域的纵深发展和有效实施。

---

① 中华人民共和国教育部.全日制义务教育数学课程标准(2011年版)[S].北京:北京师范大学出版社,2012:2.

二、研究目的

面对全球化、信息化、知识经济化和可持续发展的时代，生活的方方面面都发生了巨大变化。物质生活的充盈已经无法满足人们的需求，向精神社会的迈进逐渐成为趋势。面对未来的生活，需要更多的智慧与能力，知识的更新、迭代方式瞬息万变，没有人能获得永恒的知识。习近平总书记在致第一届国际教育信息化大会的贺信中指出："当今世界，科技进步日新月异，互联网、云计算、大数据等现代信息技术深刻改变着人类的思维、生产生活、学习方式，深刻展示了世界发展的前景。因应信息技术的发展，推动教育变革和创新，构建网络化、数字化、个性化、终身化的教育体系，建设人人皆学、处处能学、时时可学的学习型社会，培养大批创新人才，是人类共同面临的重大课题。"[①]于是"学习时代"到来了，学习的意义成为更多人关注的焦点。联合国教科文组织的"德洛尔报告"，即《教育——财富蕴藏其中》指出，世界各国的基础教育务必建立"学会认知、学会做事、学会共同生活、学会生存"四大基础教育支柱。面对新时代的挑战，获得知识、掌握解题技巧不是基础教育的核心价值追求，更重要的是引导学生学会学习、积累经验、形成智慧。数字化、网络化、智能化已经成为时代特征，这使得数学成为各行各业所必备的知识，成为社会成员所必备的素养。数学素养的形成离不开数学课程与教学。面对时代挑战，需要建立新型数学课程与教学体系与形态，首先要转变学生的数学学习方式，让学生通过体验、实验、动手操作等数学活动去体悟数学思想，积累数学经验，发展数学素养。数学"综合与实践"领域在于"帮助学生积累数学活动经验"，希望通过该课程内容给学生提供体验、实践数学的学习情境，让学生能综合运用"数与代数""图形与几何""统计与概率"的数学知识，体验发现问题、提出问题、分析问题和解决问题的全过程，积累经验，提升问题解决能力。然而，数学"综合与实践"领域

---

① 习近平.习近平致国际教育信息化大会的贺信[N].人民日报,2015-05-24(002).

的设置与实施已经有二十年之久，但是实施效果不佳。虽然，"综合与实践"领域越来越受到重视，但远远没有达到理想的实施效果。一线教师仍然存在理论迷思和实践之困两方面的问题。基于此，本研究的目的集中表现于促进小学数学"综合与实践"领域课程实施。

（一）提升小学数学"综合与实践"领域课程认识水平

小学数学"综合与实践"领域和"数与代数""图形与几何""统计与概率"共同构成了义务教育数学课程内容。义务教育数学课程标准对其赋予了特殊的内涵意义和目标要求。因此，需要充分理解其基本理论，包括数学"综合与实践"的课程内涵和特征、内容设置要求和价值定位。然而，在该领域设置二十年以来，一线教师对数学"综合与实践"领域的理解仍然存在模糊性，不能很好地把握该领域的课程价值与功能。基于此，本研究旨在为提升小学数学"综合与实践"领域课程认识水平做出研究努力。

第一，通过对小学数学"综合与实践"领域的再认识，进一步阐明该领域是什么的基本问题。从历史回溯的视角，了解数学"综合与实践"领域的发展历程。基于数学课堂的观察以及与师生进行深入的交流和访谈感悟，通过质性研究范式，运用归纳和演绎手段阐释小学数学"综合与实践"领域课程本质、内涵及特征。为建构小学数学"综合与实践"领域课程实施模式奠定认识论基础。

第二，说明小学数学"综合与实践"领域课程的内容设置要求。小学数学"综合与实践"领域课程的内涵和特征决定了其内容的特殊性。该领域与"数与代数""图形与几何""统计与概率"领域的内容不同，是以问题为载体，强调创生性。因此，本研究旨在从理论视角说明内容选择的原则和维度，并进一步分析、总结小学数学"综合与实践"领域课程的活动内容形式，为后续的实践研究提供重要依据。

第三，澄清小学数学"综合与实践"领域课程的价值定位。关于小学数学"综合与实践"领域课程的价值定位研究也是理论认识中的重要部分，需要系统阐述其价值取向、价值诉求和具体的目标定位。一线教师虽然对该课程具有高价值认同感。但是依然不能准确设置该课程的教学目标，说明教师对数学"综合与实践"领域课程的价值存在模糊理解。为此，本研究着力从知识、学生和社会本位揭示其价值取向、价值诉求和目标定位，提高小学数学"综合与实践"领域课程价值定位的理论认识。

（二）了解小学数学"综合与实践"领域课程实施现状

数学"综合与实践"领域设置二十年之久，虽然在课程实施方面取得了一些成就，但是也存在诸多问题。研究为了能够精准构建小学数学"综合与实践"领域课程实施模式，对目前的小学数学"综合与实践"领域课程实施现状开展调查，以期明确课程实施中的具体问题。

小学数学"综合与实践"领域课程实施体现了"小"和"数学"的基本要求。课程实施要关注和体现小学生的特点，也要体现数学学科的本质。因而，在课程实施调查中要涉及对具体内容的针对性调查。目前，课程的实施主体是教师。因而，研究设计小学数学教师的调查问题，基于教师视角审视小学数学"综合与实践"领域课程实施现状，清晰地了解一线教师对小学数学"综合与实践"领域的理解认识现状和具体的教学实践情况。再通过深入访谈，挖掘课程实施现象背后的本质问题。从学生的视角了解小学数学"综合与实践"领域课程实施现实状况，只有掌握了课程实施现状，发现存在的具体问题才能够精准地提供实施地模式指导。

（三）构建小学数学"综合与实践"领域课程实施模式

《国家中长期教育改革和发展规划纲要（2010—2020年）》《中共中央国务院关于深化教育教学改革全面提高义务教育质量的意见》《中国教育现代化2035》等课程文件中都提倡启发式、探究式、参与式、合作式等课程与教学方式，注重综合与实践活动的设计与实施。义务教育阶段数学课程中设置的"综合与实践"领域作为一种新型课程内容形态，标志着基础教育阶段数学课程结构的新突破和课程内容形态的新建构，是基础教育阶段数学课程创新的重要标志。随着课程改革的深化发展，需要创新数学"综合与实践"

领域的实践方式。然而，已有研究表明，整体上小学数学"综合与实践"领域课程实施情况不容乐观，形同虚设，并没有真正发挥其数学教育功能。一线教师感觉实施难度较大、资源匮乏、无所适从。因此，小学数学"综合与实践"领域的实践研究迫在眉睫。本研究旨在创新小学数学"综合与实践"领域课程实施模式，突破小学数学"综合与实践"领域课程实施研究瓶颈，为一线教师的教学实践提供帮助。

第一，在基本的课程认识论基础上，剖析小学数学"综合与实践"领域课程实践基础。从课程范式的转型、课程对学生思维培养的要求转向和课程评价发展三个维度提出小学数学"综合与实践"领域课程实施立论基础。小学数学"综合与实践"领域是数学课程改革发展的标志性产物，是数学课程内容的新建构，其课程范式由目标范式转向创生范式，课程对学生思维培养的目标从注重学科思维转向跨学科思维发展，课程的评价由注重结果转向关注过程。

第二，基于创生性课程特征，从小学数学"综合与实践"领域课程目标、课程内容、课程资源和课程评价四个维度探索课程的创生性实践路径；围绕数学学科、个人发展和社会需要三个方面，明确小学数学"综合与实践"领域课程目标；阐明小学数学"综合与实践"领域课程资源的内涵，并给出课程资源创生性实践抓手，提出小学数学"综合与实践"领域课程评价的创生性实践方法。

第三，通过教学视频分析，析出小学数学"综合与实践"领域课程实施的核心要素，构建小学数学"综合与实践"领域课程实施模式。通过分析课程实施模式的结构，进一步阐明其创新与特色。

三、核心概念界定

（一）小学数学"综合与实践"领域

义务教育阶段数学课程的设计，充分考虑本阶段学生数学学习的特点，符合学生的认知规律和心理特征，有利于激发学生的学习兴趣，引发学生的数学思考，充分考虑数学本身的特点，体现数学的本质，在呈现作为知识与技能的数学结果的同时，重视学生已有的经验，使学生体验从实际背景中抽象出数学问题、构建数学模型、寻求结果、解决问题的过程。据此在各学段，安排了四个部分的课程内容："数与代数""图形与几何""统计与概率""综合与实践"。[①]其中，"综合与实践"内容设置的目的在于培养学生综合运用有关知识与方法解决实际问题的能力，培养学生的问题意识、应用意识和创新意识，积累学生的活动经验，提高学生解决现实问题的能力。

回顾我国数学课程发展历程，"综合与实践"设置发展二十年之久。教学大纲里没有设置"综合与实践"，只有"应用题""实践活动"等相关名称。直到 2001 版义务教育数学课程标准设置了"实践与综合应用"领域，2011 版课程标准修订后更名为"综合与实践"领域。因此，数学"综合与实践"是对数学课程中"应用题"和"实践活动"的继承、规范和发展，是对"数与代数""图形与几何""统计与概率"三个领域的整合、应用与拓展。数学"综合与实践"作为基础教育阶段数学课程内容的新形态，是基础教育课程与教学改革的标志，是我国数学课程与教学改革的特色与创新之举。

本研究基于课程视角，认为小学数学"综合与实践"领域是基于数学学科的综合实践活动课程，是数学学科的跨学科主题学习活动。所谓"综合"就是将头脑中的事物或对象的各个部分与属性结合为一个整体；所谓"实践"就是人们能动地改造和探索世界一切客观物质的社会性活动。综上所述，研究认为小学数学"综合与实践"领域课程应注重通过真实的问题解决、卷入式的知识与技能运用、沉浸式的活动经验积累，培养学生的综合能力与素养，实现学生的全面发展。

---

① 中华人民共和国教育部.全日制义务教育数学课程标准(2011 年版)[S].北京:北京师范大学出版社,2012:11.

（二）小学数学"综合与实践"领域课程实施

　　课程实施是一个复杂的研究问题，关涉多方面的复杂影响。课程实施往往与课程改革、课程变革等术语密切相关。如若把课程实施看作是新课程计划的实践过程，则意味着对原有课程的一种变革，或者说课程实施力图将课程变革引入到教育实践之中。①课程变革过程包括三个阶段：初始阶段、实施阶段和制度化阶段。初始阶段主要是设计开发新课程，实施阶段就是把课程付诸实践，制度化阶段是让实施的成果和模式稳固发展。基于此，当课程理念、课程框架趋于完备时，课程实施才成为重要的需要研究的问题，研究者也才会开始思考和关注如何将课程理念和理论转化为具体的实践操作问题。这也可以很好地解释目前小学数学"综合与实践"领域课程实施研究的重要价值和意义。小学数学"综合与实践"领域设置二十年之久，课程实施空前重要，课程实施关心的不是课程设计的问题，而是课程在具体实践过程中的表现和发展。综上所述，本研究基于课程实施的理论认识和课程实施的实践探索两条路径，对小学数学"综合与实践"领域课程实施进行全面研究。一方面，了解小学数学"综合与实践"领域在课程实施各层面中发生的变化、影响课程实施的因素、课程实施的取向等理性认识。另一方面，构建小学数学"综合与实践"领域课程实施模式，在课程实施理论指导下展开教学实践，促进课程实施的实践发展。在理论指导实践、实践促进理论的双向循环中开展小学数学"综合与实践"领域课程实施研究。

四、研究问题

　　小学数学"综合与实践"领域课程设置已经有二十年之久，该领域到底如何实施？这是困扰广大一线教师的棘手问题。一线教师能够认同小学数学"综合与实践"领域的独特课程价值与意义，但是对教学实践无所适从。基于

---

　　①　于泽元.课程变革与学校课程领导[M].重庆:重庆大学出版社,2006:4.

小学数学"综合与实践"领域面临的现实困境，本研究的核心总问题是：小学数学"综合与实践"领域如何有效实施？

要解决小学数学"综合与实践"领域课程实施问题，主要解决两个方面的任务。其一，提高小学数学"综合与实践"领域课程实施理论认识；其二，探索小学数学"综合与实践"领域课程实施模式。基于此，本研究确立了三个研究子问题。

首先，需要清楚地认识小学数学"综合与实践"领域的内涵，了解其基本特征，明确其内容设置。如何再认识小学数学"综合与实践"领域课程意义？因此，研究子问题一：如何从课程层面认识小学数学"综合与实践"领域？

本研究子问题的研究意图在于，追溯小学数学"综合与实践"领域设置的思想渊源，以及该领域形成与发展的过程，认清这一课程内容领域在数学课程与教学改革中发挥的作用和所处地位，进一步澄清小学数学"综合与实践"领域课程价值，阐述其内涵、辨析其本质特征、明确其课程目标和内容设置要求，为解决小学数学"综合与实践"领域课程实施问题提供价值判断的基本依据。理解其本体存在的合理性，进一步明确小学数学"综合与实践"领域是什么，不是什么，揭示小学数学"综合与实践"领域课程本质规定，从而提升对小学数学"综合与实践"领域课程认识与理解，为解决小学数学"综合与实践"领域课程实施问题扎下理论根基。

其次，小学数学"综合与实践"领域设置已达二十多年，因此十分有必要在重新认识小学数学"综合与实践"领域课程意义的基础之上，进一步了解该领域的实施现状。因而，研究子问题二：小学数学"综合与实践"领域课程实施现状如何？

本研究子问题的研究意图在于，基于一线教师和学生视角调查了解小学数学"综合与实践"领域课程实施现状。整体分析小学数学"综合与实践"领域课程实施所取得的成效、存在的现实问题，探寻其背后的原因。采用质性与量化分析相结合的混合研究范式，整体上以量化分析为主，质性描述为辅，对照小学数学"综合与实践"领域课程实施的理论认识，发现具体的现实困境，梳理出具体问题，剖析实施过程中的现实原因，为建构小学数学"综合与实践"领域课程实施模式提供现实基础。

最后，通过研究解决子问题一和子问题二，在充分认识小学数学"综合与实践"领域课程实施意义和全面了解课程实施现状之后，针对小学数学"综合与实践"领域课程实施应该具有可行的实施模式问题，提出本研究的子问题三：小学数学"综合与实践"领域课程实施模式是什么？

本研究子问题的研究意图在于，在小学数学"综合与实践"领域课程再认识和课程实施现状分析研究基础之上，精准定位于探索小学数学"综合与实践"领域课程实施模式。依据小学数学"综合与实践"领域课程再认识，针对现实问题，提出具体的课程实施模式。

整体上，本研究属于课程与教学研究范畴。首先，基于小学数学"综合与实践"领域课程再认识去建构小学数学"综合与实践"领域课程实施研究的理论框架。其次，对小学数学"综合与实践"领域课程实施现状进行调查研究，调查取得的成效、发现存在的问题并分析成因。最后，构建小学数学"综合与实践"领域课程实施模式。通过研究解决三个环环相扣的子问题，逐步深入解决小学数学"综合与实践"领域课程实施这一核心总问题。为当前的数学课程改革提供理论与事实依据，进一步促进落实小学数学"综合与实践"领域课程目标要求。

第二章　文献综述

文献综述主要分为三个部分：一是文献的收集与整理，主要依据主题词和关键词对收集到的文献进行数据统计与分析；二是文献的分类与综述，主要依据已有文献的研究内容，从不同的主题视角进行文献分类综述；三是文献的述评小结，主要结合本研究的研究问题与计划，着眼于研究视角、研究思路、研究方法与研究结论，从中汲取可供本研究借鉴的养分，为本研究提供指导与启示。

一、文献收集与整理

本研究属于数学课程与教学研究范畴。首先，在文献收集的过程中突出"数学"这个关键词。其次，研究是对数学课程体系中小学数学综合与实践课程的研究，所以搜集文献的另一重要关键词是"综合与实践"。再次，数学"综合与实践"领域课程与中小学开设的"综合实践"活动课程既有区别又有联系，因此在搜集文献过程中还体现了"综合实践活动课程"这个关键词。最后，为了精准地检索相关研究，以"小学数学综合与实践"为关键词进行了文献检索。

研究选择的资源：CNKI 中国知网、万方数据知识平台、维普、人大复印资料、超星电子图书、超星尔雅学术视频等，以及 Elsevier Science Direct、Springer、wiley online library、Taylor & Francis Online、SAGE、MathSciNet– 美

国《数学评论》、SpringerLink 电子期刊数据库、EBSCO 等数据库平台。选择期刊论文、学位论文、会议论文集、报纸等，以数学综合与实践为主题、关键词进行文献搜索，研究中搜集到的与小学数学"综合与实践"领域研究相关的研究文献搜集结果如表 2–1 所示。

表 2–1　文献搜集结果

数据库	中国期刊全文数据库	中国期刊优秀硕士学位论文全文数据库	中国期刊优秀博士学位论文全文数据库
检索方式	主题词：小学数学综合与实践	主题词：小学数学综合与实践	主题词：数学综合与实践
论文篇数	1235 篇	118 篇	1

从表中可以看出，经过二十几年的课程实施，小学数学"综合与实践"领域的相关研究数量丰富。但由于小学数学"综合与实践"领域的研究发展与其课程标准修订存在密切关联，因此，更有必要对文献资料的年限分布做进一步的统计。

通过知网文献资源的可视化显示，小学数学"综合与实践"领域的研究成果年限分布发展趋势如图 2–1 所示。

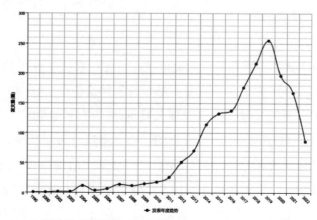

图 2–1　小学数学"综合与实践"领域的研究文献发表数量年度趋势

由上图可知，近年来小学数学"综合与实践"领域的相关研究备受研究者关注，总体上发文量逐年激增。依据年度发文量变化，可以将小学数学

"综合与实践"领域的研究大致划分为两个阶段。第一阶段 2000—2011 年，年度发文量都在 30 篇以下。第二阶段 2012—2022 年，年度发文量都在 50 篇以上，最高达到 255 篇。

上述文献资料的图表统计只是总体上反映出小学数学"综合与实践"领域的研究发展情况，具体的研究内容需要进一步分类与综述。

二、文献分类与综述

在研究小学数学"综合与实践"领域如何有效实施之前，有必要回顾其产生与发展的历史背景并探讨课程实施的相关研究文献。因此，在对已有文献进行整体认识的基础之上，依据研究问题，对已有的研究文献进一步分类整理，依据研究主题，划分维度、精准述评，概括已有研究的特点，获得进一步研究的启示。结合本研究的问题设计，主要从综合与实践课程的认识、设计、实施和教材四个相关研究主题展开分类综述，具体文献综述的框架详见表 2-2。

表 2-2 文献评述框架

主题	一级维度	二级维度
分类述评	"综合与实践"领域课程发展回顾	
	"综合与实践"领域课程解读	课程内涵、课程目标、课程内容、课程评价
	"综合与实践"领域课程实施研究现状与存在问题	课程实施现状、课程实施影响因素、课程实施有效策略、课程实施研究存在的问题
		理论认识
	研究现状	实践研究
	启示与借鉴	启示
述评小结		借鉴

（一） 小学数学"综合与实践"领域课程发展回顾

纵观中国小学数学教育，发展既漫长又曲折。先学日本，再学美国，又学苏联，经过曲折发展后，才走上科学化与现代化的发展道路。①"综合与实践"领域是我国数学课程结构的新突破和课程形态的新建构，是我国数学课程改革的特色与创新之举。"综合与实践"领域的设置不仅具有明确的现实需要，而且具有深厚的历史基础。追溯数学课程发展，"综合与实践"领域并不是全新的数学课程内容，而是对历次数学教学大纲内容的继承与创新，在课程标准修订中逐步演变与完善。

1. 小学数学"综合与实践"领域是对我国传统小学数学课程的综合性与实践性要求的传承

古代数学教学经历了商周及春秋战国时期的初创时期，秦汉的形成时期，隋唐宋元的鼎盛时期，明清没落徘徊时期和清末现代学校教育制度建立时期。我国古代，小学教育放教于民间，在尊孔读经的传统下，小学数学既没有独立分科，又不是学习的主要内容，仅仅作为"格物"的一个方面，学有余而可兼明之。②数学起源于生活实践活动，并随着人类实践活动的深入而不断完善和发展，体现了数学课程与教学与生活实践密不可分的特点，蕴含着最朴素的综合性与实践性。明代，随着工商业的繁荣，民间实用数学得到普及与发展，体现出经世致用的实用性原则。近代，清政府建立了现代学校教育制度，于 1902 年颁布《钦定学堂章程》，1904 年颁布《奏定学堂章程》对小学算数课程提出明确的教学要求"使四民皆所需之算法，为将来自谋生计之基本……"③。综上所述，我国古代和近代小学数学教育深受学以致用思想的影响，其价值取向主要为学生生计服务，并未站在学生思维发展和实践能力提升的高度考虑小学数学课程与教学问题。

---

① 王权.中国小学数学教学史[M].济南:山东教育出版社,1996:479.
② 王权.中国小学数学教学史[M].济南:山东教育出版社,1996:5.
③ 课程教材研究所.20 世纪中国中小学课程标准·教学大纲汇编(数学卷)[M].北京:人民教育出版社,2001:8.

　　民国时期的小学数学课程经历了数次变化。1912 年颁布《小学校教则及课程表》，表明算数要旨"使儿童熟悉日常之计算，增长生活必需之知识，兼使思虑之精确"①。1916 年《国民学校令实施细则》和《高等小学校令实施细则》在保留原算数要旨基础之上"扩充教授日用薄之要略"②。1923 年颁布《小学算数课程纲要》目的要点"在日常的游戏和作业里，得到数量方面的经验；能解决自己生活状况里的问题；能自己寻求问题的解决法；有计算正确而且敏速的习惯"，方法要点之一"问题以切合学生生活的为主"。③这一时期对小学数学教学产生巨大影响的是设计教学法和道尔顿制。前者，强调学生的需要，旨在养成学生知行合一的能力，以儿童自发的问题或某一事件为出发点，关联各科知识教学，贯通教学过程，提高解决问题的能力。后者，注重学生在教师指导下，可依据自身个性特征，采用不同的教材、速度、时间进行个性化学习。特别重视学生的兴趣、需要和个性。1929 年《小学课程暂行标准·小学算术》的教学目标"助长儿童生活中关于数的常识和经验；养成儿童解决日常生活里数量问题的实力……"，教学方法要点"取材以学生的衣、食、住、行和学校、家庭、社会、国际等周围问题为范围，特别注重买卖、折扣等练习，依据本地情形、儿童兴趣，随时活用"。该标准经历了1932 年、1936 年两次修订，形成《修正小学算术课程标准》，上述的教学方法要点依然保留。之后，1941 年、1948 年又再次修订了该标准，形成《小学算术课程标准》。随着课程标准的修订，教学目标略有变化，例如 1948 年的教学目标"指导儿童解决日常生活中关于'数'的问题，培养其理解思考的能力"，提出随机教学项目包括日常的活动和问题。综上所述，民国时期小学数学课程与教学注重数学知识的实用价值，强调"做、学、教合一"。受杜威实用主义思潮影响，关注学生的兴趣、个性和自身问题，培养解决问题的能

---

① 课程教材研究所.20 世纪中国中小学课程标准·教学大纲汇编(数学卷)[M].北京:人民教育出版社,2001:9.

② 课程教材研究所.20 世纪中国中小学课程标准·教学大纲汇编(数学卷)[M].北京:人民教育出版社,2001:13.

③ 课程教材研究所.20 世纪中国中小学课程标准·教学大纲汇编(数学卷)[M].北京:人民教育出版社,2001:14–15.

力，注重儿童获得知识和经验，提倡通过生活实践、活动体验来学习，从而促进儿童发展。

2. 小学数学"综合与实践"领域是对我国传统数学课程内容中"应用题""实践活动"的继承与创新

中华人民共和国诞生之后，中国历史翻开新的一页，小学数学也随之进入新的历史发展阶段。从中华人民共和国成立到1999年，我国经历了多次课程改革，小学数学课程在此过程中不断发展。纵观1949—1966年，中国的小学数学从学习欧美转向学习苏联。教育部1950年颁布《小学算术课程暂行标准（草案）》，指出教学编选要点"要紧密联系社会工农生活的实际，应用题的编制要具体而有趣，并能用实施本位的方法编排。应用题的字句要力求明白浅显，内容不可曲折太多……"，在教学方法要点中提出"应用题的解释，可用实物或各形说明……"。这些都表明小学数学课程要紧密联系实际，尊重儿童认知能力和兴趣。1952年《小学算术教学大纲·草案》，对应用题提出明确详细的规定，"应用题应以算术课及其课外作业全部时间的一半左右来学习解答。解答应用题可以帮助儿童清楚地了解四则算法及其各种应用的情况，使他们获得分析解答实际问题的初步技能"。由此可见，1952年的小学数学教学大纲特别重视对应用题的教学，既增加了教学时间，又丰富了教学内容，还提出了详细的教学要求。并将应用题作为体现小学数学课程的综合性与实践性要求的内容载体，这为小学数学课程内容结构改革奠定了基础。1956年颁布的《小学算术教学大纲·修订草案》依然重视应用题教学，强调理论联系实际，在学生生活的周围事物中寻找编写应用题的素材。让学生能够运用已经获得的知识、技能和技巧去解答应用题和解决日常生活中的简单的问题。随后，1963年颁布的《全日制小学算术教学大纲（草案）》指出应用题是小学算术教学的重要内容，解应用题可以使学生综合运用所学知识，还可以培养学生的逻辑推理能力，为其他学习奠定基础。[①]在各年级的教学内容中都安排了"应用题"教学内容。1978年颁布的《小学数学教学大纲（试行草案）》

---

① 课程教材研究所.20世纪中国中小学课程标准·教学大纲汇编（数学卷）[M].北京:人民教育出版社,2001:83.

教学目的之一"让学生能够运用所学的知识解决日常生活和生产中的实际问题",具体要求中指出"通过掌握常见的一些数量关系和解答应用题的方法,能够解决一些简单的实际问题"。①1986 年颁布的《全日制小学数学教学大纲》还是强调理论联系实际,关注儿童的实际生活,根据学生知识增长拓展联系实际的范围。尤其,应用题教学要灵活运用解题技巧,培养学生思维。②1988 年修订颁布的《九年制义务教育全日制小学数学教学大纲(初审稿)》指出,小学数学教学要从联系学生的实际生活开始,引导学生了解数学知识的实际应用,从当地实际出发,编撰数学问题,注重应用题教学,培养学生的思维能力。让学生做一些综合运用知识和富有思考的题目,开展数学课外活动,提升学生数学学习兴趣等。③1992 年再次修订颁布的《九年义务教育全日制小学数学教学大纲(试用)》,指出数学教学要注意理论联系实际,加强实践活动,不仅要提高学生的应用题解题能力,还要有条理地说明解题思路。2000 年继续修订颁布的《九年义务教育全日制小学数学教学大纲(试用修订版)》提出,小学数学教学要发展学生的思维能力,培养创新意识、实践能力和学习数学的兴趣,贯彻德、智、体全面发展的教育方针,④并在各年级教学内容中设置了"实践活动"内容。一年级"实践活动",教学内容选择与生活密切联系的内容,例如根据本班男、女生人数,编撰数学问题,教学要求"通过实践活动,使学生体验数学与日常生活的密切联系";二年级,通过"实践活动"培养学生的数学意识,让学生进一步了解数学与社会生活的联系,感受数学的应用价值。综上所述,中华人民共和国成立以来,小学数学课程与教学注重理论联系实际,重视小学数学知识的应用,课程改革不断深化综合性与实践性要求,课程文件的不断修订和颁布实施从教学思想和方法

① 课程教材研究所.20 世纪中国中小学课程标准·教学大纲汇编(数学卷)[M].北京:人民教育出版社,2001:98.
② 课程教材研究所.20 世纪中国中小学课程标准·教学大纲汇编(数学卷)[M].北京:人民教育出版社,2001:111.
③ 课程教材研究所.20 世纪中国中小学课程标准·教学大纲汇编(数学卷)[M].北京:人民教育出版社,2001:134.
④ 课程教材研究所.20 世纪中国中小学课程标准·教学大纲汇编(数学卷)[M].北京:人民教育出版社,2001:179.

的角度进一步提出实践性要求，并在教学内容中安排"应用题""实践活动"，以期更好地落实综合性和实践性要求。可见，小学数学教学大纲中设置的"应用题""实践活动"内容可看作"综合与实践"领域的雏形。

3. 小学数学"综合与实践"领域是对"数与代数""图形与几何""概率与统计"领域的整合、应用与拓展

进入 21 世纪，我国义务教育课程改革进入实质性推进阶段，在颁布的课程标准指导下，课程目标、课程结构、课程内容和评价等方面都追求创新，以顺应时代发展的新要求。小学数学课程的综合性与实践性要求也得到质的飞跃，尤其，2001 年颁布的《义务教育数学课程标准（实验稿)》前瞻性地提出了"实践与综合应用"领域。这是义务教育数学课程与教学改革的重大创新之举，该领域的设置标志着基础教育数学课程结构的新突破和课程形态的新建构，"实践与综合应用"领域成为具有国际视野和中国特色的课程内容之一。

2001 年颁布的《义务教育数学课程标准（实验稿)》提出数学课程内容由"数与代数""空间与图形""统计与概率"和"实践与综合应用"四大领域共同组成，并建立了不同学段的内容结构，第一学段（1~3 年级）实践活动、第二学段（4~6 年级）综合应用。"实践与综合应用"领域为学生进行实践性、探索性和研究性学习提供了课程渠道。"实践与综合应用"领域将帮助学生综合运用已有的知识经验，经过自主探索和合作交流，解决与生活经验密切联系的、具有一定挑战性和综合性的问题，以发展他们解决问题的能力，加深对"数与代数""空间与图形""统计与概率"内容的理解，体会各部分内容之间的联系。该领域使得代数、几何、概率与统计的内容能够贯通起来，帮助学生对数学课程的整体性认知。2011 年颁布的《义务教育数学课程标准（2011 年版)》将"实践与综合应用"更名为"综合与实践"，是一类以问题为载体、以学生自主参与为主的学习活动。在学习活动中，学生将综合运用"数与代数""图形与几何""统计与概率"等知识和方法解决问题。"综合与实践"领域的教学活动应当保证每学期至少一次，可以在课堂上完成，也可以课内外相结合，提倡把这种教学形式体现在日常教学活动中。这一界定明确了"综合与实践"领域的内容载体，再次强调了问题的重要意义。"综合与实践"领域不是新增学习内容，而是强调数学知识的综合性和数学方法的实践性，强调数学教学内容之间的内在关联、数学与其他学科的联系、数学与外部世界的联系。将数学知识学习过程中的辅助性实践活动和实际应用问题解决的一些内容提升到专门的课程内容领域，创新数学课程设置结构，强调小学数学学习的整体性、现实性和应用性。为学生提供多样性的学习机会，可以通过动手实践、观察、操作、思考、交流等方式获得数学知识、理解数学意义、增强数学意识。小学数学"综合与实践"领域旨在以课程整合理论为指导，加强数学知识学习的整体性，体现对学生整体性发展的关注，凸显数学课程整合的教育价值。这表明小学数学"综合与实践"领域是对"数与代数""图形与几何""统计与概率"领域的整合、应用与拓展。

4. 小学数学"综合与实践"领域是落实数学学科跨学科教学的有效载体

解决一个真实的问题，往往需要综合运用多学科的知识与方法。目前，面对分科设置课程的现实背景，如何促进课程综合化、实践化发展是亟待解决的问题。因此，2022 年版课标突出了对跨学科主题学习的要求。跨学科主题学习是在强调学科课程的基础性与逻辑性的前提下，实现课程综合化和实践化的一种课程设计。[①]跨学科主题学习是在分科课程设置的实际背景下，能够全面促进教学的综合化与实践化的有效策略，跨学科主题学习基于学科立场又超越学科桎梏，基于学科学习主动跨界融合，促进学科教学的纵深发展和多学科融通。

面对新时代的挑战，学习不再是知道、记住多少知识，而是要具备搜集、整理、分析、甄别和综合运用信息的能力，具备对所学知识和已有经验的迁移应用、实践理解，具备分析和解决未知问题的应对能力，以此来适应未来社会的发展需要，获得生活必备能力和关键品格。2014 年《教育部关于深化课程改革落实立德树人根本任务的意见》明确提出："要在发挥各学科独特育人功能的基础上，充分发挥学科间综合育人功能，开展跨学科主题教育教

---

① 郭华.落实学生发展核心素养突显学生主体地位——2022 年版义务教育课程标准解读[J].四川师范大学学报(社会科学版),2022,49(04):1-9.

学活动，将相关学科的教育内容有机整合，提高学生综合分析问题、解决问题能力……强化教学的实践育人功能，确保实践活动占有一定课时或学分。"①2022年义务教育课程标准修订全面落实跨学科教育教学要求，不同学科设置不同的跨学科主题学习内容。数学学科具有前瞻性地设置了"综合与实践"领域，尤其，小学数学"综合与实践"领域是小学数学跨学科教学的有效载体，全面落实数学学科跨学科主题学习要求。2022年版义务教育数学课程标准指出"以跨学科主题学习为载体，促进数学学科育人方式和学习方式转变"。跨学科主题学习是发展学生数学核心素养，培养学生的创新意识、合作精神、实践能力和社会责任感的一种重要的综合性学习方式。跨学科主题学习是小学数学"综合与实践"领域的主要教学活动形式，跨学科主题学习要占数学课程10%课时的学习时间。通过跨学科主题活动让学生亲历实践、探究、体验、反思、合作、交流等学习过程，从中积累数学活动经验，体会数学知识之间、数学与其他学科之间、数学与现实世界之间的联系。由此可见，小学数学"综合与实践"领域是落实数学学科跨学科教学的有效载体，跨学科主题是小学数学"综合与实践"领域的主要教学形式。

综上所述，小学数学"综合与实践"领域继承、深化和发展着数学课程的综合性与实践性要求，是对数学课程中"应用题""实践活动"的不断继承与创新，是对"数与代数""图形与几何""概率与统计"领域的整合、应用与拓展，是落实数学学科跨学科教学要求的有效载体。

（二）小学数学"综合与实践"领域课程解读

对搜集到的小学数学"综合与实践"领域课程相关研究文献资料，依据其研究的主要内容进行分析与分类。该领域的研究主要内容包括课程内涵、课程目标、课程内容和课程评价四个方面。

1. 小学数学"综合与实践"领域课程内涵

国外并没有明确提出数学"综合与实践"领域课程，但是通过梳理日本、

---

① 中华人民共和国教育部. 教育部关于深化课程改革落实立德树人根本任务的意见[EB/OL].（2014-04-08）.http://www.moe.gov.cn/srcsite/A26/jcj_kcjcgh/201404/t20140408_167226.html.

韩国、新加坡、英国、法国、德国、芬兰、荷兰、美国和俄罗斯十国的数学课程标准，发现其与我国的数学"综合与实践"领域课程相关的内容、要求、目标等相关信息具有同一性，具体内容如表2-3所示。

表 2-3　十国课程标准中与小学数学"综合与实践"领域课程相关信息表

国别	现行课程标准	适用年级	名称	内容、要求关键词	目标、素养关键词
日本	学校学习指导纲要①②	K~12 年级	综合学习时间	实际问题、数学活动	运用数学
韩国	韩国 2015 国家课程方案③④	1~12 年级	问题解决	社会问题解决、自然现象体验	应用意识与态度
新加坡	数学大纲	6~18 岁	综合情境	真实情境问题解决	应用、建模
英国	英国国家课程	K~12 年级	问题解决	经历、兴趣、实践活动	问题解决
法国	知识、能力和文化的共同基础	6~16 岁	问题解决	解决日常生活中的问题，观察、描述生活现象	问题解决
德国	数学教育标准	6~18 岁	解决问题	解决实际问题	解决问题、数学建模
芬兰	基础教育的国家核心课程	1~9 年级	思考与活动技能	综合运用数学概念，制定问题解决计划	获得数学的体验、经验
荷兰	获得性目标	5~12 岁	结合现实情境	实际联系、结合现实情境	解决问题
美国	共同核心州数学标准⑤	K~12 年级		理解、解决问题	解决问题、数学建模
俄罗斯	俄罗斯国家数学教育标准		实践活动	解决简单的实际问题，实际情境模型化	把所学知识与技能应用于实践活动和日常生活中

①　曹一鸣.十三国数学课程标准评介（小学、初中卷）[M].北京：北京师范大学出版社，2012：179-182.
②　南玉莲.日本中小学"综合学习时间"课程的研究与启示[D].延吉：延边大学，2017：2-5.
③　陈月兰.2015 版韩国义务教育数学课程标准特征分析与启发——从能力的视角[J].外国中小学教育，2019（08）：73-80.
④　韩国教育部.韩国数学课程标准[EB/OL].http://www.ncic.re.kr/mobile.dwn.ogf.inventoryList.do.
⑤　Common Core State Standards Initiative.Common Core State Standards for Mathematics [EB/OL][2015-03-01].http:/hwww.corestandards.orglMath.

　　通过梳理国外的数学课程标准，发现其他国家都没有设置数学"综合与实践"领域课程，但课标中多次出现综合、实践、应用等关键词，这些与我国数学课程标准中的"综合与实践"领域课程内容、要求大同小异。说明"综合与实践"领域课程是我国数学课程改革的创新之举，并顺应全球数学课程发展方向。

　　《数学实践》一书中提出"综合与实践"领域课程是集中体现数学实践活动的课程内容领域，是研究数学和解决实际问题的有意义的活动。①王庆明，董默佑认为数学"综合与实践"领域课程内涵、特征体现在以下四个方面：从单一学科向综合学科整合；从书本知识向生活实践靠近；从课堂学习向社会探究延伸；从个人学习向团队合作发展。②范文贵在《小学数学教学论》一书中提出小学数学"综合与实践"领域课程内涵意义既体现了我国课程改革的需要，也符合国际数学课程改革趋势，课程内涵集中于综合、实践和应用几个关键词。③马云鹏在《小学数学教学论》一书中提出小学数学"综合与实践"领域可以帮助学生全面了解和理解数学，可以围绕学生周围的生活事物中值得探究的题材展开实践活动。④童莉、张丹、彭国庆等对小学数学"综合与实践"领域的内涵界定围绕义务教育数学课程标准的描述，提出数学综合与实践领域要以问题为载体，强调学生的自主参与。⑤⑥⑦综合实践活动重在综合、实践，注重对现实数学思想方法和基本经验的教学，数学"综合与实践"领域课程以综合应用所学知识解决实际问题为基本要求，以积累数学活动经验为目标。数学基本活动经验具有缄默性、内隐性的特征，需要在体验、实践的活动过程中形成有意义的活动经验，同时这种有意义的活动经验可以

①　课程教材研究所.数学实践[M].北京:人民教育出版社,2003.21.
②　王庆明,董默佑.新课程的综合、实践、探究与合作[J].中国教育学刊,2006(11):39-41.
③　范文贵.小学数学教学论[M].上海:华东师范大学出版社,2011:42-60.
④　马云鹏.小学数学教学论[M].北京:人民教育出版社,2012:390-401.
⑤　童莉.对国家义务教育数学课程标准中"实践与综合应用"标准的探讨[J].数学教学通讯,2002(06):3-5.
⑥　张丹.如何进行"实践与综合应用"的教学[J].小学教学参考,2004(26):4-6.
⑦　彭国庆.小学数学"综合与实践"教学策略[J].教学与管理,2019(35):45-47.

促使学生综合运用所学知识解决实际问题，完成数学"综合与实践"领域课程的学习。毕渔民，王玉文提出了数学实践活动的活动形式，直观介绍小学数学"综合与实践"领域课程内涵意义。①刘莉围绕课程标准中的十个核心词介绍小学数学"综合与实践"领域课程在培育学生数学素养过程中的重要课程内涵意义。②张伟俊提出小学数学"综合与实践"领域课程内涵集中体现于注重引导学生综合运用所学知识、思想和方法去解决实际问题，强调学生在活动过程中要积极自主参与、全过程参与，特别强调活动过程的完整性。③

综上所述，已有研究对小学数学"综合与实践"领域的课程内涵理解主要集中于对义务教育数学课程标准的了解与认识，强调小学数学"综合与实践"领域要突出问题载体，强调学生的自主参与。小学数学"综合与实践"领域是以问题解决为依托的实践活动课程，体现出综合性与实践性要求，强调学生丰富的实践活动形式和过程，注重学生问题解决能力的发展和数学应用、创新和模型意识的培养。

2. 小学数学"综合与实践"领域课程目标

数学"综合与实践"领域作为新型课程内容形态，在其课程目标定位上有别于其他三个内容领域。已有研究以义务教育数学课程标准为指导，根据具体的教学经验进一步细化描述其课程目标。《数学实践》一书中提出小学数学"综合与实践"领域课程目标具体为分阶段引导学生具有对数学的情感态度、应用意识、知识理解和解决问题的能力四个方面。④尤其，认为综合与实践活动对培养学生乐于参与学习活动，对数学产生好奇心和求知欲等。蔡庆友提出小学数学"综合与实践"领域课程目标主要体现在学生数学能力提升方面。⑤数学能力提升包括知识技能、数学思考、问题解决和情感态度四个

---

① 毕渔民,王玉文.构建五环综合数学活动教学形式的探索与实践[J].数学教育学报,2015,24(02):12-16.
② 刘莉.小学数学"综合与实践"活动案例开发与研究[J].基础教育课程,2018(20):34-39.
③ 张伟俊.数学"综合与实践"活动的有效设计研究[J].上海教育科研,2018(10):82-86.
④ 课程教材研究所.数学实践[M].北京:人民教育出版社,2003:99-105.
⑤ 蔡庆有.数学"综合与实践"内容的课程分析[J].教学与管理,2017(01):58-61.

课程目标之中。徐美荣认为数学"综合与实践"领域课程为培养学生的数学综合素养创造了广阔平台，该课程要紧扣数学学科本质，以数学课程为根基，汲取社会生活、自然世界、学生自我发展的素材养分，开发可操作性强的数学主题活动，体现出"综合与实践"领域课程的问题性、综合性、实践性三大特质。[①]小学数学"综合与实践"领域课程目标要以学生的综合能力提升与解决实际问题的能力为目标。课程目标体现在学生的生活实际之中，可以从学生的动口、动手、动脑方面着手。陆潮江认为小学数学"综合与实践"领域课程紧密围绕生活实际，让学生通过实践活动感受数学来源于生活，服务于生活。[②]小学数学"综合与实践"领域课程目标的相关研究以问题解决为主，发展学生的数学思维，促进学生数学思想方法的应用、数学知识的深度理解和数学素养的发展。

综上所述，国内关于数学"综合与实践"领域课程目标的研究，集中于说明数学"综合与实践"领域课程是基于现实世界的实际问题解决，以学生参与式活动、体验、合作、探究等一系列数学活动为方式，让学生体悟数学思想、综合运用数学方法、全面理解数学价值，使学生获得数学应用意识、创新意识，积累数学活动经验，以及说明学生数学学习兴趣、数学观念形成和数学价值观树立等方面的具体目标。

3. 小学数学"综合与实践"领域课程内容

数学"综合与实践"领域的课程内容有别于其他课程内容，具有不同的特点和要求。李兴东在其硕士论文中详细论述了小学数学"综合与实践"领域课程内容选择的原则、内容来源、内容组织结构等。[③]徐美荣在其研究中提出小学数学"综合与实践"领域课程内容局限于教材内容安排十分有限，必须围绕学生的生活再开发，大致可以分为应用、游戏、操作和思考几种类

---

① 徐美荣.数学"综合与实践"课程内容的开发与实践[J].教学与管理,2015(35):45-46.
② 陆潮江.数学"实践与综合应用"开发刍议[J].教学与管理,2010(32):45-47.
③ 李兴东.义务教育数学课程中"实践与综合应用"领域教学内容设置之研究[D].兰州:西北师范大学,2004:15-18.

型。①还有其他文献研究也提出数学"综合与实践"领域课程内容的最大特点就是高度的开放性。这为教材编写和教学实施都带来了机遇和挑战。教材编写可依据课标要求，对照不同学段、不同年级的数学课程学习内容，结合地域特色、社会生活实际、学校环境等开发、编制内容。教师也可依据学校的校本课程、学生的生活环境做进一步的调整与创设。因此，关于数学"综合与实践"领域课程的教材内容研究成为研究者们关注的热点之一。

数学教科书承载着数学课程的重要使命，为教师教和学生学提供素材，小学数学教科书的可读性、实践性、综合性、创造性等直接影响着小学数学"综合与实践"领域课程的教学质量。"综合与实践"在数学教育中所起的作用，不仅仅是活动实践与综合能力的体现，更是意识与精神的培养与塑造。小学数学中开展"综合与实践"，对学生应用意识、创新意识、问题解决能力及数学学科素养的培养能够产生深远的影响。已有的研究主要以北京师范大学出版社出版的小学数学教材（以下简称"北师大版"）、人民教育出版社出版的小学数学教材（以下简称"人教版"）、河北教育出版社出版的小学数学教材（以下简称"冀教版"）、西南大学出版社出版的小学数学教材（以下简称"西师版"）、青岛出版社出版的小学数学教材（以下简称"青岛版"）、江苏教育出版社出版小学数学教材（以下简称"苏教版"）、湖南教育出版社出版的小学数学教材（以下简称"湘教版"）等作为研究对象，从数学"综合与实践"领域课程教材编写的专题数量、素材选取、内容编排、呈现方式四个方面进行比较分析。

曾令鹏在《小学数学综合与实践活动课程实施研究》中，通过量化比较了6个版本、12册教科书中编写的"综合与实践"主题活动内容。其统计专题数量时，只统计了每版教科书中独立的"综合与实践"内容，没有将数学广角纳入统计范围；每个版本专题总数差异较大，冀教版教科书中"综合与实践"专题数量最多48个，人教版20个居中，北师大版最少12个。②潘静

①　徐美荣.数学"综合与实践"领域课程内容的开发与实践[J].教学与管理,2015(35):45-46.
②　曾令鹏.小学数学综合与实践活动课程实施研究[M].广州:广东高等教育出版社,2020:21.

在研究中指出教材素材好比学生学习的外部环境，数学教学的背景、数学内容的载体、素材的丰富性决定学生学习的积极性和主动性。①陈燕在其研究中指出数学教材中素材选取要遵循三个基本原则：与社会生活联系原则，与数学学科、教学内容关联原则，与学习者心理发展、素养发展相关原则。基于已有版本数学教科书的编写内容，总体上"综合与实践"主题素材来源主要可分为五类：校园活动类、自然环境类、社会实践类、家庭生活类、无实际背景的数学活动类。②以人教版小学数学教科书为例详细展示数学"综合与实践"领域课程中教材内容编排情况，详见表2-4。

表2-4　人教版小学数学教材"综合与实践"领域教材内容一览表

学期	主题名称	素材来源类型	综合类型	活动类型
一年级上册	数学乐园	无实际背景	课程内	游戏
一年级下册	摆一摆，想一想	无实际背景	课程内	游戏
二年级上册	量一量，比一比	校园活动	课程内	游戏
二年级下册	小小设计师	自然环境	课程内	操作
三年级上册	数字编码	校园活动	课程内	操作
三年级下册	制作活动日历	家庭生活	跨学科	操作
	我们的校园	校园活动	课程间	设计
四年级上册	1亿有多大	社会实践	课程间	操作
四年级下册	营养午餐	校园活动	课程内	设计
五年级上册	掷一掷	校园活动	课程内	实验
五年级下册	探索图形	无实际背景	课程间	设计
	打电话	校园活动	课程间	设计
六年级上册	确定起跑线	校园活动	课程间	设计
	节约用水	社会实践	课程内	调查

① 潘静.新课标小学数学第一学段"综合与实践"教材比较研究[D].扬州:扬州大学,2016:18.
② 陈燕.小学数学教材"实践与综合应用"比较研究[D].重庆:西南大学,2009:44.

续表

学期	主题名称	素材来源类型	综合类型	活动类型
六年级下册	生活与百分数	家庭生活	课程内	设计
	自行车里的数学	无实际背景	课程间	实验
	绿色出行	社会实践	跨学科	调查
	北京五日游	社会实践	课程间	设计
	邮票中的数学	社会实践	课程内	调查
	有趣的平衡	无实际背景	跨学科	实验

　　总体上，对小学数学"综合与实践"领域课程内容的讨论与研究都表明了其课程内容的高度开放性和自主创设要求。因而，在具体的课程实施过程中，需要根据实际情况落实课程内容选择的理论要求。教材作为课程内容的有效载体，直接影响和决定着课程实施。

4. 小学数学"综合与实践"领域课程设计与实施

　　小学数学"综合与实践"领域课程设计研究也是已有文献研究的重点内容。有研究者认为"综合与实践"领域课程设计需要遵循生活性、趣味性、实践性、合作性和开放性原则。①宋宝和，宋乃庆认为"综合与实践"领域课程设计过程需要充分体现自主性和选择性，这不仅体现在内容设计上，还表现在实施形式上。基于具体的课程实施，课程设计要基于学生的现实生活和直接经验；有效利用所学数学知识；着眼于学生与自然、与社会的协调发展；体现学校与区域各自的特色；淡化形式，注重实质。②甘肃省的一位小学数学教师柴尔红在中国青年报上发表了《小学数学课算出惊人生态账》，讲述的就是其讲授"体积"的课堂教学案例，结合学生的生活实际环境，带领学生去学校附近的民勤红崖山水库，让学生运用数学知识计算出水库容量，再通过

---

① 康宝贵.小学数学的实践与综合应用[J].教育评论,2007(05):147-148.

② 宋宝和,宋乃庆.回归生活世界凸显自主选择——从两个教学实例谈小学数学实践与综合应用课程的自主选择[J].中国教育学刊,2004(07):32-34.

查阅资料算出水库每年的蒸发量。探究发现，合理规划生态蓄水，保护生态的重要性。学生在"综合与实践"活动过程中亲身体验、实地考察，切身感受到数学与现实生活的密切联系，很自然地实现了数学与生活的融合。①这个案例进一步说明，在设计"综合与实践"课程时需要教师充分发挥自主性、选择性，这也为教师的教学设计提出了更高的挑战。刘莉在其全国教育科学规划 2011 年度中小学数学专项课题——"义务教育小学数学课程中'综合与实践'学与教的研究"中提出"综合与实践"领域课程设计的目标原则是发展学生数学思维，培育学生数学素养。②"综合与实践"领域课程要围绕十个核心词，以积累学生数学活动经验为目的，以运用数学知识解决实际问题为载体，提升学生的数学能力和必备品格。王庆明，董默佑认为数学"综合与实践"领域课程设计要遵从从单一学科向综合学科整合、从书本知识向生活实践靠近、从课堂学习向社会探究延伸、从个人学习向团队合作发展四条基本原则。③刘莉在《小学数学"综合与实践"活动案例开发与研究》中对小学数学"综合与实践"提出分类设计的策略，依据活动类型分为小调查、小课题、小设计、小操作、小游戏和小综合，根据不同类型的活动，进行差异化设计。④黎灿明在《立足教材研制数学"综合与实践"的好问题》一文中，指出问题是"综合与实践"领域课程设计的重要素材性资源，教师要立足教材，通过重组内容设计好的问题，促进小学数学"综合与实践"领域课程的实施。⑤张祖润研究指出小学数学"综合与实践"领域课程设计重在活动内容的选择、活动资源的开发、活动方式的设计、教师活动指导的安排。⑥张辅研究得出小学数学"综合与实践"领域课程设计编排应采取集中与分散相结合的方式，增设"综合与实践"领域选学内容。⑦沈科在研究中指出小学

① 柴尔红.小学数学课算出惊人生态账[N].中国青年报,2004-03-03(11).
② 刘莉.小学数学"综合与实践"活动案例开发与研究[J].基础教育课程,2018(20):34-39.
③ 王庆明,董默佑.新课程的综合、实践、探究与合作[J].中国教育学刊,2006(11):39-41.
④ 刘莉.小学数学"综合与实践"活动案例开发与研究[J].基础教育课程,2018(20):34-39.
⑤ 黎灿明.立足教材研制数学"综合与实践"的好问题[J].教学与管理,2016(20):45-47.
⑥ 张祖润.小学数学"综合与实践"有效性的实践与思考[J].中小学教师培训,2016(10):57-60.
⑦ 张辅.小学数学新教材"实践与综合应用"实验调查分析[J].数学教育学报,2004(03):60-61.

数学"综合与实践"领域课程设计要依据活动类型，分类设计。①张伟俊认为小学数学"综合与实践"领域课程设计需要课内外相结合、校内外相结合，基于课堂又超越课堂。②陆潮江认为小学数学"综合与实践"领域课程设计应该注重挖掘现实素材，注意生活化数学活动，综合考虑学生基础、自然资源、教学硬件和民风民俗等。③

　　总之，已有研究提出的小学数学"综合与实践"领域课程设计体现了"综合与实践"领域课程的本质，和以解决实际问题为载体，积累学生数学活动经验和提升学生的问题解决能力为课程设计的宗旨。小学数学"综合与实践"领域课程设计既要基于学习者中心，又要突出问题解决；小学数学"综合与实践"领域课程设计要依据学段差异化设计，根据活动形式多样化设计，并坚持实践性、活动性、自主性、问题性的设计原则。

（三）小学数学"综合与实践"领域课程实施的研究现状与存在问题

　　课程实施是一个与课程改革密切相关的专业术语。一般而言，课程实施就是将新的课程计划付诸实践的过程。所谓新课程计划就蕴含着对已有课程的变革与创新，课程实施力图使这场课程变革落实到教育实践过程之中，促使新课程计划的实践转化。

1. 小学数学"综合与实践"领域课程实施的内涵

　　小学数学"综合与实践"领域课程实施研究是一个复杂而且困难的研究内容。经过二十年的课程实施经验，一线教师不仅是课程传递者，其更重要的是课程理解与诠释者、课程发展和实践转化的行动者。因而，一线教师在课程实施研究中处于关键地位，有必要对一线教师的课程实施相关研究进行梳理与评析，以此更深入地了解小学数学"综合与实践"领域课程实施研究现状。2011 年之后小学数学"综合与实践"领域课程实施之所以能引起大家

---

①　沈科.小学数学综合与实践"课型分类及教学策略[J].教学与管理,2013(29):45–47.
②　张伟俊.数学"综合与实践"活动的有效设计研究[J].上海教育科研,2018(10):82–86.
③　陆潮江.数学"实践与综合应用"开发刍议[J].教学与管理,2010(32):45–47.

的关注，是因为人们逐渐意识到课程本身具有实践导向，小学数学"综合与实践"领域课程实施程度和效果直接影响到小学数学课程改革的成败。一般来说，课程改革失败的主要原因是设计的课程没有很好实施。孙薇、潘小明基于教学实践过程提出小学数学"综合与实践"领域课程实施中存在的具体问题。①②曾令鹏、王鑫、张娜等研究者通过调查研究，围绕课程实施的几个方面提出小学数学"综合与实践"领域课程实施存在的问题。③④⑤通过分析文献资料，发现已有研究对课程实施问题的梳理与调查研究都注重教师教学问题，揭示教学中具体的实践问题。例如，对该领域课程重视程度不够、活动组织经验不足、教师对课程本质认识不足等问题。

综上所述，小学数学"综合与实践"领域课程实施中存在的问题，研究者们基于宏观与微观视角进行了研究，通过梳理文献发现数学"综合与实践"领域课程实施中存在的问题从宏观层面分析主要有：第一，课程重视程度不够；第二，教师难以适从；第三，课程形式化现象突出。从微观层面分析存在的问题有：第一，课时短缺；第二，课外自学居多；第三，教授为主；第四，不能全员参与；第五，活动性、综合性差。但是，总体上对数学"综合与实践"领域课程实施中存在问题的研究采用经验总结及案例分析方法居多，因此得到的研究结论薄弱，未来还需进一步追溯存在的问题，运用科学化研究方法，进一步厘清小学数学"综合与实践"领域课程实施中存在的表象问题，抓住基础问题，剖析出根源问题。

2. 小学数学"综合与实践"领域课程实施的影响因素分析研究

对课程实施影响因素的分析属于课程实施研究中的重要内容。富兰在其著作中，提出课程实施的影响因素主要包括以下三项九类，具体影响因素如表2-5所示。

① 孙薇.小学数学综合实践活动课教学中的问题与对策[J].数学教学通讯,2017(22):36-37.
② 潘小明.数学探究教学中异化现象探析[J].数学教育学报,2008(02):21-24.
③ 曾令鹏.小学数学综合与实践活动课程实施研究[M].广州:广东高等教育出版社,2020:75.
④ 王鑫.小学数学"综合与实践"教学现状及策略研究[D].兰州:西北师范大学,2018:24-27.
⑤ 张娜.小学数学"综合与实践"教学现状的调查研究[D].呼和浩特:内蒙古师范大学,2021:25-26.

表 2-5　课程实施影响因素分类

项目	类别
课程改革自身的特质	需求
	目标和方法
	实施范围和实际情况
	时间和教材
区域特质	地方：地方课程改革的历史与支持
	社区：社区与学校相互关系
	校长：对课程改革的理解与支持
	教师：个人素养、特点及社群关系
外在因素	政府政策
	外在机构的压力与支援
	各机构之间的关系

　　潘红娟认为小学数学"综合与实践"领域课程实施的影响因素分析应从小学数学"综合与实践"领域课程自身入手，分析得出小学数学"综合与实践"领域课程实施主要受到课程自身和教师对课程认识的影响。[1]曾令鹏在其研究中指出小学数学"综合与实践"领域课程实施的影响因素主要包括课程认识、课前准备、活动过程、效果评价、课时保障。[2]还有很多研究者基于教师和学生的不同视角，分析了小学数学"综合与实践"领域课程实施的影响因素。对于教师自身而言，其对课程的理解水平、课程实施的动机以及人际关系等都会影响课程的实施。对于小学数学"综合与实践"领域课程而言，课程自身的发展与课程组织、内容、评价等都对课程实施产生影响。尤其，

---

　　①　潘红娟."实践与综合应用"的理想形态——打电话[J].人民教育,2006(20):27-29.
　　②　曾令鹏.小学数学综合与实践活动课程实施研究[M].广州:广东高等教育出版社,2020:60.

一些具体的活动设计需要到校外实践，需要更多的外部支持和资源，一方面需要教师自身的协调，另一方面需要学校的支持与安排，还需要社区的配合等。这些因素常常被研究者忽视，对课程实施影响因素的分析多集中于教师自身和课程本身。小学数学"综合与实践"领域课程实施的一个重要因素是学生。①对于学生而言，其活动参与和数学学习习惯、活动态度等直接决定和影响着课程实施。②

综上所述，已有研究中对数学"综合与实践"领域课程实施影响因素的分析缺乏理性分析，研究仅仅停留在课程实施的表面现象。分析得到的影响因素空泛、模糊、不明确。有时候甚至在一个很大的标题之下，没有具体的内容；因素分析视野狭窄，缺乏深度；调查研究编制的研究工具大相径庭。总体上，影响小学数学"综合与实践"领域课程实施的主要因素集中在教师、学生和课程本身。

3. 小学数学"综合与实践"领域课程实施的有效策略研究

通过分析已有研究文献，多数研究者基于已有的教学实践经验结合具体的教学案例尝试探究、总结小学数学"综合与实践"领域课程实施的有效策略，形成具体的教学方案并总结经验。毕渔民，王玉文在其研究中提出了读数学、说数学、讲数学、练数学和问数学五环教学模式。童玉婷也在其研究中提出了综合与实践领域课程实施思路图，③④如图 2-2 所示。该课程实施思路图基于课程实施定位和开车实施原则两个维度，从基本理念、课程特征和实施方向三个方面分析和展示了"综合与实践"领域课程实施的基本思路框架。

---

① 苌淑君.小学数学"综合与实践"内容课程的教学现状及对策研究[D].宁波:宁波大学,2017: 22-23.
② 张蓉蓉.小学低年段数学综合与实践教学现状调查研究[D].广州:广州大学,2017:12-16.
③ 毕渔民,王玉文.构建五环综合数学活动教学形式的探索与实践[J].数学教育学报,2015,24 (02):12-16.
④ 童玉婷.初中数学"实践与综合应用"课程常态化实施途径研究[J].数学教育学报,2011,20 (01):64-68.

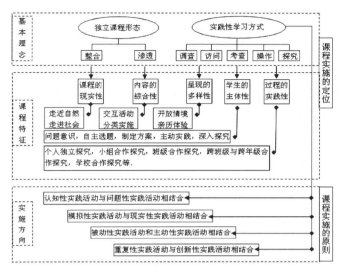

图 2-2　数学"实践与综合应用"课程实施思路

小学数学"综合与实践"领域课程实施策略是基于教学实践过程总结概括而来，不同的研究者提出不同的教学实践模式。徐俊依据活动层次提出了"三维活动"策略方式，[①]促进小学数学"综合与实践"领域课程实施。徐俊研究指出小学数学"综合与实践"领域课程实施由体验活动—思维活动—拓展活动三维层次逐步深入，同时主张"综合与实践"领域课程实施要基于活动形式逐层开展。张伟俊还在其研究中提出四环八步课程实施模式，[②]具体如图 2-3 所示。

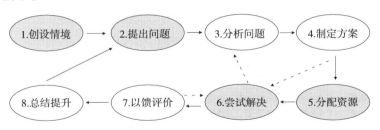

图 2-3　四环八步"综合与实践"领域教学模式图

①　徐俊.设计三维活动,助推初中数学综合与实践活动课有效实施——以探索"双钩函数"性质的教学设计为例[J].中学数学,2020(10):14-17.
②　张伟俊.数学"综合与实践"活动的有效设计研究[J].上海教育科研,2018(10):82-86.

　　上述研究者多是一线教师，基本上依据自身教学经验总结概括小学数学"综合与实践"领域课程实施策略。张锦瑶[①]、沈芬娟[②]、吕宜珂[③]、刘璐[④]等在其硕士学位论文中提出小学数学"综合与实践"领域课程可以结合STEAM课程理念进行课程实施，指出该课程理念指导有利于开展跨学科实践活动。[①-④]还有一些研究提出"5E"教学模式[⑤]，认为5E教学中的吸引、探究、解释、迁移和评价环节与"综合与实践"领域的教学理念一致，可以直接指导其教学过程。数学"综合与实践"领域从学生的生活实际出发，创设问题情境，确立学习主题，相当于"引入"环节；学生自主参与交流讨论，尝试解决问题的过程，类似于"探究"环节；学生在探究活动中积累活动经验，交流心得，是对经验的阐明与提炼，与"解释"环节相符；通过拓展与运用，进一步进行变式练习与实践，将数学知识理解认识引向深入，与"精致"环节相符；学生在探究过程中的不断反思与创新，与"评价"环节相符。因此，"5E"教学模式值得借鉴。

　　综上所述，小学数学"综合与实践"领域课程实施策略研究主要是一线数学教师的案例分析与总结，提出的课程实施策略个性化突出；某些策略具有一些共性，但是并没有形成系统、一致性的策略框架；对于小学数学"综合与实践"领域课程实施的具体教学环节设计没有严密的论证和教学实践检验。整体上小学数学"综合与实践"领域课程实施缺乏理论分析与实践检验。

4. 小学数学"综合与实践"领域课程实施研究存在的问题

　　课程实施本身就是一个复杂的过程，小学数学"综合与实践"领域课程实施又具有其特殊性，致使其课程实施研究充满挑战。小学数学"综合与实

①　张锦瑶.小学数学"综合与实践"活动课程现实样态研究[D].西安:陕西师范大学,2021:22-34.
②　沈芬娟.STEAM教育理念下第二学段"综合与实践"教学设计研究[D].大连:辽宁师范大学,2021:57.
③　吕宜珂.基于STEM理念的初二数学"综合与实践"课程内容改革[D].福州:福建师范大学,2020:44-47.
④　刘璐.基于STEAM教育理念的小学数学"综合与实践"的教学研究[D].武汉:华中师范大学,2019:33.
⑤　姚雨婷.基于5E教学模式的小学数学第二学段"综合与实践"教学设计研究[D].扬州:扬州大学,2022:12.

践"领域课程实施研究需要一定的理论指导，需要根据课程改革实际来全面思考和构建实施的具体行动方案。然而，当前我国的课程实施理论迁移、应用国外的研究成果，在一定程度上存在移花接木的现象。①，小学数学"综合与实践"领域课程是我国的课程结构创新形态，可借鉴的课程实施理论不足，为课程实施研究带来了更大的挑战。

当前关于小学数学"综合与实践"领域课程实施研究，大致可以划分为以下几个方面。

一是引用国外问题解决有关的教育理念和课程模式问题，思考对我国小学数学"综合与实践"领域课程实施的意义与价值。例如，日本"综合学习时间"课程强调让学生通过生活观察、动手操作、参与社会调查等实践活动方式，增强学生问题解决的能力，提升学生运用数学知识解决实际问题的意识。②日本非常重视课题（问题）解决，自1984年以来，多次修订"数学课题学习"相关内容，强调课题学习要"适应社会的信息化发展；适应学生的多样性发展；适应教育的全球化发展"，并开发了包含丰富数学课题学习内容的多套教科书。③日本数学课题学习特别重视课题与现实生活的联系。④

二是回顾与挖掘我国著名数学教育家的思想理论，分析其对小学数学"综合与实践"领域课程实施的启示与价值。

三是反思小学数学"综合与实践"领域课程的价值取向、课程目标、课程内容和教学要求与模式。一线教师认为2001年版、2011年版义务教育数学课程标准对"综合与实践"领域的要求不明确、内容模糊等直接影响着课程实施。然而，通过分析文献内容，发现研究者常常会关注课程实施的策略、原则以及教师的教学，认为探讨如何教是小学数学"综合与实践"领域课程实施研究的主流方向。

①　李定仁，徐继存.课程论研究二十年[M].北京:人民教育出版社,2004:114.
②　曹一鸣.十三国数学课程标准评介(小学、初中卷)[M].北京:北京师范大学出版社,2012:179-182.
③　南玉莲.日中小学"综合学习时间"课程的研究与启示[D].延吉:延边大学,2017:2-5.
④　杨毅,杨易林.日本教育课程改革的新举措:设立"综合学习"时间[J].比较教育研究,2002(09):26-29.

　　四是研究一线数学教师的教学观、课程观、课程实施取向和影响一线教师课程实施的因素分析。

　　综上已有研究的四个方面,其本质上第四个研究方面才属于课程实施研究,其余几个方面只是与课程实施研究相关。在已有的课程实施研究中,对一线教师课程实施过程的描述和说明的研究甚少。

　　综上所述,小学数学"综合与实践"领域课程实施研究资源有限,研究充满挑战,主要原因是对于课程实施理解认识不清晰。研究者需要在研究之前讨论课程实施的内涵和意义,方可促进小学数学"综合与实践"领域课程实施研究。

三、文献述评小结

　　通过梳理已有数学"综合与实践"领域课程的相关研究,发现近二十年来"综合与实践"课程在数学教育研究课程中受到普遍关注,尤其小学数学课程研究受到数学教育专家、教研员、一线教师及研究生的特别关注。大量研究为小学数学"综合与实践"领域课程的发展作出了理论与实践贡献,当然也存在一些研究争议,需要进一步反思。这一部分将先从整体上评述数学"综合与实践"领域课程的研究现状,进而反思、借鉴已有研究成果,为本研究的顺利开展奠定基础。

　　我国数学"综合与实践"领域课程已经经历了二十年的实施与发展,对于该课程内涵的研究,国内外理解差异巨大。国外并没有单独设置"综合与实践"领域课程,只有我国数学课程标准中将"综合与实践"领域课程单独列出,并在义务教育阶段一以贯之。虽然国外的数学课标没有"综合与实践"领域课程,但是并不意味着其不重视数学"综合与实践"。而是,其将"综合与实践"作为一种数学学习理念融入数学课程之中。例如,荷兰的现实数学教育思想,既要求数学教育与学生的生活实际密切相关,通过学生熟知的事物学习数学,又要求数学教师要引导学生再发现数学知识。数学学习内容来源于生活,学生会乐于面对数学的挑战,学会发现、提出和解决数学问题。

荷兰数学教育受弗赖登塔尔数学思想的影响，将综合与实践融会贯通到课程结构之中，保持了数学课程的整体性，使其更自然、合理并更具可操作性。其他国家的数学课标中都有关于问题解决的描述，并且都提到了综合运用数学知识解决实际生活问题，让学生经历、参与、体验数学活动的全过程，帮助学生积累数学经验，提升数学能力。通过这些研究与描述，可见，大多数国家从本质上认为"综合与实践"是一种高效解决数学问题、完成数学活动的数学学习方式。国外数学"综合与实践"领域课程的突出特征是综合性、实践性和多样性，例如其基本的学习活动方式有研究性学习、项目式学习和课题学习等。我国数学课标将"综合与实践"作为数学课程内容领域之一，小学"综合与实践"领域课程是指以现实问题和跨学科实践为主要内容载体，采用主题活动方式，以学生自主参与为主的学习活动。

　　国内的研究者认为数学"综合与实践"领域课程的内涵理解，主要要与综合实践活动课程做区分理解。综合实践活动课程是我国《九年义务教育课程方案》和《普通高中课程方案》规定的一门必修课程。两者在性质内涵、目标定位、活动内容等方面存在本质差异。数学"综合与实践"领域课程是数学课程内容之一，与"数与代数""图形与几何""统计与概率"三个课程共同构建了完整的小学数学课程内容体系，强调要在学生学习其他三个课程的知识基础上，综合运用所学数学知识与方法解决现实问题，在某种程度上被理解为一种数学学习方式。综合实践活动课程主要是基于现实生活及其需要，以生活情境中的真实问题为活动主题，进行实践与探索的一门实践课程。数学"综合与实践"领域课程的目标是帮助学生积累数学的基本活动经验、提升问题解决能力、发展学生的应用意识和创新意识，从而形成学生数学核心素养。数学"综合与实践"领域课程的活动内容以数学问题为载体、以学生参与为主的数学活动，具体包括观察、实验、猜测、计算、推理、验证等数学活动。基于此，有些研究者认为数学"综合与实践"领域课程仅仅是其他课程的辅助与附庸，然而有些研究者认为数学"综合与实践"课程与其他三个课程平行、互补，具有其独特的价值与功能，是相对独立的课程。很多研究者依据不同的研究视角提出了数学"综合实践"领域课程的内涵阐述与课程特征描述。数学"综合与实践"课程是一种经验课程、一种实践课程、一种活动课程、一种综合性课程，还有研究者认为其是一种学科实践手段，一种数学学习方式。因此，数学"综合与实践"领域课程具有综合性、实践性、开放性、自主性、探究性、合作性、问题性等。研究者对数学"综合与实践"领域课程的内涵阐释不统一，导致对该课程特征的概括也不一致。因此，要在已有研究基础上进一步厘清数学"综合与实践"领域课程的内涵，抓住其课程本质，明确其课程结构、要素，析出课程特质，概括总结出数学"综合与实践"领域课程的特征。这将是推动数学"综合与实践"领域课程实施的原动力，可进一步促进其发展，进而推动数学教育的变革与发展。

　　阐述小学数学"综合与实践"领域课程的内涵、特征。关于小学数学"综合与实践"领域课程的内涵、特征的已有研究较粗浅、零散，没有从历史视角对数学"综合与实践"领域课程的思想渊源、形成与发展进行回溯，更没有基于综合课程、实践课程和经验课程视角揭示其内涵与特征。前期调研发现，一线教师对"综合与实践"领域课程的内涵理解过于片面、特征把握不到位，直接影响了数学"综合与实践"领域课程的实施。

　　关于小学数学"综合与实践"领域课程实施的研究，多是基于课程实施现状的调查研究。整体上，研究结果表明课程实施不力，主要原因集中于教师对数学活动的设计与理解不到位。

　　2001年教育部印发《基础教育课程改革纲要（试行）》，规定从小学到高中设置综合与实践活动作为一门必修课程一以贯之。2017年教育部还颁布了《中小学综合实践活动课程指导纲要》。这些纲领性的文件对综合实践活动课程做出严格的规定与要求，足见国家对该课程的重视。也因此，学校课程与教学实施过程中将综合实践活动课程与学科中的"综合与实践"领域课程相互替代。一线教师也以综合实践活动课程的理论模糊地理解数学"综合与实践"领域课程。已有研究混沌于两者之间，模糊了两者的边界，使数学"综合与实践"领域课程缺失了数学本质，仅仅是掺杂了数字的活动而已。有的研究只是基于教学经验的归纳、演绎，并没有系统全面地进行"综合与实践"领域课程实施研究。

　　"综合与实践"课程经过二十多年的实践探索，目前仍然面临着究竟"应当如何有效实施"这一方法论问题。本次义务教育数学课程标准修订，再次加大改革力度，要求全面落实小学数学"综合与实践"领域课程，具体通过增加课时的方式，提出硬性规定。

　　通过综述已有相关研究得到如下三方面的启示。

　　第一，关于小学数学"综合与实践"领域课程的理论认识研究的回顾与反思，为本研究的小学数学"综合与实践"领域课程的再认识提供了认识论基础。目前，小学数学"综合与实践"领域课程的内涵理解丰富、多样，课程特征概括也别具特色。这些基本的理论认识主要是基于课程标准的解读和教学经验的总结与提升。这为本研究的理论阐释奠定了基本的认识基础，也为深刻阐释留下了理论挖掘的空间。对小学数学"综合与实践"领域课程本质的理解需要追根溯源，基于历史视角回顾小学数学"综合与实践"领域课程思想的形成与发展。在此基础之上，进一步进行学理研究，阐释小学数学"综合与实践"领域课程的内涵，析出其本质特征，为该课程内容的设置提供理论指导。

　　第二，关于小学数学"综合与实践"领域课程的实践研究，为本研究的课程实施模式建构提供技术指导。通过文献综述，发现北京、浙江、广州、江苏、重庆等地对小学数学"综合与实践"领域课程的实践探究成果较为丰富。这为分析构建教学模式提供了案例搜寻的方向，为后续的现状调查研究的地域划分提供了依据。小学数学"综合与实践"领域课程的相关实践研究，一个重要的方面是对课程实施现状的分析。这些现状分析的维度为本研究开展现状调查提供了技术、方法的直接指导。已有研究中发现的实施问题，为后续建构教学模式提供了重要启示，存在的具体问题可以为教学模式的核心要素提取提供依据。已有研究中提到了具体教学实践中采用的教学模式，例如，主题教学模式、项目式教学、探究性学习、翻转课堂等，这为本研究实践模式建构提供了参考。

　　第三，小学数学"综合与实践"领域课程实施研究的基本问题还是讨论如何教学。课程实施研究领域包括的基本概念有课程实施、课程实施取向、课程实施模式以及教师参与等。教师作为课程实施中的关键人物，其不仅仅参与将课程付诸教学实践的过程，重要的是要融合自身背景和个人经验，在具体课程实施中体现了教师的理解—实践—再理解。已有研究中对课程实施的研究仅仅关注了教师如何顺利开展教学、教学对学习者的影响等，并没有关注教师对小学数学"综合与实践"领域课程的理解认识。因此，本研究首先设计了课程再认识，在课程认识基础上，尝试构建可以指导实践的课程实施模式。已有研究文献中对模式的研究，多是基于教师自身的经验总结，更像是教学方法，缺乏教学理论、教学内容、教学目标和过程以及教学组织等完整的、系统的操作。因此，本研究想要通过构建小学数学"综合与实践"领域课程实施模式，在小学数学"综合与实践"领域课程的理念与实践之间建立沟通的桥梁。因而，本研究的课程实施模式是指在一定教学理念、学习理论指导下，为达成小学数学"综合与实践"领域课程目标，形成具有比较稳定的进程结构，以及具体可操作的具有流程指导作用的课程实施方式。

通过上述文献综述，启示本研究要针对小学数学"综合与实践"领域课程实施问题，寻求新的视角，规避已有研究缺陷。首先，需要立足当前小学数学"综合与实践"领域课程实施中存在忽视课程创生取向的现象，从促进课程实施的角度，提出课程实施的创设环节。其次，深挖课程整合、具身认知等理论内涵，以此为理论指导构建完整的小学数学"综合与实践"领域的课程实施模式。最后，应该以三轮教学实践对构建的模式进行操作性修订与完善。最终形成稳定可操作的课程实施模式，指导小学数学"综合与实践"领域课程实施。

第三章　研究设计

　　本章将在文献梳理与述评基础上，围绕小学数学"综合与实践"领域课程实施这一核心研究内容进行整体研究设计。首先，阐明研究的理论基础，建构研究的平台和框架；其次，梳理研究的基本思路，展现研究的脉络和路径；再次，介绍研究的方法与对象，明确研究的内容与形式；最后，描述研究工具的开发与应用过程，展示研究的经历与过程。通过这四个方面的详细论述，整体展现研究计划与实施过程。

一、理论基础

　　充实和完善的理论基础为研究的成立和实施提供了有力的保障和可靠的依据。本研究的总体指导思想来自教育学、心理学中的相关理论，理论基础为实践课程观、具身认知理论、课程整合理论和多元智能理论。

（一）实践课程观

1. 实践课程观概述

　　人类进入 21 世纪以来，教育的中心议题围绕课程问题展开。例如，什么是课程？如何理解和把握课程的内在规定性？这些可谓是课程的元问题，对这些问题的不同回答，体现了不同的课程观。综合与实践活动课程所彰显的是一种实践课程观。小学数学"综合与实践"领域与"数与代数""图形与几何""统计与概率"存在本质上的差异。在某种程度上小学数学"综合与实践"领域课程与综合实践活动课程所秉持的课程观一致。因此，本研究中以实践课程观指导小学数学"综合与实践"领域课程实施研究。

　　课程不应是一种"作为事实"的存在，而应是一种"作为关系和过程"的实践存在。①课程被看作是一种"作为事实"的存在，这种观念表现了师生之间存在的一种特定权利关系。②阿姆斯特朗（D.G.Armstrong）认为课程既是为了促进学生知识、技能和洞察力发展的决策性过程，也是学生发展过程本身，③可以尝试从学生成长和发展的关系视角理解、探寻课程的本意。麦克·扬认为"作为实践的课程"是通过建立"作为关系""作为过程""作为价值"的思维方式来形成课程的理解，这样的观点一直关注着师生课堂实践过程，并且从"作为实践的课程"的角度来看，知识不再是从学术发现者处传递下来被教师分配和传递给学生的私有财产，而是师生共同合作的产物。基于此，课程与活动相融合。④派纳和格鲁梅特说课程是一个过程，而不是一个产品。事实上，课程认识不能基于简单系统认知，而要基于复杂系统认识课程，因此，产生生成性课程理论。⑤基于此认识，课程不再仅仅是一种简单地对现有知识的延续和重复，而同时参与了知识的再生产过程。⑥就像格鲁梅特所说："如果仅仅关注教育起点和终点，忽视过程的教育价值，那么教育将是一潭毫无生机的死水。"依据复杂理论，小学数学"综合与实践"领域是一种"作为实践的课程"，然而并不是将纯粹的数学实践活动看作课程本身，更不能将"数学实践"作为课程的内容来理解，而是要尊重课程的过程属性，实践是课程的语言。⑦所以，课程实践过程本身的意义与价值才是课程实践观所看重的，这体现了实践志趣。⑧实践与探究是获得课程的基本行动方式，是

① 郭元祥.综合实践活动课程与教学论[M].北京:人民教育出版社,2013:32.
② [英]麦克·扬.未来的课程[M].谢维和,王晓阳,等译.上海:华东师范大学出版社,2003:33.
③ [美]大卫·阿姆斯特朗著.当代课程论[M].北京:陈晓端,主译.中国轻工业出版社,2007:4.
④ [英]麦克·扬.未来的课程[M].谢维和,王晓阳,等译.上海:华东师范大学出版社,2003:34.
⑤ Brent Davis,康长运.复杂理论与教育[J].全球教育展望,2008(01):8-12,20.
⑥ Brent Davis,康长运.复杂理论与教育[J].全球教育展望,2008(01):8-12,20.
⑦ 郭元祥.综合实践活动课程与教学论[M].北京:人民教育出版社,2013:33.
⑧ 史学正,徐来群.施瓦布的课程理论述评[J].外国教育研究,2005(01):68-70.

课程获得的基础，探究即思索，是对一种话语在不同情境中的多重理解。①这些课程理论观点对于认识小学数学"综合与实践"领域课程内涵、特征提供了重要的理论支持，进一步帮助理解小学数学"综合与实践"领域课程意义。

2. 实践课程观对本研究的启示

课程的生命立场、主体立场和价值立场蕴涵在"作为实践的课程"本质理念之中。②"个人转变达成的通道可被称为课程，固定的、静止的、先验的'跑道'不能体现课程的本质。"③课程从本质上说是由儿童创造出来的，只不过由特定社会成员进行了重组与设计。在某种意义上来看，课程是由儿童创造和开发的。因此，课程不应该是儿童接受的对象，而要激发儿童对课程的批判与建构能力。这种观点的指导才符合小学数学"综合与实践"领域课程设置的初衷。

第一，实践课程观认为课程要素里包含了知识，但并不能有"课程就是知识"这种偏颇的理解。学生在教师引导下，进行思维活动、理解活动和反思活动，这些活动不仅仅局限于精神层面，更指向实践层面，所有这些师生活动可称之为课程。学生就是通过思维活动、理解活动和反思活动，促使这些繁杂的知识进入自身的精神世界。然而知识只是一种素材、一种载体而已。儿童只有在动态思维、反思和创造的过程中得到成长与发展。儿童不断地反思，是一种展现自我、认识自我，从而形成自我同一性的过程。④小学数学"综合与实践"领域课程内容要求贴近学生自身的现实生活，关涉学生个体的生活经验，引导学生通过思维活动去理解人类生活世界和个体生活方式。

第二，转变课程理解，课程不能被简单理解为文本或者教育内容，而要将课程理解为学生通过反思性和创造性实践来探寻人生意义的活动及其动态过程。"作为实践的课程"的根本意义就在于将学生纳入课程理解。⑤这种课

---

① 李孔文.塔木德:施瓦布实践课程思想根源[J].全球教育展望,2012,41(08):25-30.
② 郭元祥.综合实践活动课程与教学论[M].北京:人民教育出版社,2013:35.
③ [美]多尔.后现代课程观[M].王红宇,译.北京:教育科学出版社,2000:6.
④ 郭元祥.综合实践活动课程与教学论[M].北京:人民教育出版社,2013:36.
⑤ 郭元祥.综合实践活动课程与教学论[M].北京:人民教育出版社,2013:37.

程观念超越了传统的知识，脱离学生客观存在的纯客观主义或科学主义的思维方式，确立了课程的生命立场，彰显了学生主体地位立场，突出了课程的育人价值立场，体现了课程的过程属性。这为小学数学"综合与实践"领域课程特征的析出提供指导。

第三，课程从"作为事实的课程"到"作为实践的课程"蕴含着课程哲学及其思维方式的转向。学生不再孤立于课程之外，而是课程的主体。课程不是知识的过滤器和排序机，课程蕴含着重要的过程属性、育人价值和师生民主的生命立场。课程是动态发展、创造的过程。作为实践的课程基于主体哲学、价值哲学、过程哲学和实践哲学来进行课程理解和课程决策。这些课程理论将指导小学数学"综合与实践"领域课程再认识。

（二）具身认知理论

1.具身认知理论概述

"综合与实践"领域作为一新型课程内容形态，具有其独特的课程意义。虽然转变教师教学方式和学生学习方式是该课程的重要诉求，但是远不能彰显其独特的价值地位。[1]在"综合与实践"领域的课程实施过程中进行综合实践活动，逐渐被学科课程知识内容获得掩盖和分解掉。[2]实践中的这些问题、疑惑在理论上被认识清楚后，就不再成为问题和疑惑了。"综合与实践"领域的内在价值澄清恰好有利于解除课程认识上的疑惑。[3]可见，课程价值与意义的理解是课程认识的基础。

具身认知理论彻底批判了传统认知理论，引发了对传统认知理论视域下课程本质观的反思，传统认知理论视域下的课程观突出了客观性、普遍性取向。张良认为具身认知理论视域下的课程本质与意义建立在教师和学生个人知识背景、生活世界、感受体悟、经验经历基础之上，是相互对话、彼此互

---

① 张华,仲建维.综合实践活动课程:价值分析和问题透视[J].当代教育科学,2005(12):3-6.

② 姜丽华.综合实践活动课程的被分解及其价值澄清[J].教育科学,2002(06):23-24.

③ 石鸥.从课程改革的目标看综合实践活动的独特价值[J].中国教育学刊,2005(09):34-37.

融的过程中逐步生成、涌现或转化个人履历或自我实现。①2011 年版数学课程标准指出：综合与实践是培养学生问题意识、应用意识和创新意识，积累学生的活动经验，提高学生解决现实问题的能力的载体。②在具身认知视域下审视数学"综合与实践"领域方可彰显出有别于"数与代数""图形与几何""统计与概率"的独特价值。小学数学"综合与实践"领域的一个重要诉求就是帮助学生积累数学活动经验。首先需要明确数学活动经验是什么，仲秀英博士认为学生数学活动经验是学生在数学活动过程中获得的经验，是学生个人经验的重要组成部分，学生数学活动经验的积累需要重视学生的过程学习和个人缄默知识，重视学生生命现状和未来生活间的联系。③具身认知理论的具身性、情境性、生成性三个层面的旨趣，为小学数学"综合与实践"领域课程价值定位提供了学习论依据。小学数学"综合与实践"领域程强调让学生通过经历、体验、观察、实验、探索、实践等数学活动，获得数学活动经验。这种经验不是简单的传授获得，而是学生自主参与体验获得，不仅仅关注现实生活中实用的知识和技能，更关注学生未来生活可能需要的经验。这是综合与实践领域的课程立足点。只有深化这一方向的认识，才能体现和夯实综合与实践领域的课程独特价值地位。赵书超认为综合实践活动是未来课程关注的焦点。④同样，具身认知理论视域下的数学"综合与实践"领域也将是未来数学教育关注的焦点。数学"综合与实践"领域强调数学学习方式的转变，数学学习不仅仅是数学知识的信息加工，不局限于符号与表征，更关注学生身体体验与个人经验获得。因而，数学"综合与实践"领域可从学生的身体活动参与入手。叶浩生认为具身认知的中心观点是：认知、思维、记忆、学习、情感和态度等是身体作用于环境的活动塑造出来的。⑤焦彩珍认为具身认知教学中师生生命主体存在的意义、教学过程的场域情境性、动态性

① 张良.论具身认知理论的课程与教学意蕴[J].全球教育展望,2013,42(04):27–32,67.
② 中华人民共和国教育部.义务教育数学课程标准(2011年版)[S].北京:北京师范大学出版社,2012:4–5.
③ 仲秀英.学生数学活动经验研究[D].重庆:西南大学,2008:50–51.
④ 赵书超.综合实践活动课程:理念与价值[J].全球教育展望,2011,40(09):19–24.
⑤ 叶浩生.身心二元论的困境与具身认知研究的兴起[J].心理科学,2011,34(04):999–1005.

等都需要重新审视。①

2. 具身认知理论对本研究的启示

第一，小学数学"综合与实践"领域首先需要讨论师生的身心交互方式。课程实施的一个主体是学生，学生的认知发展在不同的年龄阶段表现出不同的具身认知特征。翟贤亮博士在其研究中指出处于生命周期两端的儿童期和老年期认知发展更具有发展的意蕴。②其研究发现儿童期认知发展总体上表现为有条件的具身趋强态势。这一研究结果对本研究中构建小学数学"综合与实践"领域课程实施模式具有重要的启发与指导作用。简言之，儿童的具身认知学习发生需要一定的条件支持，当要学习的概念对象与体验相关或吻合时，就会有正向的具身效应。③这一结论启示研究中需要根据吻合原则在小学数学"综合与实践"领域课程实施过程中充分分析前概念与学生体验活动的吻合度，进而促进学生具身认知效应的趋强反应。这对研究小学数学"综合与实践"领域课程实施原则、样态、方式和策略提供了理论指导。

第二，具身认知理论认为，身体行动承载着认知发生，具身交互的过程实现了经验建构。身体行动、心灵感悟和环境的交互作用中形成认知与思维。身体既参与着认知，又影响着思维，还塑造着心智，不同的身体活动参与会形成不同的认知结果，内化为不同的活动经验。由此可见，具身认知理论为小学数学"综合与实践"领域课程实施环境的创建提供理论依据，要求课程实施的环境必须能满足具身交互、深度体验，促进学习者进行更有意义的学习建构。④

第三，基于身心二元论，离身认知重视信息加工，强调符号与表征，忽视身体和经验。这种离身倾向已成为认知科学发展的理论瓶颈和现实枷锁。⑤具身认知理论为小学数学"综合与实践"领域课程的价值探索提供了方向。

① 焦彩珍.具身认知理论的教学论意义[J].西北师大学报(社会科学版),2020,57(04):36–44.
② 翟贤亮.从具身认知的基本属性到边界条件:祛魅与新立[D].长春:吉林大学,2018:34.
③ 翟贤亮.从具身认知的基本属性到边界条件:祛魅与新立[D].长春:吉林大学,2018:35.
④ 赵雪梅,钟绍春.具身认知视域下促进高阶思维发展的多模态交互机制研究[J].电化教育研究,2021,42(08):65–71,87.
⑤ 叶浩生.身心二元论的困境与具身认知研究的兴起[J].心理科学,2011,34(04):999–1005.

认知科学、哲学、机器人学和语言学的研究者们越来越多地意识到，认知的表征和操作根植于它们的物理情境中。[1]这将指导小学数学"综合与实践"领域课程实施的物理环境创设。

（三）课程整合理论

1. 课程整合理论概述

一个词语、术语的价值在于其作用，而不是其来源及演变。然而，对于有些基本概念来说，其词源及演化却反映了人类文化与思想观念的发展。课程整合理论中的"整合"一词，就反映着人类整体观的发展（从朴素整体论到近代分析论，再到科学系统论，又到复杂系统论），反映着哲学思维方法的普及程度。[2]"整合"作为术语，首先出现在数学与物理中，涉及部分与整体的关系。斯宾塞在《第一原理》这本书中说"进化就是事物的一种'整合'（integration），伴随着运动而来的'分化'（dissipation）"，进化由简单到复杂，由不确定、不协调到确定、协调，由同质性转化为异质性。因此，将"curriculum integration"译为课程综合或者综合化课程，抑或课程统整等，都不能完全表达其原意。受学术传播和影响，课程整合概念应运而生。[3]整合与分化是彼此相对的概念，整合与分化相伴而生，因此课程整合中包含着课程分化。课程整合就是将分化了的教育系统要素，通过分类、选择，实现有机联系，形成整体。目前，我国的课程整合是对分科课程的解构与重组，通过课程整合打破传统的学科边界，促使发展学生的综合能力。

21世纪的时代特征之一就是整合，作用于教育领域关注的课程问题，就表现为课程整合。追溯课程整合理论发展的历史，其不同的历史阶段具有不同的内涵意义研究，总体上包括三个层面：其一，课程整合是一种基于课程内容的选择方式；其二，课程整合是一种基于课程实施与评价的策略；其三，

① 焦彩珍.具身认知理论的教学论意义[J].西北师大学报(社会科学版),2020,57(04):36–44.
② 黄宏伟.整合概念及其哲学意蕴[J].学术月刊,1995(09):12–17.
③ 黄甫全.国外课程整合的发展走势及其启示[J].比较教育研究,1997(03):39–42.

课程整合是一种基于课程理解的课程理念或者课程哲学。

2001年教育部颁发的《基础教育课程改革纲要（试行）》明确提出把"课程整合"作为改革目标之一，要求"改变课程结构过于强调学科本位、科目过多和缺乏整合的现状，整体设置九年一贯的课程门类和课时比例，并设置综合课程，以适应不同地区和学生发展的需求，体现课程结构的均衡性、综合性和选择性。小学阶段以综合课程为主，初中阶段设置分科与综合相结合的课程，高中以分科课程为主"。①整体上课程整合表现在：课程目标的整合、课程设置的整合、科目内的整合、学习方式的整合、课程内容的整合、课程评价的整合、课程资源的整合。②

随着对课程整合的理论认识与实践研究的深化，课程整合作为课程设计与组织的方式，其内涵与外延进一步扩展，课程整合的类型不断丰富与扩充。在具体实践过程中提出了不同的整合类型。总体上依据学科界限的整合类型有：同一学科内的整合、平行学科间的整合、多学科整合、科际整合、跨学科整合、超学科整合，从而形成融合课程、广域课程、核心课程、活动课程形态等。同样基于上述的课程形态衍生出多种教学（学习）方式：体验教学、综合学习、合科教学、单元教学、主题教学、问题解决、任务驱动学习、探究学习等。③无论哪种课程整合形态，都要以一定的组织中心为依托来进行内容的综合。组织中心可来源于学科概念如"单位""亿"，可来源于生活问题如"认识时间""认识钱币"，可来源于社会事件如"疫情""奥运会"等。组织中心都以主题形式来呈现，由主题向具体事例、活动或者概念延展。由此可见，组织中心是课程整合的关键。④因此，课程整合要报以广阔的研究视域，使静态的学科知识与动态的生活经验有机融合，加强

---

① 中华人民共和国教育部.基础教育课程改革纲要(试行)[EB/OL].2001.6.8.http://www.moe.gov.cn/srcsite/A26/jcj_kcjcgh/200106/t20010608_167343.html.

② 黄志红.课程整合的历史与个案研究[M].广州:广东高等教育出版社出版,2013:9.

③ 黄志红.课程整合的历史与个案研究[M].广州:广东高等教育出版社出版,2013:43-44.

④ 晋银峰.小学课程整合20年:历程、问题与策略[J].课程·教材·教法,2020,40(11):13-19.

知识之间、知识与学生之间的关联与整体性，使之达到知识与学生的统一性发展。①

比恩提出课程整合是一种课程设计方式，可由师生共同选择、确定一些议题和问题。②课程整合就是围绕中心主题，借此串联起与之相关的大观念与概念，开展课程计划。③课程整合不仅是学科内容组织的技术或者学习计划被重新安排的方法，还是一种兼容并蓄的课程设计理论。④主题的确立有两种，一种是围绕学生自我生活和社会共同面临的问题，形成课程主题，另一种是让学生自主选择主题，并进一步概念化，从而形成概念网⑤。

2. 课程整合理论对本研究的启示

总之，课程整合反映了未来教育的基本态度。预将打破知识的疆界，使知识和生活经验连接起来，通过资源流通、整合和开发，建构整体化的知识体系。从现象学的视角来说，是以个人生活经验为核心的整合，体现个人自我整合、全面发展的态度。从社会学视角来说，是以社会核心问题为核心的整合，体现教育和社会关系整合的态度。总之，课程整合是一种态度，一种综合、全面的教育价值追求，一种整体育人价值实现的路径。⑥通过对课程整合理论的发展历史、课程整合理论的内涵以及课程整合的设计与实施这些内容的概述，可知课程整合从理论走向实践，不仅仅是整合的课程内容、整合的课程设计和整合的课程形态分类，而是一种教育态度、课程哲学的坚守，课程整合是一个过程，是包含着智慧、意志、互动和调整的行为过程。课程整合的重心在"整合"，这也是课程整合理论指导本研究的内在逻辑。

本研究将课程整合视为小学数学"综合与实践"领域课程实施策略，讨

---

① 许建领.高校课程综合化的渊源及实质[J].教育研究,2000(03):48-53.

② Beane J A.Cauricutunm integration Designing the core of a democratic education ［M］.New York：Teachers College Press,1997:19,49.

③ ［美］J A.Beane.课程统整[M].单文经,译.上海：华东师范大学出版社,2003:60-64,109.

④ Beane J A.Beyond Self-Interest：A Democratic Core Curriculum ［J］.Educational Leadership,2002,59(7)：25-28.

⑤ 赵士果,崔允漷.比恩课程统整的理念及模式建构[J].全球教育展望,2011,40(07):32-36,19.

⑥ 黄志红.课程整合的历史与个案研究[M].广州:广东高等教育出版社出版,2013:75.

论小学数学"综合与实践"领域课程实施原则、实施样态、实施模式和实施方法。

第一，课程整合与课程分化是课程设计的统一体。课程整合与课程分化是相对存在，分科是为了整合，整合是分科的基础。这种理论认知将指导理解小学数学"综合与实践"领域课程实施基础。

第二，课程整合不仅包括课程形态的设计，还包括课程整合的模式，主要体现课程整合的过程。这为构建小学数学"综合与实践"领域课程的实施模式，凸显小学数学"综合与实践"领域的过程意义，提供了方法论指导。

第三，课程整合的核心是建立联结、发生联系，促使意义完整化。依据课程整合理论的核心，搭建小学数学"综合与实践"领域的核心要素的结构框架。借助已有研究者提出的课程整合方式，提出适用于不同学段或者不同课程的小学数学"综合与实践"领域课程实施模式。

第四，课程整合的一个重要启示是教师与学生成为课程的设计者。课程的中心主题是由师生共同决定或者由学生自主选择的，这为构建有意义的教育方式奠定了良好基础。尤其，为小学数学"综合与实践"领域课程实施进一步凸显出学生的主体地位和教师的主导作用，落实新时代新型师生关系，建构起统一、和谐、自主的教学氛围奠定了基础。

（四）多元智能理论

1. 多元智能理论概述

1983 年，美国哈佛大学教育研究院的心理发展学家霍华德·加德纳提出了多元智能理论。[①]传统学校教育，一直强调学生在数学逻辑、语言文学两方面的发展，事实上，这不是人类智能的全部。不同的人会有不同的智能组合，不同职业、不同工作性质、不同工种的人表现出不同的智能优势。多元智能理论经历了曲折的发展过程，多元智能理论并不是一蹴而就的。多元智能理论受到美国多元文化教育运动的助推影响，得以在教育实践中备受盛

---

① [美]霍华德·加德纳.多元智能[M].沈致隆,译.北京:新华出版社,1999:18-29.

誉。①多元智能理论认为人的智能发展受社会文化的重要影响，推动了智能多维理论的新建构。②加德纳认为，人类解决问题的基本技能与生物属性有关，多元智能建构的基础就是人类的生物本能。智能既源于生物学，又依据一种或多种文化背景来评价③。

　　加德纳的多元智能理论认为智能是在特定的问题解决情境中表现出的核心能力和创造力。加德纳认为人类的智能主要具有以下九种：言语——语言智能、逻辑——数理智能、视觉——空间关系智能、身体——运动智能、音乐——节奏智能、交流——人际交往智能、自我反省智能、自然观察者智能和存在智能。④学校教育的宗旨是关注学生多种智能的生成与发展，激发学生的智能潜能，从而促进学生的全面发展。⑤加德纳的多元智能理论的特征，对小学数学"综合与实践"领域课程实践的评价提供了强有力的心理学基础。

2. 多元智能理论对本研究的启示

　　多元智能理论倡导的评价理念与我国课程改革中学生评价改革方向一致，并为建立和完善促进学生全面发展的评价体系提供了有力证据与支持。多元智能理论倡导的"学生观""智能观""教育观"，将有助于教师在小学数学"综合与实践"领域课程实施中更好地理解和践行课程改革所倡导的学生评价理念，为根本转变数学课程与教学方式提供原动力。评价作为小学数学"综合与实践"领域的重要组成部分，贯穿于综合与实践活动的全过程。小学数学"综合与实践"领域的评价难点是对学生实践活动过程的评价。实践过程中对学生学习过程的评价，应该依据"经历、体验、探索"等不同的活动层次，采取多样化的评价方式。突出学生自主评价，强调师生之间、学生同伴之间的个性化表现进行评估与鉴赏。小学数学"综合与实践"领域课程评价根本

---

① 张琴.基于多元智能理论的小学数学"综合与实践"的教学研究[D].苏州：苏州大学,2013：7-9.
② 张琴.基于多元智能理论的小学数学"综合与实践"的教学研究[D].苏州：苏州大学,2013：10.
③ [美]霍华德·加德纳.多元智能[M].沈致隆,译.北京：新华出版社,1999：18-29.
④ Gardner H. Frames of Mind：The Theory of Multiple Intelligences[M].New York：Basic Books,1983：60.
⑤ 张琴.基于多元智能理论的小学数学"综合与实践"的教学研究[D].苏州：苏州大学,2013：14-15.

目的是不断地改进学生的数学学习。小学数学"综合与实践"领域课程评价基于以下几点考量：弱化看学生学到了什么，重点看学生自己学到了什么；基于学生多样化的数学活动行为，多角度、多观点地进行综合性评价；关注数学活动过程中学生自我价值感受力、自我思考能力、自我数学经验的获得；评价学生参与数学活动的欲望和参与情况，由此提高数学学习兴趣。

首先，多元智能理论的提出，有利于教师形成积极乐观的学生观。指导教师乐于从多个角度观察、认可和接纳学生。[①]教师的评价是寻找学生身上的闪光点，观察并促进学生潜能发展的过程，这将为小学数学"综合与实践"领域的课程评价理念奠定理论基础，落实尊重学生个体间的发展差异和个体内的发展不均衡，评价内容多元，评价标准分类的理念，发挥评价对学生个体全面发展的促进作用。

其次，多元智能理论帮助教师建构智能观。多元智能理论认为智能的本质是个体解决现实生活中的实际问题的能力，是在生活实践中发现新知识和创造新产品的能力。因此，多元智能理论拓宽了教师的"智能观"。这也与小学数学"综合与实践"领域课程价值意义一致。数学课程的功能随着课程改革发生着根本的转变，教师不仅仅要关注学生数学学业成绩、数学知识的掌握，而且要特别重视培养学生的应用意识和创新意识，以及数学活动经验的获得。

最后，多元智能理论为教师树立了新的教育观。教育是赏识教育，教师要相信每一位学生，相信其独特的潜能，并给予充分的肯定和认可，主动、自然地设计适合每位学生的"因材施教"的方法，以配合其智能组合的发展。[②]让学生的优势和才能得到最大程度的开发、展示和发展，促进学生的自我价值实现。小学数学"综合与实践"领域课程评价要以此为依据，抓住课程内涵本质，关注课程评价的功能，全面考量学生智能发展，建构多维结构的评价体系。

①　朱慕菊.走进新课程——与课程实施者对话[M].北京:北京师范大学出版社,2002:160.
②　朱慕菊.走进新课程——与课程实施者对话[M].北京:北京师范大学出版社,2002:161.

对于理论基础的阐述，并不是零散地介绍，也不是纯粹地探索数学"综合与实践"，而是对基本理论进行整合，并在跨学科方法的指导下，结合研究主题与具体研究问题，针对小学数学"综合与实践"领域这一特殊的研究对象，以实践课程观作为小学数学"综合与实践"领域课程再认识的认识论基础、以具身认知理论作为小学数学"综合与实践"领域课程价值定位研究的价值论基础、以课程整合理论作为小学数学"综合与实践"领域课程实施模式构建研究的方法论基础、以多元智能理论作为小学数学"综合与实践"领域课程评价的评价论基础，综上各理论基础作为立论支点，建构起小学数学"综合与实践"领域课程实施研究的理论框架。

二、研究思路

根据本研究的研究目的和研究问题，结合具体的文献资料，确定了本研究的基本思路。基于小学数学"综合与实践"领域课程实施研究的现实需要，一方面需要提高小学数学"综合与实践"领域课程认识水平，另一方面需要调查该领域的课程实施现状。然后，构建小学数学"综合与实践"领域课程实施模式。因此，本研究的研究思路示意图如图 3–1 所示。

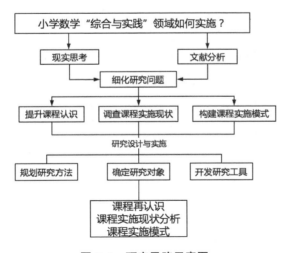

图 3–1　研究思路示意图

(一) 课程再认识

要想理解和分析当前小学数学"综合与实践"领域课程实施过程和状况,首先需要关注小学数学"综合与实践"领域课程意义。只有在宽广的历史背景和视角下进行课程研究,才有可能分析和解释课程当前所面临的问题。同样,师生在课程实施中所具有的历史经验基础也是课程研究所必需的历史基础。因此,本研究依据文献资料、课程文件内容分析对小学数学"综合与实践"领域课程内涵演变、特征和课程目标、内容等进行重新审视,形成对小学数学"综合与实践"领域的课程再认识。以此作为小学数学"综合与实践"领域课程实施研究基础。当然,通过文献研究获得的一般性认识,带有归纳、总结、演绎的性质,这种认识和学生、教师的认识经验是否一致,还需要通过案例分析、课堂观察以及与教师和学生的深度访谈,进行检验与修正。该部分主要研究解决问题一,形成小学数学"综合与实践"领域课程再认识。

(二) 课程实施现状分析

在小学数学"综合与实践"领域课程再认识基础上,需要通过调查研究进一步了解小学数学"综合与实践"领域课程实施现状,才能为小学数学"综合与实践"领域课程实施研究提供基本的研究基础。本研究在现状调查过程中,坚持实证主义方法论基础,运用质性与量化研究相结合的研究范式,从认知理解、价值认同、实践操作和情感体验四个维度设置编码体系,开发了具有较高信度和效度的小学数学"综合与实践"领域课程实施现状调查问卷(教师卷),并设计了小学数学"综合与实践"领域课程实施及影响因素(访谈提纲):依据文献资料分析确定了北京、浙江、重庆、陕西、甘肃、青海六个省市地区,作为调查研究地域;每个地域分别选取 1 名数学教研组长、1 名教师和 3 名学生参与半结构化访谈。通过上述研究方法对小学数学"综合与实践"领域课程实施现状进行横向的、深入的、细致的描述与分析,并结合深层次的课堂观察与思考,分析现实背景下小学数学"综合与实践"领域的具体教学情况。在课程再认识基础上注重对实际问题的对照、考察、分析和归纳，这与以演绎逻辑为基础的理论研究在研究策略上具有明显不同。研究者不是搜寻资料或事实去论证预设观点，而是着重从实际现象或事物去发现，从而了解事物或现象的变化、表象与事物之间存在的关联。该部分主要研究解决问题三，形成小学数学"综合与实践"领域课程实施现状调查。

（三）课程实施模式构建

本研究的模式探索过程，是在课程再认识和课程实施现状调查的基础上，进行反思性探究，寻求小学数学"综合与实践"领域课程实践之路。在历史文献研究和调查研究基础之上，进行抽象概括，提出小学数学"综合与实践"领域课程实施模式，剖析小学数学"综合与实践"领域课程实施理念，探明小学数学"综合与实践"领域课程实施维度。在此基础上，运用教学视频分析的研究方法，通过分析小学数学"综合与实践"典型教学案例，抽象概括出课程实施的核心要素，并进一步梳理其结构关系，帮助构建小学数学"综合与实践"领域课程的实施模式原型。然后，结合"制作活动日历"和"打电话"实践活动案例进行教学实践，对课程实施模式的教学操作流程进行修订与完善。最后，进一步总结与提升小学数学"综合与实践"领域课程实施模式理论。至此，小学数学"综合与实践"领域课程实施模式构建完成，以期解决小学数学"综合与实践"领域课程实施方法论的困扰，从而回答研究问题三。

依据上述研究思路，形成本文的研究内容与组织架构。论文共分为九章，研究论文内容框架如图 3-2 所示。

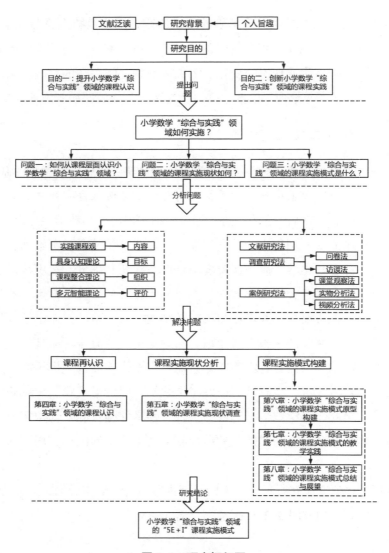

图 3-2　研究框架图

　　第一章问题的提出，主要阐述研究的背景、研究目的和研究问题。对研究主题进行细化，分解出研究的具体问题并加以详细描述。

　　第二章文献综述，主要包括三部分：一是文献的收集与整理，说明文献的收集情况以及整理的过程与方法；二是文献的分类与综述，包括数学综合与实践课程的内涵相关研究、数学综合与实践课程的设计相关研究、数学综合与实践课程的内容相关研究、数学综合与实践课程的实施相关研究；三是文献总结与启示，总结已有研究中关于小学数学"综合与实践"领域课程的研究成果和依然存在的问题，从而获得对本研究的启示与借鉴。

第三章研究设计，首先概述本研究的理论基础及其对本研究的启示，建构研究的理论框架。其次梳理研究思路，分析研究阶段，明确每个阶段的研究任务。再次，交代研究要使用的研究方法，确定研究对象等。最后，说明研究工具的开发与应用过程，介绍研究的实施过程。

第四章小学数学"综合与实践"领域课程再认识，主要研究小学数学"综合与实践"领域课程内涵演变与特征、课程目标与内容、课程实施取向和课程实施挑战。

第五章小学数学"综合与实践"领域课程实施的现状调查，主要包括小学数学"综合与实践"领域课程实施现状、取得的成效、存在的问题、问题成因四个方面。

第六章小学数学"综合与实践"领域课程实施模式原型构建，主要包括小学数学"综合与实践"领域课程实施理念、课程实施维度、实施模式原型三个方面。

第七章小学数学"综合与实践"领域课程实施模式的教学实践，主要进行了三轮教学实践，来调试和修订"5E+I"课程实施模式。

第八章小学数学"综合与实践"领域课程实施模式的总结与展望。主要对"5E+I"课程实施模式进行理论总结，对未来的模式研究进行展望。

第九章研究结论与讨论，旨在总结本研究的主要结论，对具体的研究过程进行反思与讨论。

三、研究方法与对象

教育研究方法具有三个层级：方法论，代表了对事物的基本看法，表达了研究者的哲学视角；研究方式，代表了认识事物的基本策略或路径，表达了研究者的认识论信仰；研究方法，代表了获取研究资料、处理研究资料采用的具体方法,是论证的基本手段。方法论属于最高层级,决定了研究的设计与实施。①本研究的主要目的在于一方面提高小学数学"综合与实践"领域课程理论认识,另一方面创新小学数学"综合与实践"领域课程的实践模式。整体遵循"是什么样的课程——现在怎么样——未来怎么做"的研究逻辑,坚持实证研究的方法论基础,运用混合研究范式,采用文献法、调查法和案例研究法。具体使用了访谈调查法、问卷调查方法、课堂观察法、实物分析法、教学视频分析等,具体的研究方法设计如下所述。

(一)研究方法

1. 文献法

本研究属于课程研究范畴,涉及小学学段,集中于数学学科,因此,确定的研究主题是小学数学课程研究。所以,在文献搜集中突出了"小学数学"核心关键词。当然,与该研究相关的研究主题"综合与实践活动课程""数学探究活动""实践与综合应用"也是本研究重点查阅的文献检索词条。在本研究中搜集的主要文献类型包括已发表的学术期刊论文、学位论文,出版的相关书籍、学术报告,课堂视频资料、课堂教学资料(学生的数学日记、数学手工制品、试卷等)、一线教师的教学日记或者备课笔记以及相关资料及其他载体。文献综述部分的研究也是根据研究的具体问题分类展开述评。

2. 调查法

本研究中采用多样化的调查研究方法,主要采用访谈调查法和问卷调查法。采用问卷调查,调查一线教师对小学数学"综合与实践"领域课程内涵、特征的认识和理解情况,了解一线教师对小学数学"综合与实践"领域的实践操作情况等。运用访谈调查法,对小学数学"综合与实践"领域课程实施现状进行解释性研究。调查的主要目的在于分析"综合与实践"领域课程在小学数学教学中的实施情况,比较全面地了解小学数学"综合与实践"领域

---

① 王洪才.教育研究的基本方法论[J].北京师范大学学报(社会科学版),2006(06):21-27.

课程实施现状。同时采用访谈的质性研究方法，对课程实践过程中遇到的具体困惑和问题进行深层次的分析与解释。

（1）问卷调查法

通过文献分析，发现北京、浙江等地的文献数量最多，重庆也较多。综合考虑，确定在北京、浙江、重庆、陕西、甘肃和青海六个地区发放调查问卷。问卷调查主要调查一线数学教师对该领域的认知理解、价值认同、实践操作和情感体验四个维度的情况。

（2）访谈法

访谈调查法贯穿研究全过程，主要包括现场访谈、电话访谈和田野中的深度访谈三种方式。第一次访谈，通过现场进行半开放式访谈。通过与守门员的联系，逐步暴露式进入访谈现场，通过人教版小学数学教材中的"综合与实践"领域相关内容，与访谈对象展开交流。主要的访谈内容包括：对小学数学"综合与实践"领域的认识与了解、该领域的价值体现、目前该领域的实施情况和对该领域实施效果的评估。本次访谈的主要目的：确定后续田野研究的对象，进一步修订和完善访谈提纲和调查问卷。第二次访谈，通过电话进行访谈。本次访谈对象与第一次的访谈对象不同，主要包括数学课程标准修订组成员、全国小学数学名师、小学数学教育研究专家共3位访谈对象。第三次访谈，在田野调查中进行深度访谈，目的是深入了解小学数学"综合与实践"领域在实践过程中的问题及其成因。

3. 案例研究法

案例研究法，是指研究者在真实情境中可以以个人、个别群体、个别组织或机构、个别事件或问题作为研究对象，从而研究其行为发展变化的全过程，这种研究方法也称为个案研究法。可运用访谈、观察等方法系统地收集数据和资料，对研究对象的来龙去脉、前因后果、发展过程等做尽可能翔实的描述①。

---

① [美]伯克·约翰逊,拉里·克里斯滕森.教育研究定性、定量和混合研究方法[M].马健生,译.重庆:重庆大学出版社,2015:190.

（1）课堂观察法

课堂观察法是研究者深入学校课堂，直面教学现象，观察师生的行为模式以获得感兴趣现象相关信息的方法。①收集课堂教学中的一手研究资料，全面描述课堂活动，除了自陈式数据（问卷、访谈）以外，获取观察性数据资料也十分必要。本研究主要对数学课堂进行观察研究，这种观察以课堂志研究方法论为指导。本研究依据研究可行性和便利性选择了 L 市一所城区学校和 Q 市一所城区学校，作为课堂观察基地；选择三、四、五年级的小学数学课，进行参与式观察。研究中研究者与被观察者一起上课、备课，在直接的、密切的相互接触与直接体验中倾听和观察教师对小学数学"综合与实践"领域的认识理解与实践行为。通过这种观察活动，掌握研究所需的第一手资料。

（2）实物分析法

除访谈、观察之外，质的研究中另外一种主要的资料收集方法是实物分析。实物包括与研究问题相关的文字、图片、音像资料等。"任何实物都是一定文化的产物，都是在一定情境下对一定事物的看法的体现。"②在本研究中，因研究所需收集的主要实物包括教师随笔、教师教案、学生课堂活动中的一些作品、数学期末考试卷、教师集体备课的资料等。收集实物的主要目的是补充访谈研究过程中遗漏的信息，使研究资料更丰富。

（3）教学视频分析法

录像课研究是国际教育评估协会 1995 年和 1999 年数学与科学趋势调查研究（The Trend of International Mathematics and Science Study，TIMSS）项目的组成部分，项目组围绕数学课堂教学的内容、方法、组织形式、语言、教学片段和整体教学质量六个维度展开。③本研究受 TIMSS 录像课研究启发，采用教学视频分析法，研究目的是总结小学数学"综合与实践"课堂教学特点，分析小学数学"综合与实践"领域课程教学实践过程，析出小学数学"综合

---

① 王鉴.课堂志:作为教学研究的方法论与方法[J].教育研究,2018,39(09):122–132.
② 陈向明.质的研究方法与社会科学研究[M].北京:教育科学出版社,2000:257.
③ 何光峰,李美娟.TIMSS 数学录像课研究及其借鉴意义[J].数学教育学报,2016,25(05):88–91.

与实践"领域课程实施要素。

本研究的教学视频来源于网络资源，筛选视频的条件：首先，职称必须是高级及以上；其次，地域分布为北京、浙江、重庆、陕西、甘肃、青海；再次，所选用的教材是人教版教材；最后，1~6年级全覆盖。职称要求是为了保证教学视频的一致性，地域限制是为了保证与前期访谈一致，选用教材也要统一。通过文献分析，发现不同的研究者使用了不同的分析维度，赵冬臣从教学目标、教学内容、课的结构、教学方式、教材的使用五个维度对数学学科优质课的课堂特征进行了分析。[①]柯珊则是从学科内容（内容本质与科学方法）和学科教学（学生学习特征与教学策略）这两个维度的四个方面进行分析。[②]王文洁从教学目标、课程结构、教学内容、教学方式、教材"二次开发"五个维度对优质课进行了共性与个性的研究。[③]基于上述研究的借鉴与启示，结合本研究的研究目的，确定了本研究的教学视频分析框架。具体如表3-1所示。

表 3-1　教学视频分析框架

分析维度	分析内容	分析要点
教学内容	教学的主题	学习什么内容？
	创设的问题	创设了什么样的问题情境？
		需要解决什么问题？
	学习任务	需要学生做些什么？
教学过程	教学环节	教学过程包括哪些环节？
		教学各环节之间的关系？
	时间分配	各环节的时间长度是多少？
教学方式	师生互动	师生间互动方式有哪些？
		教师的提问方式有哪些？
		学生的回答方式有哪些？

---

① 赵冬臣.小学数学优质课堂的特征分析[D].长春：东北师范大学,2012:11.
② 柯珊.高中物理核心内容及其教学策略研究[D].长春：东北师范大学,2016:47.
③ 王文洁.高中地理优质课堂特征研究[D].上海：华东师范大学,2018:32.

（二）研究对象

研究对象的选择充分考虑了质性研究和量化研究的需要，分别选择了质性研究对象和量化研究对象。

1. 量化研究对象

量化研究主要依据我国地域分布结构和研究便捷性，选择浙江省、北京市、重庆市、陕西省、甘肃省、青海省发放调查问卷。调查样本分布情况见表 3-2。

表 3-2　问卷调查样本分布情况表

项目	类别	人数	百分比
性别	男	1402	33.43%
	女	2792	66.57%
教龄	1—5 年	903	21.53%
	6—10 年	527	12.56%
	1—20 年	931	22.21%
	21 年及以上	1833	43.70%
学历	大专	1290	30.76%
	大学本科	2807	66.93%
	研究生	97	2.31%
职称	三级	126	3.01%
	二级	1504	35.88%
	一级	1958	46.67%
	副高级	574	13.67%
	正高级	32	0.77%
地区	北京+浙江	535	12.76%
	重庆+陕西	2807	66.93%
	甘肃+青海	852	20.31%

2. 质性研究对象

质性研究主要基于数学课程实施主体视角，分别选取数学教研组长、教师、学生作为被试者进行访谈。每个地区分别选取 1 名数学教研组长、1 名教师和 3 名学生，共计教研组长 3 名、教师 3 名、学生 9 名作为访谈对象，进行了半结构化访谈。受访者的详细情况如表 3-3 所示。

表 3-3　访谈对象情况表

地域	类型	人数	性别	年级	地区	编码
北京、浙江	教研组长	1	女	五年级	浙江	J1
	教师	1	男	三年级	浙江	J2
	学生	1	男	三年级	北京	X1
	学生	1	男	六年级	北京	X2
	学生	1	女	四年级	浙江	X3
重庆、陕西	教研组长	1	女	三年级	重庆	J3
	教师	1	女	二年级	陕西	J4
	学生	1	女	三年级	陕西	X4
	学生	1	女	四年级	陕西	X5
	学生	1	男	五年级	重庆	X6
甘肃、青海	教研组长	1	女	四年级	甘肃	J5
	教师	1	男	五年级	甘肃	J6
	学生	1	男	四年级	青海	X7
	学生	1	女	六年级	青海	X8
	学生	1	女	五年级	甘肃	X9

四、研究工具与研究过程

（一）研究工具

1. 量化研究工具

依据研究需要，基于教师视角了解小学数学"综合与实践"领域课程实施情况，自主设计了小学数学"综合与实践"领域课程实施调查问卷（教师用）（见附录二）。问卷划分为认知理解、价值认同、实践操作和情感体验四个维度。总体上问卷包括五个部分，第一部分是教师基本信息，其余四部分是问卷调查的四个维度内容。问卷编制完成后，先寻找五位小学数学教师做了填写，并征求填写意见，进一步修改、完善。再到 L 市几所学校进行了预测试，根据预测试意见反馈再次修订问卷，形成支持本研究的调查问卷。该问卷共计 39 道题目，有单选、多选题目，采用李克特五点选项，调查教师的状态。问卷的选项依次为非常不符合、不符合、一般、符合、非常符合，被试者回答对应选项的分值为 1、2、3、4、5。如果被试者得分在 (1.0，1.8]为非常差、（1.8，2.6]为比较差、（2.6，3.4]为一般、（3.4，4.2]为良好、（4.2，5.0]为优秀。具体的问卷维度划分和题目分布如表 3-4 所示。

表 3-4　调查问卷维度划分与题目分布

维度	指标	题目
基本信息	性别、所教年级、学历、职称、教龄、地区	1—6
认知理解	了解程度	7
	了解途径	8
	对课标相关内容的理解	9
	与其他几个课程的异同	10
	对教材相关内容的认识	11
	特征	12
价值认同	必要性	13
	价值意义	14
	目的	15
	对自身的帮助	16
	对学生的帮助	17

续表

维度	指标	题目
实践操作	课标要求一致性	18
	开展情况（开展次数、设计态度、教学方式）	19、21、22、23、24、25、26、27
	目标确定情况	20
	评价方式	28
	组织方式	29、30、32
	采用的活动形式	31
情感体验	自身情感体验	33、34、35
	学生的情感状态	36
	家长的情感状态	37
	困难与原因	38、39

（1）信度检验

信度分析主要用来考察问卷中量表所测结果的稳定性以及一致性，即用于检验问卷中量表样本是否可靠可信。量表题型就是问题的选项，是分陈述等级进行设置的。比如，您了解小学数学"综合与实践"领域吗？这个题目测试教师对小学数学"综合与实践"领域的了解程度。采用李克特五级量表，在这种量表的选项里面主要分为非常不符合、不符合、一般、符合、非常符合五个程度，分别记为1、2、3、4、5。目前常用的信度系数是Cronbach α 系数，因此本研究用此来检验问卷内部的一致性。通过在线分析检测，问卷整体内部一致性系数为0.942，问卷各维度的系数分别为0.942、0.888、0.812、0.883、0.798，表明问卷整体具有较好的稳定性和一致性，具体如表3-5所示。

表 3-5   小学数学"综合与实践"领域课程实施调查问卷（教师用）信度检验结果

问卷维度	Cronbach α 系数	标准化 Cronbach α 系数	样本数
问卷整体	0.942	0.947	4194
认知理解	0.888	0.891	4194
价值认同	0.812	0.812	4194
实践操作	0.883	0.893	4194
情感体验	0.798	0.807	4194

（2）效度检验

效度分析通常是指问卷量表的有效性和正确性，即分析问卷题目设置与结构设计是否合理。问卷题目的设置效度，主要反映问卷内容的贴切性和代表性。本研究的问卷内容编制，问卷题目来源于文献资料、一线教师访谈、课堂观察和专家论证，经过多次的修订与完善，才完成了正式的调查问卷，在一定程度上确保了问卷内容的良好效度。问卷的结构效度分析是基于探索性因子分析实现的，通过比较题项的因子载荷系数是否在同一因子表现最优而实现。因此，本研究进行 KMO 和 Bartlett 的检验。对于 KMO 检验，0.9 以上非常合适做因子分析，0.8~0.9 之间比较适合，0.7~0.8 之间适合，0.6~0.7 之间尚可，0.5~0.6 之间表示差，0.5 以下应该放弃，通过 KMO 值检验说明了题项变量之间是存在相关性的，符合因子分析要求；对于 Bartlett 的检验，若显著性小于 0.05 或 0.01，则拒绝原假设，说明可以做因子分析，若不拒绝原假设，说明这些变量可能独立提供一些信息，不适合做因子分析。小学数学"综合与实践"领域课程现状调查问卷（教师用）效度检验结果，整体上 KMO 值为 0.963，各维度的 KMO 值＞0.6，且达到了中、高度相关水平，详见表 3-6。这表明该研究问卷的各个维度都较好地反映了所要调查的内容，并且都具备因子分析要求的特征，问卷整体结构合理，具有较好的结构效度。

表 3-6 小学数学"综合与实践"领域课程实施调查问卷（教师用）效度检验结果

问卷维度	KMO 检验 KMO 值	Bartlett 球形度检验 P 值	样本数
问卷整体	0.963	0.000***	4194
认知理解	0.831	0.000***	4194
价值认同	0.612	0.000***	4194
实践操作	0.917	0.000***	4194
情感体验	0.781	0.000***	4194

2. 质性研究工具

质性研究是与量化研究相对应的研究范式。本研究采用此研究范式就是为了对小学数学"综合与实践"领域课程实施样态做进一步的诠释，旨在追寻其现实意义。因此，采用访谈和课堂观察的方法在复杂的实施现状中梳理出存在的具体问题，便于进一步归因。

通过研读文献资料、参与线上关于小学数学"综合与实践"专题研讨会、与专家和教师交流，获得小学数学"综合与实践"领域课程的相关资料，拟定了小学数学"综合与实践"领域课程实施及影响因素（数学教研组长）访谈提纲（附录三）、小学数学"综合与实践"领域课程实施及影响因素（教师）访谈提纲（附录四）、小学数学"综合与实践"领域课程实施及影响因素（学生）访谈提纲（附录五）、小学数学"综合与实践"领域课程课堂教学观察记录表（附录六）。通过对数学教研组长、教师和学生的访谈以及进行课堂教学观察，深入了解并解释小学数学"综合与实践"领域课程在实施过程中不同课程主体之间的困惑与感悟，揭示实施中存在问题的本质原因。

为提高访谈的有效性，在正式研究之前进行了预试。选取兰州 X 小学的三名教师和学生进行了半结构式访谈。然后，根据访谈过程中的信息反馈，对访谈内容进行了深化与扩展。再寻找专家对访谈提纲进行咨询，最终确定了供研究使用的访谈提纲，见附录。

（1）信度分析

研究者进行的所有访谈和课堂观察都是与受访者进行了沟通，相互明确了研究注意事项后，展开调查工作。调查过程中未出现道德伦理问题，录音、录像和拍照都征求了受访者的同意。研究者整理访谈资料时严格遵守了访谈约定，并真实反映了受访者的观点和看法，整理好的访谈资料与受访者进行了核对与修正，并进行了深入的论证。最终，确保研究资料与受访者的自我理解与认识相一致，并确保真实性。

（2）效度分析

研究者前期做了大量的准备工作，依据研究目的和研究范式要求，根据具体的研究方法制定了研究工具，并参阅了已有研究文献资料，吸取了已有研究的精华。首先，多次与一线教师讨论访谈问题的表述是否清晰，是否能被理解；访谈的内容是否具有现实性和必要性。其次，就编制的访谈提纲向专家、教授请教、咨询，依据专家的指导建议进行了修正。再次，根据初拟的访谈大纲进行访谈预试；整理访谈内容，将收集到的访谈内容与专家进行论证，检视受访者的回答是否在本研究的问题范围内。最后，依据各方意见，论证修订了访谈提纲，着力确保研究的实效性。

（二）研究过程

1. 量化研究过程

通过教科所研究人员、一线教师、高校教育学院的教授等群体关系网络，采用网络形式发布调查问卷，共计回收 4409 份问卷，剔除无效问卷 215 份，得到有效问卷 4194 份，整体回收率 95.12%。通过在线 SPSS 数据统计发现收集到的数据在性别、年龄、教龄、学历、职称、地域等方面分布合理。再导出数据，应用 SPSS21.0 统计软件进行数据处理。

2. 质性研究过程

以实地访谈、语音访谈和视频访谈三种方式相结合的方式展开访谈。甘肃省之外的访谈都采取语音访谈和视频访谈方式进行的，每次访谈时间在 30~60 分钟。首先，数学教研组长的访谈时间相对仓促，一般都是要预约几次才能顺利开展。基本上的访谈时间就是 30 分钟，多采用语音访谈，有时候还会被打断，需要二次访谈。教研组长接受访谈的地点多是在学校办公室内，访谈时间短，访谈氛围较为紧张。其次，教师的访谈都选择在周内的晚上 8 点、9 点钟。访谈过程基本上不会被打断，访谈时间基本在一个小时左右。教师多是研究者自行联系的亲戚、朋友，相对访谈氛围宽松，访谈时间宽裕。访谈过程中教师会说得比较多，会列举一些教学事例，还会热情地提供教学中的图片、文件等资料。最后，学生的访谈也相对能够顺利进行。访谈都约在周末，一般访谈时间大概 30 分钟，学生访谈时不可避免地会受到家长的干扰，有的甚至是家长陪同参与访谈。学生访谈个体差异明显，有的学生访谈过程中比较热情，说得比较多。有的学生在访谈过程中比较不知所措，说得相对简短。因此，研究者给部分学生留下空间，让其将自己的想法写下来，充当访谈资料。整体上访谈过程顺利，并能严格遵守研究伦理，事先与受访者协商录音事宜，满足受访者的要求之后才进行访谈。

　　课堂观察根据研究目的，制定课堂教学观察量表。首先与学校负责人建立联系，让其过目观察量表，征得其同意。其次，根据学校负责人的安排，研究者选择课堂教学观察的班级。再次，研究者与执教教师见面，了解课时进度，沟通研究者进入课堂进行研究的注意事项。遗憾的是，课堂教学观察过程所有执教教师都不愿意被录音和录像，只是可以适当拍照。因此，在课堂观察实施过程中，研究者直接从课堂中收集一些照片资料，记录一些课堂内容，对照填写了课堂观察表格。

　　综上，质性研究过程中搜集到的录音内容、图片资料和文字记录，在访谈与观察结束后，研究者都依据研究工具进行了访谈资料的整理与分析，转化为电子文档进行保存。所有整理获得的文字稿都与受访者进行沟通，征求受访者意见后，才运用于研究之中。

第四章　小学数学"综合与实践"领域课程再认识

　　本章主要基于课程视角对小学数学"综合与实践"领域进行再认识，从其课程价值意义、内涵阐释与特征分析、课程目标与内容设置、课程实施取向和现实挑战五个方面入手，依据义务教育数学课程标准进行内容分析，梳理其内涵演变过程，为进一步研究提供理论依据。采用归纳、演绎的具体方法从已有课程文件和实际经验的总结中，进一步完善和丰富小学数学"综合与实践"领域的相关课程理论；深入阐释该领域的课程内涵、分析其基本特征、梳理课程目标与内容设置要求。基于上述内容的研究，进一步提高对小学数学"综合与实践"领域课程的认识。

一、小学数学"综合与实践"领域课程价值与意义

　　数学在形成人的理性思维、科学精神和促进个人智力发展中发挥着不可替代的作用。数学素养是现代社会每一个公民应当具备的基本素养。数学教育承载着落实立德树人根本任务、实施素质教育的功能。"综合与实践"领域是小学数学学习的重要领域，是培养学生数学应用意识、创新意识和模型意识的重要载体。

（一）小学数学"综合与实践"领域课程价值取向

　　价值取向是价值哲学的重要范畴，是指某一个人所信奉的，而且对其行

为产生影响的价值标准。①课程价值取向是指课程价值主体按照当前的认识水平，以一定的客观价值标准为依据，在课程价值实践过程中表现出的心理倾向与行为趋向。②课程在其意义建构上反映了人类对教育及人的发展的"实然"状态的理解与回应，是一种"应然"状态的把握。③建设一种课程形态，往往会涉及课程设计者的价值观念与教育信仰。④课程建设是一个虚实相间的问题，探讨课程建设必须从价值和事实两个维度展开才具有可行性。⑤数学"综合与实践"领域作为数学课程建设过程中的一种创新表现，是数学课程结构的重要组成部分，彰显了决策界、实践界和理论界共同的价值体认识。当前，我国数学课程与教学改革向纵深化发展，但是在发展过程中出现了"穿新鞋走老路、穿新鞋不走路、穿新鞋走歪路"等各种令人瞩目的异化现象，⑥数学教学过程中出现了为考而教、边学边忘、知识碎片化等现象，出现了"一门课两张皮"的新旧课程与教学理念冲突现象。⑦尤其数学"综合与实践"领域的实施更是形同虚设，过去二十年间数学"综合与实践"领域徒有其名，未见其效。这些现象归根结底是对数学课程与教学改革的时代意义和教育价值缺乏本质认识，传统数学课堂文化对新课程理念的消解，功利主义教育观演绎出急功近利的教育行为，⑧为规避上述异化现象，必须要让数学融入我国文化传统之中，⑨因为数学是归纳与演绎思维相结合的重要载体，可为人类和社会提供可靠有效的思维方式。为此，迫切需要反思数学"综合与实践"领域的课程价值观和数学教育的本质观。

---

① 中国社会科学院文献情报中心.社会科学新辞典[M].重庆：重庆出版社,1988：75-78.
② 李广,马云鹏.课程价值取向：含义、特征及其文化解析[J].东北师大学报(哲学社会科学版),2010(05)：167-171.
③ 朱恬恬.综合实践活动课程的价值取向研究[J].湖南师范大学教育科学学报,2016,15(03)：86-91.
④ 张华,仲建维.综合实践活动课程：价值分析和问题透视[J].当代教育科学,2005(12)：3-6.
⑤ 张东娇.课程建设·权力介入·人文精神——缘于价值和事实两个维度的讨论[J].西南师范大学学报(人文社会科学版),2003(05)：89-93.
⑥ 徐伯钧.普通高中新课程实施中的异化现象令人担忧[J].中国教育学刊,2015(09)：7-11.
⑦ 王尚志.参与数学课程改革的经历与感悟[J].基础教育课程,2021(19)：4-10.
⑧ 徐伯钧.普通高中新课程实施中的异化现象令人担忧[J].中国教育学刊,2015(09)：7-11.
⑨ 严士健.让数学融入我国文化传统[N].光明日报,2007-05-08(011).

1. 具身整合取向

小学数学"综合与实践"领域根植于学生的生活世界，以具体的生活实际问题为载体，在这样的问题情境中，学生会带入自己的生活经验进入数学世界，这为学生数学认知结构的生成创造了广阔空间。小学数学"综合与实践"领域，有坚持数学学科知识的高度整合取向，别于"数与代数""图形与几何""统计与概率"领域的具体知识探索活动，更有别于教师的知识授受，其主要体现于知识发生与生成的整合、知识确定性与不确定性的整合两个方面。然而，这两方面的整合不能仅仅局限于认知发展层面，而是要注重体之于身的实践，从而促进素养的真正形成。

知识发生与生成的整合是指数学知识发生的逻辑序列与学生数学知识认知生成的心理水平的同构。[1]数学学科严谨的逻辑结构特性，决定了数学知识发生的逻辑序列，数学知识发生的逻辑取向，要求精确分析知识的结构、知识间的因果关系，知识获得环环紧扣，以此为基础的数学教学更加便捷、高效。虽然教师对于数学知识的逻辑关系一清二楚，但是学生却很难理解其间的逻辑关联，致使数学课堂教学上出现了教师讲解得眉飞色舞，学生却表现得不知所云的尴尬现象。究其原因在于没有使数学发生的逻辑序列与学生的数学认知心理水平协同发展。因而，要在小学数学"综合与实践"领域的设计中注重数学知识发生的逻辑序列与学生数学知识认识生成的心理水平的整合，使数学知识的逻辑性与学生对其逻辑性理解的心理水平相互适应，让两者渗透、融合与贯通。

知识确定性与不确定性的整合是指数学知识的永恒性、真理性、绝对性与发展性、主观性、开放性的统一。数学知识一直被认为是确定性的典范，过于强调确定性数学知识的学习，使得数学教育内容窄化、学生的创造力发展受到阻碍、教师的主体地位也受到限制。[2]因此，小学数学"综合与实践"

---

① 张昆.整合数学教学设计的取向——基于知识发生的逻辑取向与心理取向研究[J].中国教育学刊,2011(06):52-55.

② 罗祖兵,余瑶.数学知识不确定性的价值及其实现[J].全球教育展望,2014,43(07):112-119.

领域要整合确定性与不确定性的数学知识，为数学学科发展提供更多可能，为学生提供更广阔的探究视野，为教师提供更丰富的教学资源。小学数学"综合与实践"领域坚持数学知识的确定性与不确定性有机统一，是数学整体的不同面向，两者需要共存，不能囿于确定性的围栏，也不能落入不确定性的虚无缥缈之中，维持确定性与不确定性的平衡与转化，共同实现数学教育目标。①

2. 跨学科思维取向

小学数学"综合与实践"领域的主要教学形式是跨学科主题活动，强调数学学科内部、外部知识内容的深度融合、相互交叉。因此，基于学生发展视角的小学数学"综合与实践"领域体现跨学科思维取向。跨学科思维是指在课程与教学中不囿于学科边界，通过知识跨界整合培养学生解决问题的思维方式，凸显思维上的融会贯通。②小学数学"综合与实践"领域通过设置多种多样的主题活动，根据不同活动的特点，培养学生的跨学科思维。这为拓展学生的思维空间提供了有力保障。跨学科思维取向包括学科内不同内容间的思维关联和不同学科间的思维贯通。

小学数学"综合与实践"领域要紧密联系学生的生活实际，贴近学生的现实生活，聚焦真实情境中的数学问题，选择真实性和社会性的综合议题，通过学科间的知识整合，打破学科壁垒，实现数学学科与其他学科的融合，促进学生跨学科思维发展，促进学生结构化认知发展、深度学习和整体性理解。跨学科思维取向是让学生自主运用数学的思想方法、数学思维方式去分析、解决其他学科以及社会生活中更为复杂的问题，加深对数学学科应用的理解以及其他学科本质的理解。跨学科思维取向可促进小学数学"综合与实践"领域确定更丰富的主题活动，促使数学与其他学科的融合。例如数学与美术、数学与语文、数学与信息技术，甚至数学与体育，还有以数学为中心的 STEAM 课程等。

---

① 徐颖.不确定性视角下小学数学教学改进研究[D].无锡:江南大学,2020:15.
② 黄翔,童莉,史宁中.谈数学课程与教学中的跨学科思维[J].课程·教材·教法,2021,41(07):106-111.

3. 应用与创新取向

小学数学"综合与实践"领域关涉社会生活实际中的综合性议题，关注对社会复杂问题的数学解决以及数学对未来社会技术的创新发展。这种价值取向，表明小学数学"综合与实践"领域是为学生适应或改进社会情境做准备，其内容源于真实的社会问题或者现实的生活世界。学生通过数学知识的应用、探究、创新发展，创造出未来社会发展的新技术。因而，该领域基于社会需求发展的价值取向主要表现为数学应用价值与创新价值的发挥。

小学数学"综合与实践"领域的应用价值取向是指将数学理解为一种认识与探究、理解与解释和描述与交流现实世界的方式，在社会实际生活情境中养成自觉应用数学视角观察现实世界的习惯，培养应用数学思维分析社会问题的意识，学会应用数学语言阐释现实生活的能力；转变数学教学的机械化、僵硬化、碎片化的弊端，促使数学学习自主化、灵活化、整体化。

小学数学"综合与实践"领域的创新价值取向是指善于从生活情境中发现、提出有意义的数学问题，并结合生活经验，运用分析、归纳、演绎等思维方式，提出数学猜想与方法，进一步验证与反思。这种价值取向要求探索和解决一些具有开放性的、挑战性的、非常规的实际问题或者数学问题。创新价值取向导引小学数学"综合与实践"领域选择充分激发学生数学创造力的活动内容，培养学生的创造意识，进而推动社会技术进步发展。

（二）小学数学"综合与实践"领域的实践意义

随着人工智能、大数据等新技术对人类生活方方面面的改造，人类社会从工业社会迈入了信息社会。科学技术的进步日新月异，互联网、云计算、数字化等现代技术深刻改变着人类的思维、生产、生活、学习方式，深刻展示了世界发展的前景。信息技术的发展，推动教育变革和创新，构建网络化、数字化、个性化、终身化的教育体系，建设"人人皆学、处处能学、时时可学"的学习型社会，培养大批创新人才，是人类共同面临的重大课题。[①]党的

---

①　习近平.习近平致国际教育信息化大会的贺信[N].人民日报,2015-05-24(002).

十八大以来，伴随着经济、政治、文化、社会等各方面的全面发展，我国进入了站起来、富起来到强起来的信息技术革命的新时代。新时代的学习观、课程观、学生观、学校观、评价观、质量观、教育发展观都将面临解构与重构。首先，学习的时空界限被放大；其次，学习的环境系统虚实结合；最后，学习的场域体系被扩容。因而，基础教育课程改革深化推动着教学内容的呈现方式、学生的学习方式、教师的教学方式和师生互动方式的变革。数学课程作为基础教育阶段的核心课程，势必要以落实立德树人根本任务为价值旨归，数学"综合与实践"领域作为新型课程内容形态具有重要的实践意义。尤其小学数学"综合与实践"领域的实践意义主要体现在，转变学生数学学习方式，为学生积累数学活动经验创设空间以及帮助学生回归现实生活。

1. 转变数学学习方式

小学数学"综合与实践"领域作为数学课程内容领域之一，基本的实践意义就是转变数学学习方式。小学数学"综合与实践"领域表现为一种"可做"的课程内容形态，突出数学是"做"出来的，学生可在实践活动中学习，在生活情境中实践，体现"做"中学。"综合与实践"领域倡导学生自主学习、乐于学习、动手、动脑、动口；让学生经历多样化的数学实践活动。小学数学"综合与实践"领域帮助学生转变单一的学习方式，引导学生自主探究、活动体验、实践探索。从小学阶段就培养学生应用与创新意识，让学生养成自主参与实践活动的数学学习习惯。数学源于生活，又高于生活。通过数学实践活动，学生感受到数学和生活的完美融合，也体会到了"学以致用"的快乐，在"认识数学、应用数学、玩转数学"的活动里，学生树立了正确的数学观念。数学"综合与实践"领域提供了充分的时间，让学生在数学活动过程中通过体验、交流和反思，实现认知、探索和创造。为学生提供实践活动的空间，打破常规教学模式，建构起新型的师生关系，创造新的教学模式，使用启发式、讨论式、探究式等多种教学方式，让学生以游戏体验与分享、调查与访问、实验与观察、设计与制作等方式参与数学实践活动，使学生主动参与学习过程，丰富数学教学的交互过程。

2. 为学生积累数学活动经验创设空间

小学数学"综合与实践"领域是积累数学活动经验、获得数学感悟的重要载体。然而这种经验和体验具体表现为学生对现实生活、对数学、对自我的整体性认识，丰富学生的经验和体验，培养学生会用数学的眼光观察世界、会用数学的思维思考世界、会用数学的语言描述世界。因此，小学数学"综合与实践"领域就是要设计有效的数学探究活动，让学生经历数学的发生和发展过程，为学生积累数学活动经验提供重要的活动场域。例如，在统计教学中，设计有效的统计活动，使学生经历完整的统计过程，包括收集数据、整理数据、展示数据、从数据中提取信息，并利用这些信息说明问题。学生只有在丰富的实践活动中才能不断积累统计活动经验，加深对统计思想与方法的理解。

小学数学"综合与实践"领域以主题活动或者项目学习形式，为学生创造了广阔的自主探究活动空间。让学生在活动过程中自主思考，经历如何把实际问题变成数学问题，如何设计解决问题的方案，如何选择合作的伙伴，如何有效地呈现实践成果，让别人体会自己成果的价值。小学"综合与实践"领域则是试图在开放的生活时空中，真实的生活情境中引导学生形成对现实生活、对数学知识、对自我的整体认识。这种整体认识过程中，学生将自我融入了真实的情境体验与现实的实践之中。体验是自主的个体在特定的情境中，为了获取客观事物与自身的意义关联和价值观联系，而历经接受、批判、反思和建构这一过程的主观内省活动。

3. 帮助学生回归现实生活

小学数学"综合与实践"领域以培养具有完整的知识与能力体系和从整体的视野认识、分析与处理问题的人才，作为课程价值的立足点和出发点。回归学生生活，密切联系学生的生活经验和社会发展的实际，是数学"综合与实践"领域重要的实践意义。数学"综合与实践"领域超越具体的知识体系、学科边界、书本内容、封闭的课堂空间，面向自然、面向社会、面向学生自我生活和已有经验，在相对开放的时空中促进学生对自然、对现实生活的认识，通过解决社会生活中的实际问题，发展学生的数学整体理解能力。

因此，数学"综合与实践"领域的实践意义就是打破传统课程内容领域的知识禁锢，让学生直面现实生活，紧密联系学生的生活实际、周围事物和已有的生活经验，从学生所处的真实生活情境出发，展开活动，让学生综合运用知识与经验，经历完整的问题解决过程。

小学生的具象思维特点突出，小学数学"综合与实践"领域更要关注学生生活中的具体事物，从具体的现实问题唤起学生的探究欲望，让学生数学学习回到"学生"本身。教育与生活不仅相互联系、相互促进，而且相互区别、不能等同。教育与生活相互结合是现代基础教育发展的必然选择。教育中有生活，生活中有教育，教育与生活是互动的。基于这一原理，小学数学"综合与实践"领域的意义就是发挥生活中的教育意义和教育中的生活意义。学生的生活是教育的需要，生活不仅对教育提出了各种要求，也对教育的发生和发展提供了可能性。教育与生活相互依存，生活永恒，教育便永恒；生活变迁，教育便变迁。小学数学"综合与实践"领域帮助学生回归生活世界，让学生感受到数学知识就蕴藏在自己的生活之中，激发学生的探究欲望，引发学生的数学思考，让学生在生活之中感受数学的真实存在，具体应用。

二、小学数学"综合与实践"领域课程内涵演变与特征分析

(一) 小学数学"综合与实践"领域的内涵演变

2001 年我国开启新一轮的基础教育课程改革，着力转变应试教育弊端，全面推进素质教育，并调整和改革基础教育的课程体系、结构、内容，构建符合素质教育要求的新的基础教育课程体系。[①]在此背景下，2001 年版布的《义务教育数学课程标准 (实验稿)》创新设置了"实践与综合应用"领域。"实践与综合应用"将帮助学生综合运用已有的知识和经验，经过自主探究和

---

① 中华人民共和国教育部. 基础教育课程改革纲要 (试行)[EB/OL].(2001-06-08).http://www.moe.gov.cn/srcsite/A26/jcj_kcjcgh/200106/t20010608_167343.html.

合作交流，解决与生活经验密切联系的、具有一定挑战性和综合性的问题，以发展他们解决问题的能力，加深对"数与代数""空间与图形""统计与概率"内容的理解，体现各部分内容之间的联系。[①]"实践与综合应用"主要包括第一学段的实践活动，第二学段的综合应用和第三学段的课题学习，引导学生主动地从事观察、实验、猜测、验证、推理与交流等数学活动。[②]

2011 年版义务教育数学课程标准，重新修订了该领域，将其更名为"综合与实践"领域，指出"综合与实践"领域是一类以问题为载体、以学生自主参与为主的学习活动。在学习活动中，学生将综合运用"数与代数""图形与几何""统计与概率"等知识和方法解决问题。"综合与实践"的教学活动应当保证每学期至少一次，可以在课堂上完成，也可以课内外相结合。提倡把这种教学形式体现在日常教学活动中。[③]这一版再次强调了问题的重要意义。在数学课程的"四基"目标和"四能"发展要求下，"综合与实践"领域是培养学生的问题意识、应用意识和创新意识，学生积累活动经验的重要和有效的载体。[④]"综合与实践"领域重在综合、重在实践，凸显"做数学"的教学理念。

2022 年版义务教育数学课程标准指出，数学"综合与实践"领域是让学生在现实情境和真实问题中，运用所学知识和方法解决实际问题的能力为目标，根据不同学段学生的特点，采用主题活动和项目学习方式，以跨学科的综合实践为重点，设计情境真实、较为复杂的问题，引导学生综合运用数学学科和跨学科的知识与方法解决问题。[⑤]2022 年版义务教育数学课程标准的

---

① 中华人民共和国教育部.全日制义务教育数学课程标准(实验稿)[S].北京:北京师范大学出版社,2001:11,19.
② 中华人民共和国教育部.全日制义务教育数学课程标准(实验稿)[S].北京:北京师范大学出版社,2001:29,49-50,81.
③ 中华人民共和国教育部.义务教育数学课程标准(2011 年版)[S].北京:北京师范大学出版社,2012:5,20,26,41,48-49.
④ 中华人民共和国教育部.义务教育数学课程标准(2022 年版)[S].北京:北京师范大学出版社,2022:16,20,26.
⑤ 中华人民共和国教育部.义务教育数学课程标准(2022 年版)[S].北京:北京师范大学出版社,2022:4,48-49.

修订突出数学素养导向，强调数学"三会"。①再次对数学"综合与实践"领域进一步做出重大修订与调整。在第一、第二、第三学段主要以跨学科主题活动呈现，第四学段可采用项目式学习，这一界定突出了跨学科主题活动的课程内涵，体现了数学"综合与实践"领域的综合性与实践性特征。数学"综合与实践"领域既有对数学学科知识的综合，又有对跨学科知识的综合，还有对科学技术及学生社会生活的综合。小学数学"综合与实践"领域的内涵本质主要体现在三个层面：小学数学"综合与实践"领域是基于课程整合理念的综合性课程内容，小学数学"综合与实践"领域是基于实践课程观的实践性课程内容，小学数学"综合与实践"领域是基于经验课程观的经验性课程内容。

1. 小学数学"综合与实践"领域是以数学学科跨学科主题活动为主的综合性课程内容

小学数学"综合与实践"领域作为一种课程内容形态，强调综合运用已有数学知识和经验，打破学科知识领域间的局限，加强知识间的联系，在时空上向学生的生活世界延伸，密切关注学生与社会、学生与生活的联系。小学数学"综合与实践"领域是以小学数学学科跨学科主题活动为主的综合性课程内容。

首先，作为一种综合性课程内容，该领域的实施既有对数学学科知识的综合，又有对跨学科知识的综合，还有对科学技术及学生社会生活的综合。在本质上数学"综合与实践"领域是综合性的数学课程内容，因为学生所面对的生活实际问题，不能由单一课程或者单一学科来回答或者解决。小学数学"综合与实践"领域面对的是实际生活中的现实问题，与学生的生活世界密切相关，具有真实的情境、复杂的生活环境和鲜活的学生经验，是由经验和生活世界的复杂性、整体性决定的。

其次，作为一种综合性课程内容，小学数学"综合与实践"领域的设计

与实施要体现出整合理念。课程整合与课程分化是一对相互对立的概念范畴，是指把分门别类的课程内容及其学习活动，依据其共同属性紧密联结在一起。课程整合的根本依据就是社会发展需求以及学生的"生活世界"的整体性。社会是整体的、学生的生活世界是整体的，决定了学生处于一个复杂的关系世界中，要综合运用所学的知识与技能解决实际问题。当然，数学课程与教学不能脱离学生的实际生活。这种客观性的要求，需要学生从单一、封闭的学科知识世界中解放出来，走向丰富、开放的智慧与素养世界。学生学习的数学不再是特定的、规范的、确定的、死板的符号与形式，而是充满自由的、探索的、不确定的、灵活的思维与智慧。

最后，作为一种综合性课程内容，小学数学"综合与实践"领域需要将不同的内容形式与多元化的学习方式整合。小学数学"综合与实践"领域的内容可与教材内容、学生个体经验以及教师个体经验等进行整合，处理好设计与创生的关系，也可有效地结合校本课程内容和地方课程内容。小学数学"综合与实践"领域倡导转变学生的数学学习方式，主张多元化的数学学习活动，要求在"综合与实践"领域体现"做"数学的全面过程，通过数学学习活动的过程，实现数学教育的价值。

2. 小学数学"综合与实践"领域是帮助学生体验、感悟、积累数学活动经验的实践性课程

小学数学"综合与实践"领域集中体现了实践课程观。实践课程观认为课程是在师生共同探索下进行的一种批判、反思、建构性的实践活动，注重实践活动过程本身，注重手段与过程的相互理解、相互作用，课程的价值旨趣是实践。小学数学"综合与实践"领域课程是一种"实践的课程"，并不是将纯粹的数学实践活动看作课程本身，更不能将"数学实践"作为课程的内容来理解，而是要尊重课程的过程属性。

首先，小学数学"综合与实践"领域旨在通过教师的引导，让学生进行数学思维活动、理解数学活动和反思数学活动过程，将数学学科知识内容与学生个体"生活经验"和"履历情境"等相关的内容纳入主题活动之中，这些活动不仅仅是精神层面的活动，更是实践的活动。在这些活动过程中让学生建构其人生意义价值。因此,小学数学"综合与实践"领域中不能通过知识灌输方式,而要通过数学思维活动,加深学生对人类生活世界和自我生活方式的理解。小学数学"综合与实践"领域不是数学知识内容的聚集,不是知识文本的组织,而是以数学活动为中心的实践过程。

其次,小学数学"综合与实践"领域作为实践课程内容的意义在于将学生生活世界纳入课程范畴来理解。小学数学"综合与实践"领域是学生通过反思性实践活动和创造性实践活动来理解生活世界的活动及其动态过程。这种课程观念超越了传统的数学知识脱离学生生活世界的思维方式,确立了数学实践活动立场,体现了数学课程的过程属性。小学数学"综合与实践"领域围绕学生的生活世界,关注学生自身的生活经验。学生个体经验是小学数学"综合与实践"领域课程设计的基础。

最后,小学数学"综合与实践"领域作为实践课程的另一个重要意义在于学生是课程的主体。小学数学"综合与实践"领域不是数学知识的过滤器与排序机,而是学生已有经验和知识的综合运用和再积累。该领域是开放的、民主的、生成的,是不断动态建构的课程内容。小学数学"综合与实践"领域不仅仅是规定好的、严谨的、抽象化的数学概念、定理、公式等,更有学生的实践体验、活动探究和反思应用感悟。学生在小学数学"综合与实践"领域中发挥了重要的作用,教师仅仅是引导者,教师不能代劳学生活动,活动的设计、规划和实施都是学生学习数学的过程。

3. 小学数学"综合与实践"领域是以解决实际生活问题为导向的经验性课程内容

经验性课程标志着人们的课程认知从知识向经验的课程本质立场转变。经验性课程以学生的经验为中心,着眼于学生的兴趣与动机,提倡学生的体验。经验性课程的基本组织形式是"问题中心",注重学生通过自主的问题探究与问题解决实现课程的发展价值。小学数学"综合与实践"领域其本质就是解决问题,解决问题的过程就是帮助学生积累经验。小学数学"综合与实践"领域为学生积累数学经验创造了很好的平台,为学生提供了获得经验的机会。而且,这种"经验"正在向"超越学科知识"的更高境界"体验"迈进，即课程作为"体验"，或者一种"超越经验"逐渐丰富①。

小学数学"综合与实践"领域要以生活实际中的问题为载体，关联学生经验和生活实际，激发身体体验与生理状态之间的联结，关注学生的具身性认知发展。数学牢牢扎根在现实世界之中，具有强大的解决实际问题的力量，但同时数学又是一门抽象的学科，所有的数学抽象都来源于现实世界。儿童从许许多多成双作对的事物（例如两只眼睛、一双鞋子、两个车轮）中抽取共同点，然后懂得"二"的意思，在懂得了"三"、"四"、"五"以及类似的概念后，才能懂得"数"这个概念。"数的相加"则是比"数"概念更高一层的概念。数学的抽象是多层级阶梯式抽象。数学课程就是要通过语言表达这些抽象，引导学生走上这些阶梯，但又不能丢失与现实世界联系的链条。生活实际中的问题就是很好的链条，联结着学生与数学、学生生活与数学思想方法、学生生活经验与数学学科学习。"综合与实践"课程就是依托这个链条，引导学生通过综合、实践的方式去做数学、学数学、理解数学，提升问题解决能力、积累数学经验、培养数学应用意识，促进数学学科学习生于实践、长于实践、为了实践的生态循环发展。

（二）小学数学"综合与实践"领域的特征分析

小学数学"综合与实践"领域强调以学生的生活经验、实际生活问题和社会需要为核心进行内容整合，有效地培养学生问题解决、数学思维和综合实践能力，转变学生的数学学习方式，强调学生在数学学习过程中积极动脑、动手、动口，体现"做数学"的理念，培养学生的数学学习兴趣，增强数学学习自信心。学习的方式强调学生自主参与、体验、感悟、探索、交流、合作和创新，注重数学活动的多样性学习；学习时间和空间是开放式的，学习不局限于数学课堂，向多学科和实际生活领域延伸。小学数学"综合与实践"领域课程特征分析可从课程设计、课程目标、课程内容、课程组织和课程评

---

① 黄伟星,殷英.基于数学核心素养开展数学综合与实践教学[J].小学数学教师,2019(01)：80–83.

价五个方面展开。

1. 在课程设计维度，小学数学"综合与实践"领域以问题解决为导向

小学数学"综合与实践"领域在本质上是一种解决问题的数学活动。依据不同学段学生的年龄特征，设置一些综合实践活动，让学生经历发现问题、提出问题、分析问题和解决问题的全过程，以此提高学生综合运用数学知识解决实际生活问题的能力，培养学生的应用意识、创新意识和模型意识，形成与发展"会用数学的眼光观察现实世界，会用数学的思维思考现实世界，会用数学的语言表达现实世界"。因此，小学数学"综合与实践"领域在课程设计维度上，要以问题解决为基本导向。

小学数学的核心是"问题"。爱因斯坦说过："提出一个问题往往比解决一个问题更重要。"小学数学"综合与实践"领域就是要让学生初步学会从数学视角发现问题和提出问题，然后综合运用数学知识解决实际生活中的简单问题，提升学生的应用意识和实践能力。学生是否能通过观察实际生活提出有价值的数学问题，标志着其数学问题意识的强弱，是培养创新意识的基础。小学数学"综合与实践"领域为学生提供了开放性的思维场域，是孕育数学问题的温床。"问题"成为小学数学"综合与实践"领域中的关键要素。课程的设计要特别关注学生的问题意识，为学生提供真实的问题情境，引导学生创造性提出问题，综合性分析问题，再让学生综合运用已有知识分析与解决问题。解决问题的过程蕴含着高级思维，不仅仅是对已有知识的应用，更重要的是对信息的加工与重组，从而形成新的高级规则，进而达成目标。

2. 在课程目标维度，小学数学"综合与实践"领域注重学生的具身整合发展

小学数学"综合与实践"领域的基本属性包括综合性与实践性。综合性不仅体现于数学"综合与实践"领域的内容本身，更体现于课程目标的综合性要求。小学数学"综合与实践"领域的综合性是由学生的生活世界的完整性和学生的全面发展性决定的，它不是其他数学课程内容领域的辅助或者附庸，而是具有自己独特价值和功能的独立的内容领域。小学数学"综合与实践"领域的实践性要求具有尝试、经历、体验、观察、操作、猜想、验证、感受和体会等特性，强调形成做数学、体验数学、感悟和理解数学的学习方式，促使数学学习生于实践、长于实践、为了实践。

长期以来，传统的教育领域仅注重学生心智发展，而忽视身体的能动作用，造成身心二元对立。因此，学校课程尤其注重知识教育，而遗忘了实践活动才是学生发展的基础。这就造成了儿童身心发展的割裂，阻断了知识与生活的联系，让儿童无法面对完整的生活世界和解决复杂的实际问题。①小学数学"综合与实践"领域为学生提供了身心整合发展的空间，为学生参与数学实践活动提供了内容保障。因此，小学数学"综合与实践"领域在课程目标维度旨在培养学生的综合素养，让学生的身心能够得到整合发展，真正促进数学素养的形成与发展，超越身体规训下的心智片面增长，借助实践活动磨炼身体，让学生具身性参与活动过程，以身体、从身体、在身体上完成实践活动。

小学数学"综合与实践"具身整合目标要求其具有具身倾向或行动倾向。课程的整合不仅仅停留在认知范围的高度综合方面，而要增加学生在学习过程中具身体验的机会和分量。素养的形成与发展嵌入在个人与真实世界的需求与任务互动过程之中，要以身体行动得以表现。总之，小学数学"综合与实践"领域课程目标要强调学生的具身整合发展，融合该领域的综合性与实践性特征，促进学生综合素养形成与发展。

3. 在课程内容维度，小学数学"综合与实践"领域以跨学科主题活动为主

小学数学"综合与实践"领域将数学知识从静态向动态、从结果向过程、从封闭向开放、从无趣向有趣、从统一向个性化、从规定向理解进行转化，其课程内容具有高度的综合性、挑战性和不确定性。该领域的课程内容具有其自身的特殊性，不是依据严谨的数学知识组织课程内容，而是依据学生所面临的真实的和复杂的生活问题组织课程内容。学生所面对的生活问题不能仅仅依靠具体的某个学科知识去解决，往往需要综合运用多学科、跨领域的

---

① 安桂清.论义务教育课程的综合性与实践性[J].全球教育展望,2022,51(05):14-26.

知识、思维、经验与方法。因而，数学"综合与实践"领域的课程内容一定是跨学科的，数学"综合与实践"领域是数学学科的跨学科学习领域。数学"综合与实践"领域的课程内容具有创生性特征，创生的核心就是转化。数学"综合与实践"领域可以将学生个体的经验、学科知识以及社会生活转化为该领域的课程内容。[①]

2022年版义务教育数学课程标准采用"阶段＋领域＋学段"的分布结构，体现了课程内容的纵横联合，不仅加强了不同课程内容领域和跨学科知识内容的整合，体现出课程的横向融合，还加强了不同学段之间的衔接与素养水平的一致性发展，体现出课程的纵向贯通。小学数学"综合与实践"领域要打破学科壁垒，超越纯粹的数学，突破学科内容局限，回归学科或者知识间原本的融通联系。让学生面对真实的生活情境，整体思考，综合调用已有知识和经验，跨越学科界限参与主题活动。小学数学"综合与实践"指向的是跨学科地进行综合性、多视角的考察与思考，促进知识的结构化，实现"深度学习"。参与数学主题活动进行探究，并不限于跨学科的体验性学习，还需要把"探究"的见识还原于数学学科，展开运用学科知识的"探究"。[②]跨学科主题活动的关键点是"跨"，这需要跳出数学学科思维定势，对于一个主题活动可以多角度、多方位思考，引导学生从特定数学知识背景出发，发散思维。既可以带着数学眼光，发现数学问题；也可以运用数学思维，迁移、联想、类比、拓展到其他学科。小学数学"综合与实践"领域课程内容以跨学科主题活动为主。小学阶段的"综合与实践"领域围绕学生的生活实际背景，基于真实的问题情境整合主题活动。主题活动既可以融合数学知识的学习，去增强理解与感悟，也可以综合运用数学知识与跨学科知识解决问题，去提升实践与创新能力。小学数学"综合与实践"领域课程内容以问题为中心，尊重学生生活的完整性，凸显跨学科主题活动特征。

---

① 张华.论课程领导[J].教育发展研究,2014,33(02):1–9.
② 钟启泉.基于"跨学科素养"的教学设计——以 STEAM 与"综合学习"为例[J].全球教育展望,2022,51(1):3–22.

4. 在课程组织维度，小学数学"综合与实践"领域体现出任务分工的自主性

小学数学"综合与实践"领域特别注重学生自主参与数学活动，坚持以学生为中心，充分尊重学生的个性、个体生活经验、已有知识、兴趣和爱好，为学生发挥其自主性创建了广阔的场域。这决定了数学"综合与实践"领域在课程组织维度上要凸显学生任务分工的自主性特征。从自主性的内涵出发，自主性主要包括两层意思：其一是做出自行行为，其二是控制自行行为导向目标。因而，数学"综合与实践"领域的课程组织的自主性也集中体现在这两个层面。

小学数学"综合与实践"领域课程组织过程中，师生需要建立新型教学关系。师生间是导师指导学生的关系，学生具有自主选择活动目标、内容、方式以及活动方案和结果呈现形式的权利，学生在主题选择和任务分工上具有绝对的自由，教师需要提供丰富的资源支持，促进学生实践活动的顺利开展。小学数学"综合与实践"领域课程组织过程中学生的自主性既表现在参与活动的外显性行为，还表现在思维活动内隐性过程之中。教师要及时关注学生的个性表现，并提供必要的指导与帮助。小学数学"综合与实践"领域在课程组织过程中更能体现出学生个体生活经验的重要意义，更能促进不同的学生得到不同的数学发展。例如，"一亿有多大"这样的数学活动，给出了多样性活动，让学生自主选择。有的学生通过纸张累计感受"亿"的大小，有的学生通过物品堆积（数米粒、塑料瓶）感受"亿"的大小。通过一些实际的操作、实验活动，感受"1亿"是个大数，明白"1亿"的组成。学生经历从小到大，再从大到小的思维过程，认知"亿"这个计数单位，理解"大数概念"，并且通过自主活动衍生出德智体美劳不同方面的教育价值。例如"废旧塑料瓶计数"衍生出保护环境、"数米粒"衍生出杜绝食物浪费的德育等。小学数学"综合与实践"领域课程组织就是为学生提供自主学习空间，让学生自主选择主题活动、自由分工、相互交流，激发学生的创造意识。这种课程组织的自主性会促使学生在实践活动中的创造性、生成性和拓展性发展在有限的时间、空间和资源状态下得到最大化体现。

5. 在课程评价维度，小学数学"综合与实践"领域要凸显学生思维发展的过程性

评价是课程研究的重要组成部分，是实现课程目标的有效手段和方法，并能促进教学方式的深化改革，它贯穿于课程实施的全过程。小学数学"综合与实践"领域的特殊意义就在于体现过程的教育价值，发展学生的思维。因而，"综合与实践"领域的评价坚持人文主义取向，注重评价的情境性交互，评价主体和价值标准的多元化，评价方法以建构主义方法为主，评价过程以描述为主，评价以促进学生思维发展为价值旨归。

小学数学"综合与实践"领域课程实施受情境性和个性化因素影响，课程评价相对比较困难。小学数学"综合与实践"领域是基本思想和基本活动经验的感受、体验和积累等内隐性目标的主要载体。评价不能仅仅围绕知识结果的获得，而要包含实践活动过程中的学习理解与方法掌握，以及在情感、态度、价值观等方面的发展。在现实教学过程中，小学数学"综合与实践"领域的评价却变成了一种精确答案的问答。比如，教师让学生记住"鸡兔同笼"中，假鸡先得兔；"打电话"中，通知人数 =2n–1（n 为通知时间）；"烙饼问题"中，烙饼总时间 = 单面时间 × 饼的张数（饼的张数 ≥2，锅内放 2 张饼）；"找次品"中，2—3 个物品需要称 1 次，4—9 个物品需要称 2 次，10—27 个物品需要称 3 次，28—81 个物品需要称 4 次……这些基本的"套路"，应对考试测评。这样的评价方式看不到数学思维，让数学变成机械记忆，丧失了数学教育的本质意义。小学数学"综合与实践"领域的评价是要展现出学生思维发展的过程性，促进学生思维进阶。评价是通过收集、保存学生实践活动过程的关键资料，分析资料从而形成对学生思维发展变化的认知，针对此认知评测学生的优势，提出具体的、有针对性的进一步发展建议。[①]小学数学"综合与实践"领域的评价特别要注意及时性，并要贯穿于活动全过程，教师在活动过程中要观察与记录学生表现以及他们解决问题的思路，关注学生的数学"三会"素养的发展；要全面关注、捕捉学生的思维过

---

① 郭元祥.综合与实践活动课程与教学论[M].北京:人民教育出版社,2013:391.

程，需要多元化的评价主体，除了教师和学生本人之外，还可以有家长、学生同伴、专家等。尤其家长可以通过图片、文字、视频等方式呈现学生数学学习活动过程，为评价提供质性资料。教师的评语也是质性评价的具体体现，教师尽量使用易理解的描述性语言从学生的数学学习特点、表现、习惯等方面提出建议。小学数学"综合与实践"领域的评价注重思维发展的过程性，其评价方式要以质性描述为主，评价结论相对开放。小学数学"综合与实践"可以是课堂活动、长时作业、调查报告、课题研究、数学实验等形式，打破原有纸笔测验、考卷测评、单一书面作业评定的局面。通过观察量表、问卷、小论文、数学实验报告等多元化的评价方法，让每个学生都能获得良好的数学发展机会，不同的学生在数学上得到不同的发展。总之，小学数学"综合与实践"领域课程评价凸显学生思维发展的过程性，有利于数学学习方式改革，利于数学核心素养培养。

三、小学数学"综合与实践"领域课程目标与内容

小学数学"综合与实践"领域作为数学课程内容领域之一，承载着不同的数学教育目的。教育目的是所有教育工作的出发点和终极目标，目的定位关涉着内容的选择、方法的使用、效果检验等。目的和目标虽然都是指人们行为的一种愿望，但是目的更加抽象、宏观，是对课程发展计划的一种远景构想，目标则是较为具体的课程实践所要解决的特定问题。目的在观念形态层面反映了人对客观事物的实践关系，人的实践活动以目的为依据，目的贯穿于实践过程的始终。课程的根本目的是塑造人、发展人，学校的基本价值追求就是关注学生的成长[1]。因此，厘清数学"综合与实践"领域的课程目标是课程实施研究的必要前提。

---

①　有宝华.综合课程[M].上海:上海教育科学出版社,2002:45.

（一）小学数学"综合与实践"领域课程目标

现代课程研究不再把课程与教学问题视为"技术"问题，即"如何"的问题，而将其视为"为什么"的问题。[①]课程实践目的离不开教育目的，倘若脱离教育根本目的，课程就可能缺乏内在的整体性、连贯性，显得零碎、杂乱，学生获得的知识是碎片化的、片面的，人才质量将会大打折扣。小学数学课程作为基础教育阶段的基础课程，肩负着落实立德树人的根本任务。数学"综合与实践"领域兼具综合性与实践性要求，其课程目的是基于该领域的课程实施对课程实施结果的一种意义指向或者预测。其课程目标产生于"综合与实践"领域的实际情境，在活动过程中不断地接受检验并且不断发展，所有的目标都是为了确保活动的自由开展。因此，关注数学"综合与实践"领域的课程目标定位一定要基于该领域的课程实施情况来确定。因而，依据小学数学"综合与实践"领域课程内涵与实施特征以及小学生和数学活动的特点，其课程目标具体体现在提升学生解决实际问题的能力，培养学生的数学应用意识、创新意识和模型意识，促进学生跨学科思维发展，塑造学生数学"三会"素养。

1. 提升学生解决实际问题的能力

进入 21 世纪以来，培养学生的问题解决能力已经成为全球教育共识，问题解决也成为学生应具备的重要能力和素养。小学数学"综合与实践"领域是以问题解决为基本导向，让学生直面现实生活中的问题，激发学生去观察、去探索、去学习、去实践。因而，提升学生解决实际问题的能力是小学数学"综合与实践"领域的基本课程目标。

小学数学"综合与实践"领域课程目标定位需要结合小学生的兴趣、特点以及其所能达到的水平，目的是促进学生积极参与数学实践活动。第一学段，学生年龄小，需要特别注重幼小衔接，让学生面对实际问题，旨在训练、

---

① ［美］威廉 F.派纳,威廉 M.雷诺兹,帕特里克·斯莱特里,等.课程理解[M].张华,译.北京:教育科学出版社,2003:8.

提升学生的问题意识，形成数学思考的习惯，让学生提出更多的问题解决方案。对数学问题结论的探寻意义不大，主要是让学生获得解决问题的成就感，形成积极的数学情感，激发解决问题的兴趣与欲望。第二学段，随着年级升高，学生成长变化较大。这一阶段学生解决问题尝试从多种方案中选择最优方案，在实践活动过程中教师引导学生分析、评估、选择方案。这一阶段的小学数学"综合与实践"领域要提供更多的开放性问题，让学生在思考"这样做会怎样"的过程中学会反思、判断。第三学段，学生具有解决简单实际问题的经验与能力。数学实践活动过程中可以提供相对复杂的问题，目的是让学生学会分解复杂问题，并将自己的思维过程进行可视化展示，通过各种方式展现自己思考、分析问题的思维过程。此时，数学实践活动的目标聚焦于展示思考问题的思维过程，逐步简化复杂问题。小学数学"综合与实践"领域可依据不同学段的实施情况逐步提升学生问题解决能力。

2. 培养学生数学应用意识、创新意识和模型意识

小学数学"综合与实践"领域围绕学生生活周围与数学相关的事物，让学生处于问题情境之中，提供一些主题活动。然而，这些活动是复杂、变化、不连续、不稳定、错综复杂的。学生在参与数学实践活动的过程中思维也是复杂的、变化的。数学既来源于实践又反过来作用于实践。[①]这些为数学应用和创新提供了无限可能。因此，小学数学"综合与实践"领域的目标之一就是培养学生数学应用意识、创新意识和模型意识。小学数学"综合与实践"领域会使学生的创造性、拓展性在有限的时间、空间和资源状态下得到最大化体现。

意识是心理学范畴，意识就是指一个人在某一时刻的生活实践中对某些客观事物的感觉、知觉、思想和思维等有分别的全部认识活动。[②]数学应用意识也当属于"意识"这一心理学范畴，数学意识在本质上也是一种认识活

---

① 杨万里.浅谈提高数学应用意识的问题及其对策[J].课程·教材·教法,1993(10):56–58.

② 潘菽.意识——心理学的研究[M].北京:商务印书馆,1998:58.

动。[①]不同版本课程标准中对应用意识提出了不同的概念界定，总体上，数学应用意识有两个方面的含义：一方面有意识地利用数学的概念、原理和方法解释现实世界中的现象，解决现实世界中的问题；另一方面，认识到现实生活中蕴涵着大量与数量和图形有关的问题，这些问题可以抽象成数学问题，用数学的方法予以解决。通过跨学科实践活动让学生了解数学作为一种通用科学语言可广泛应用于其他学科，让学生综合运用学过的知识和方法解决简单的实际问题，养成理论联系实际的习惯，发展其实践能力。小学数学"综合与实践"领域是培养学生应用意识的有效载体，课程目标定位于培养学生的数学应用意识。学生自己发现和提出问题是创新的基础；独立思考、学会思考是创新的核心；归纳概括得到猜想和规律，并加以验证，是创新的重要方法。创新意识的培养应该从义务教育阶段做起，贯穿数学教育的始终。创新意识主要是指主动尝试从日常生活、自然现象或科学情境中发现和提出有意义的数学问题；初步学会通过具体的实例，运用归纳和类比发现数学关系与规律，提出数学命题与猜想，并加以验证；勇于探索一些开放性的、非常规的实际问题与数学问题。创新意识有助于学生形成独立思考、敢于质疑的科学态度与理性精神。模型意识主要是指对数学模型普适性的初步感悟，小学数学"综合与实践"领域引导学生从现实生活或具体情境中抽象出数学问题，用数学符号建立方程、不等式、函数等表示数学问题中的数量关系和变化规律，求出结果，并讨论结果的意义，模型思想的建立。从而促使学生体会和理解数学与外部世界的联系。小学数学"综合与实践"领域以跨学科主题活动形式增强学生的综合应用意识，奠定模型意识的经验基础。

3. 促进学生跨学科思维发展

数学"综合与实践"领域注重数学学科内部、外部的知识内容深度融合、相互交叉。因此，基于学生发展视角数学"综合与实践"领域的课程目标定位于发展学生跨学科思维。跨学科思维是指不囿于学科边界，通过知识跨界

---

①　汪国华.数学应用意识的再认识及研究的方向[J].数学教育学报,2006(01):89–91.

整合培养学生解决问题的思维方式，凸显了思维上的融会贯通。[1]

　　小学数学"综合与实践"领域通过关涉学校生活、社会生活、家庭生活等多样性的数学主题活动，紧密联系数学个体的生活实际，以数学游戏体验、动手操作、综合应用、实践探索等活动形式开展跨学科学习，从而促进学生的跨学科思维发展，丰富的活动内容和灵活的活动方式拓展了学生思维发展空间。小学数学"综合与实践"领域利用数学知识间的关联与迁移，激发学生思维的创造与发展，增强学生在学科内不同内容领域间的思维关联和不同学科间的思维贯通。当然，小学数学"综合与实践"领域课程目标定位要打破传统的学科禁锢，发散学生的思维，让学生基于数学学科本质进行知识跨界与迁移，综合运用已有的知识和经验，从不同学科视角解决问题。因而，其课程目标定位要转变学科思维定势，发展学生跨学科思维。真正实现知识综合运用与素养全面发展，跨学科思维发展不是没有思维界限，而是在遵循数学学科本质的基础上，打破学科壁垒，实现思维的全面发展。基于小学数学"综合与实践"领域的特殊价值，课程目标要定位于多学科思维融合，实现知识的鲜活流动，让学生的思维真正得到发展，发展学生面对复杂问题的积极应对能力，促进学生满足未来社会发展的需求。

4. 塑造学生数学"三会"素养

　　数学"综合与实践"领域是一种具有综合性、实践性、经验性的数学课程内容领域。在数学"综合与实践"领域课程实施的过程中尤其要突出学生的主体地位，发挥其主观能动作用。数学"综合与实践"领域的有效实施离不开学生主动积极地参与数学活动、勇于探索数学问题和实际操作数学活动，如果缺失了学生的自主参与，学生没有发挥自主性，那么数学"综合与实践"领域课程就沦为知识学习的一般认知课程内容领域，无法实现数学"综合与实践"领域实践育人的价值功能。因而，数学"综合与实践"领域的课程目标定位要具体体现在促进学生会用数学的眼光观察现实世界，会用数学的思

---

① 黄翔,童莉,史宁中.谈数学课程与教学中的跨学科思维[J].课程·教材·教法,2021,41(07):106-111.

维思考现实世界，会用数学的语言表达现实世界。

　　小学数学"综合与实践"领域转变了传统单一、机械学习数学的方式，重在综合、重在实践，强调学生自主参与实践活动，提出学生要参与观察、体验、实验并合作探究。在这样多元丰富的数学活动过程中，去发现数学问题、提出数学问题、分析和解决问题。学生的观察活动为促进学生学会用数学的眼光观察世界提供了机会。因此，课程目标要先定位于让学生学会用数学的眼光观察现实世界，使学生初步感受数学与现实世界的关联。实践活动为学生提供了自主探索的自由空间，学生可以通过观察、联想、迁移已有的知识经验，将现实的问题转化成数学问题，既可以将数学知识学习整合成主题活动，也可以通过主题活动引导学生应用数学知识和其他学科的知识，让学生感悟数学与生活世界的关联，感悟数学与其他学科的关联，形成学生会用数学的思维思考现实世界的数学素养。从而分析解决现实问题，尝试运用数学的概念、定理、思想与方法去解释生活实际现象。从而帮助学生形成会用数学语言描述现实世界的数学素养。基于上述讨论，小学数学"综合与实践"领域要依据其课程内涵与价值意义，将课程目标定位于培养学生的数学"三会"素养。

　　小学生的心理特征和"综合与实践"课程的特征决定了小学数学"综合与实践"领域课程的内容选择具有特殊性要求。依据皮亚杰的心理学理论，小学生处于具体操作和形式操作期，也就是说，整体上小学生的感性认知占据着支配地位，逻辑在小学生的思维方式中发挥的作用越来越大。[①]因此，在小学数学"综合与实践"领域课程的内容选择时要坚持身体性原则、活动性原则、过程性原则、趣味性原则和情境性原则。

（二）小学数学"综合与实践"领域课程内容

　　小学数学"综合与实践"领域是以问题为中心，师生共同参与的数学活动，因而，其课程内容选择具有特殊性。该领域既要综合"数与代数""图

---

　　① ［英］帕梅拉·利贝克.儿童怎样学习数学——父母和教师指南［M］.方未之，译.北京：人民教育出版社，1987：83.

形与几何""统计与概率"的知识与方法解决问题，又要强调自主参与实践活动过程的学习方式、保障完整的学习过程，还要融合多学科的复杂思维等。小学数学"综合与实践"领域课程内容选择原则、组织维度和发展走向方面都具有其特殊的要求与意义。

1. 课程内容选择原则

小学数学"综合与实践"领域课程为学生实践活动提供了广阔的空间。这种空间不仅利于学生对已有知识经验的综合运用与创新，更重要的是可以促进学生身心合一，以完整的个体形式参与实践活动。因此，具身整合具有多重效应，既利于多领域、多学科甚至超学科的联结与整合，又利于学生身体的主体性发挥，还有利于实践活动实施。具身认知起源于海德格尔的存在概念，[①]梅洛－庞蒂的具身主体性将身体的主体性推向了更高层级。[②]其意义内涵是尊重人的整体性，人的认知依赖于身体发展；应用指导教学就是要构建"认知—身体—空间"一体化的学习参与模式。[③]具身认知理论运用在小学数学"综合与实践"领域课程研究中，应该强调实践活动要以学生身体为逻辑起点，切合学生身心发展规律，促使学生全身心整体参与。因此，小学数学"综合与实践"领域课程内容选择具有身体性原则、活动性原则、过程性原则、趣味性原则和情境性原则。

（1）身体性原则

身体分为客观身体和现象身体，客观身体是指生理实体的身体，现象身体是指体验到的身体。举个例子，开车初始很容易发生碰撞、刮蹭等事故，但开久了之后就会更准确地把握距离与速度，因为这时知觉已经不局限于驾驶室，而融合到整个车体边缘了，人与车成为一个综合体，司机就会通过这个整体去判断外界事物。这个事例中，身体超越了生理实体，通过心智作用

---

① 韩冬,叶浩生.认知的身体依赖性:从符号加工到具身认知[J].心理学探新,2013,33(04):291–296.

② 陈简,叶浩生.意义的遮蔽——再论具身认知中的"身"[J].华中师范大学学报(人文社会科学版),2020,59(05):187–192.

③ 杨茂庆,杨乐笛.回归身心一体:乡村儿童价值观教育的具身性转向[J].教育研究,2022,43(08):67–76.

延展到了整体环境之中。这种交互发展的过程就是身体从客体转向主体的活动结果。①基于此，小学数学"综合与实践"领域课程就是要组织这样的活动，使学生认知得到发展。因此，在具体的课程内容选择时坚持身体性原则，促进学生身心与活动环境的融合，提高认知水平。

小学数学"综合与实践"领域要面向学生的生活世界，全面联系生活实际。学生的生活世界由个人、社会和自然等要素构成，这些要素是彼此交融的有机整体。因而，学生在数学课程中获得的个性发展不是这些数学知识杂烩的结果，而是通过对数学知识方法的综合运用不断探索世界，建构自我认知，形成数学智慧的结果。小学数学"综合与实践"领域旨在打破严密的数学知识体系、森严的学科壁垒，着眼于学生的整体发展。小学数学"综合与实践"领域要培养学生的数学综合运用能力。这种综合不仅仅是数学知识分支（代数、几何、统计）之间的综合、数学与其他学科间的综合、数学与学生日常生活实际的综合，而且还表现为解决实际问题的全过程所要求和运用的各种能力、各种方法、各种工具的综合。小学数学"综合与实践"领域为学生解决现实世界中面临的新问题创造机会，并不是让学生对已有知识、方法的反射式套用。这种综合能力也是时代发展对人才的基本要求。小学数学"综合与实践"领域提升学生的整体性数学理解。数学知识系统是一个有机整体，学生也是一个有机整体，学生对数学的学习应该建立系统的观念，教师帮助学生获得对数学的整体理解，而不是碎片化、点滴式的数学知识点，让融通生活世界与数学学习的联系，真正实现做数学，全面理解数学。

（2）活动性原则

小学数学"综合与实践"领域课程内容选择应基于学生可持续发展的要求，设计长短期相结合的主题活动，留给学生充足的时间和空间，突出课程内容的活动性要求。数学课程的活动性是数学课堂教学中师生多元互动的一种有效存在形式。②数学活动性是数学课程全面育人、科学育人的一种指南。

---

① 韩冬,叶浩生.认知的身体依赖性:从符号加工到具身认知[J].心理学探新,2013,33(04):291-296.
② 潘小明.数学课堂教学活动性初探[J].课程·教材·教法,2008(11):44-47,96.

小学数学"综合与实践"领域课程内容选择就是要体现数学课程的这种活动性要求，促使活动内容由简单走向复杂，使数学问题由浅表走向深奥，使数学主题活动向纵深发展，不断丰富数学活动的内容、拓展数学活动的范围、变换数学活动方式，促进学生数学核心素养的持续性发展。要建立起学期之间、学年之间、学段之间的数学主题活动序列。小学数学"综合与实践"领域课程内容选择比较困难，是因为它没有像其他课程那样具体、系统的知识载体，所以，小学数学"综合与实践"领域课程内容选择要以活动性串联各种形式的探究，保障问题解决的完整性。数学实践活动是有机的整体，要让学生完整地经历体验、观察、发现、提出、分析、解决和反思的全过程，需要将具体的主题活动连续性开展，在不同的活动时期，学生得到不同的发展。人是不断发展的，这使得人总是从一个发展阶段趋向另一个发展阶段。各个阶段应该是紧密相连、相互衔接，前一个阶段为后一个阶段打基础。[①]同理，人的社会生活也是由不同的活动连接起来的。但是，实际教育过程中却存在严重的教育割裂问题，对人才培养造成了严重阻碍。尤其，小学数学"综合与实践"领域要注重学段间的衔接、内容与生活实际的联系、学校课程间的关联与融合等。小学数学"综合与实践"领域要发掘学生生活世界的问题资源，利用学生已有的生活经验，再建立相互联系，可使学生更好地理解数学知识的形成过程。[②]如果儿童的经验没有被发现，没有与课程内容联系起来，不能与课程知识构成迁移，儿童对课程知识的理解就会更困难，学生的活动不会对知识理解产生影响。比如，小学一年级的学生，学习 10 减去 2，学生知道拿 10 元钱买一个 8 元钱的东西，店主会再找给他 2 元钱，但是他看见试卷上将 10 根木棒摆成一排用虚线圈出两根，然后让他列算式。这时儿童的学习是孤立的抽象知识。[③]这种现象实质上是一种形式化的情境创设，是在浪费教学的时间。小学数学"综合与实践"领域要使得数学课程与生活紧密联系起来，

① 单中惠,朱镜人.外国教育经典解读[M].上海:上海教育出版社,2004:171.
② 陈理宣.论知识的整体性及其教育策略——基于实践教育哲学的视角[J].中国教育学刊,2015(12):26-31,48.
③ 朱忠琴.论中小学课程内容组织的连续性[J].当代教育科学,2017(02):42-45.

将学校的数学课程内容真正迁移到现实活动经验中，让数学教育回归学生的生活世界，促进数学教育活动实践，促进学生活动经验积累。

（3）过程性原则

小学数学"综合与实践"领域的内容选择要体现过程性原则。该课程的内容选择必须以数学知识的发生发展、学生的认知形成和学生的经验积累过程的内在联系为线索，充分展现和激发学生在实践活动中的思维活动，使学生真正参与到数学发现的过程中，让学生经历数学发生的全过程；使学生的学和教师的教统一起来，让学生成为真正的主体，教师成为学习的组织者、引导者和合作者；激发学生自主性、调动积极性、引发学生数学思考，鼓励学生的创造性思维。小学数学"综合与实践"领域要转变学生的数学学习方式，让数学课本上那些抽象化的、略去其发生发展过程的、死板的数学知识复活，通过设置一些实践活动让学生自主探索，经历质疑、提问、思考、解决和反思，揭示其数学过程，使知识的生成、发展与学生的认识规律相结合。更好地利用数学过程的教育价值，促进学生的过程性发展。小学数学"综合与实践"领域的内容选择可依据数学活动特性发挥数学教育的过程性教育价值，一切围绕学生数学学习的过程安排数学综合与实践活动，凸显数学综合与实践活动的过程性教育意义。

（4）趣味性原则

小学数学"综合与实践"领域课程内容选择的趣味性原则是遵循小学生活泼的天性特征，以此作为内容选择的主旋律，让该课程的内容贴近学生的生活，以学生的年龄特征为依据，选择学生乐于、善于接触的主题材料，让学生愿意交流，愿意探索。一方面，趣味性体现在实践活动的取材。小学数学"综合与实践"领域设置的数学活动要以小学生的视角，了解小学生的生活世界，设计小学生喜欢的活动方式。另一方面，趣味性体现在实践活动过程中。小学数学"综合与实践"领域主要以活动形式促进学生的数学学习，让学生的学习与成长表现于活动过程之中。活动的一步步实施，有赖于过程的趣味性，过程有意思，学生感兴趣，才会激发学生的信心与创新思维。因此，小学数学"综合与实践"领域的内容选择要尽可能地适应小学生的兴趣和爱好。①要使"综合与实践"领域真正体现"寓教于乐"的理念，根据小学生的心理特点与认知水平，精心设计形式多样、内涵丰富的数学实践活动。思维往往发端于好奇与疑问，小学数学"综合与实践"领域的内容选择，需要抓住学生心理，激起学生活动欲望。活动的一层意思是"动"起来，"动"不仅仅是可观察的行为运动，更重要的是思维运动。另一层意思是"活"，"活"不仅仅是多样，更重要的是变化。好玩、好动是小学生的天性，小学数学"综合与实践"领域的内容选择要抓住这些特性，合理开发数学实践活动，增强数学学习好奇心，培养学生数学自豪感，比如，抢答、竞赛、比一比等活动，还能很好地培养学生的竞争意识与创新意识，唤起学生追求成功的愿望，这种竞争与比赛，让学生更具拼搏精神，胜过机械训练下的成绩比拼。

（5）情境性原则

小学数学"综合与实践"领域课程内容选择的一个重要原则是情境性原则。因为"综合与实践"领域课程为学生的身体运动创造了空间。让学生身体处于一个广泛的生物、心理和文化情境之中，可以促进学生认知活动发展。所以，小学数学"综合与实践"领域课程的内容选择要注重情境性。只有学生身体嵌入活动环境之中，促进身体和环境的交互作用，从而决定认知的形成。基于这样的理解，小学数学"综合与实践"领域课程在课程内容创设中要凸显情境创设。该领域课程内容丰富、教学方式灵活，师生可以充分发挥课程资源作用。为身体与环境交互提供更多可能。传统领域课程注重静态的知识与规则，小学数学"综合与实践"领域课程内容注重学生身体、环境和大脑的交互作用，是一个动态过程，体现实践活动认知的情境交互。小学数学"综合与实践"领域课程具有高度的开放性，可以让学生灵活调取已有知识和自己已经积累的经验，创造性地解决生活实际问题。在这样开放的环境下，不同的学生具有不同的思维视角，不同的思路可以碰撞出不同的思维火花，通过讨论、交流、思考、接纳，同时也会创生出新的意义。师生、生生交互的过程中不断激发潜能，迸发出新思维。小学数学"综合与实践"领域

---

① 康宝贵.小学数学的实践与综合应用[J].教育评论,2007(05):147-148.

是培养学生创新意识的重要载体，该领域课程内容选择要考虑从多角度给学生提供创造性思维发展的自由场域。避免传统学科知识的创设，要尽可能多地激发学生创造性地提出新思路，哪怕提出的想法是错的。始终坚持培养学生创新意识的目标，善于让学生去想、去做，去实践，去走不寻常的路。只要能激发学生的自主参与、探究和思维的数学"综合与实践"活动就是好的活动。创新的保障条件是开放，小学数学"综合与实践"领域要提供足够开放的实践和空间，供学生自由地创造。创造的过程也不是简单直线式的，它可能是曲折迂回的曲线式，其主题活动是圆周式或者折线式的，不是简单的直线型。小学数学"综合与实践"领域的内容选择的创新性对教师提出了更高的要求。课程内容选择与组织还具有一定的随机性、偶然性，这为创新性提供了更大可能。

2. 课程内容组织维度

小学数学"综合与实践"领域课程内容组织以主题活动为主。课程内容主要围绕数学知识间的相互联系、数学与其他学科知识间的相互联系和数学与科学技术及社会生活间的相互联系，可进一步将内容组织划分为学科内、跨学科和超学科联系维度这三种关系维度，来整合组织活动内容、创设活动主题。

（1）学科内：渗透式整合维度

数学课程与教学中仍然存在没有形成数学学科知识系统，也没有建立数学学科内不同知识内容的联系等弊病，不能为学生提供系统、完整的知识内容去帮助其建构自我知识体系。为了改善这些弊病，可以通过数学学科内优化整合方式选择数学"综合与实践"领域的内容，从中找到规律和方法，促进数学教育整体发展。

学科内主题活动可采用渗透式整合方式，以数学学科知识为基础，以主题活动为中心，将数学学科内的"数与代数""图形与几何""统计与概率"领域的相关知识、思想、方法、能力等组成一个有联系、有逻辑、有结构、有层次的系统，来确定形成适合学生发展、满足学生需求的主题活动。学科内整合，一是指在数学学科内，体现数学学科独立性的前提下，适当渗透其他学科内容或生活实际问题的主题活动组织方式。二是指打破以往单一版本教材的局限，渗透多版本教材的精华，重新编排内容，确定主题活动。三是指依据数学学科的基本思想和学生的已有生活经验，以整体数学课程观，统整数学知识内容，得到能让学生获得整体发展的数学主题活动。通过这种渗透式的整合，使得小学数学"综合与实践"领域的内容组织能更加系统、全面，使数学课程与教学能实现整体性，促进学生的全面发展。学科内的渗透式整合维度是数学课程与教学中的基本关系维度，这类关系维度关注的核心是数学课程不同内容领域间的联系，关心的是与学生个体发展所需的"数与代数""图形与几何""统计与概率""综合与实践"四个学习领域间的相互关系与作用，关心的是促进学生建构数学知识系统。小学数学"综合与实践"领域可以围绕数学基本思想和学生的生活经验选择与确立数学主题活动。学校可依据本校的实际情况，整合开发校本课程式的"综合与实践"活动，形成系统的管理与实施，让学生通过主题活动，积累活动经验，学习知识的迁移，全面理解数学知识，建构自我知识系统。

（2）跨学科：融合式整合维度

21 世纪需要复合型人才、全面发展的人才。在实际的课程与教学中，解决一个具体的生活实际问题往往需要不同学科的知识、技能等协同参与。尤其在数学"综合与实践"领域更需要关注数学与其他学科知识间的相互联系，关注跨学科融合式整合维度。在课程与教学中运用好跨学科思维是强化学科育人的重要途径。重视学科的交叉、融合不仅是教育发展的必然趋势，也是数学现代发展的时代特点。[①]基于此，需要找到突破口，打破学科的边界。学科交叉为提供综合的教育情境创造了可能。跨学科融合式整合是以主题活动为中心，将不同的学科概念、内容和活动等整合起来，为解决某一具体的、实际的、生活问题提供不同的学科思维、方法和资源。可依据学科属性的相通性、学生心理特点和学习规律及学习方式，将其高度融合，形成更全面的

① 黄翔,童莉,史宁中.谈数学课程与教学中的跨学科思维[J].课程·教材·教法,2021,41(07):106-111.

主题活动。

众所周知，数学学科作为基础学科，为其他学科的发展提供了理论推理的基础和实践检验的工具。随着技术发展，数学学科应用更加广泛，一切生活问题都要回归数学。但是，在数学课程与教学实际中却看不到这种学科间的跨越联系。学生不能亲身体验这种学科间的跨越融合，感知不到数学应用的广泛性；将数学知识看作严格的、严密的、严谨的数理逻辑、符号系统和形式表征。这种学科间的割裂，不仅仅阻碍了学生全面的知识掌握，更限制了学生整体思维的发展以及全面生活经验的积累，导致学生能力的片面化、专一化、狭窄化发展，学生不能很好地获得适应未来社会发展的综合素养。学科间的壁垒需要被打破，学科间的关联需要融合式整合，小学数学"综合与实践"领域就是要加强学科间的联系，选择跨学科的主题活动。跨学科主题活动是一种重要的教学活动形式，要增加跨学科主题活动的课时，确保跨学科主题的学习时间。教师在选择"综合与实践"领域的内容时要充分认识到数学课程内容是由跨学科主题与数学学科主题共同构成的，应该依此统筹规划和设计。总之，跨学科主题要体现整体性与关联性，围绕学生的现实生活，聚焦真实问题，凸显数学核心知识和关键能力的应用。例如数学与体育、数学与音乐、数学与信息技术等跨学科主题，依据不同学科的学科属性，体现学科共有的价值取向，整合学习资源，提高学习效率，弥补精细化分科的碎片化知识学习，整合内容指向更好的学生核心素养发展。

（3）超学科：消弭式整合维度

小学数学"综合与实践"领域的内容选择需要考虑数学与科学技术、社会生活间的相互联系，超越学科界限，寻找解决问题的多种途径。这是一种超学科消弭式的内容整合方式，主题活动主要围绕学生的生活世界，由师生共同创生，密切联系与学生相关的现实问题。教师引导学生打破学科思维定势，灵活变通所学知识与已有经验，发散思维寻求多种途径解决问题，逐渐提升学生解决实际问题的能力。

在超学科主题活动中，应该鼓励学生大胆猜想、大胆尝试、突破限定，尽可能自由发挥，给予学生更多自由空间。可基于学生的生活，提出问题解决的任务，让学生经历发现问题、提出问题、分析问题、解决问题的全过程，培养学生的综合与实践能力。依据学生敏锐的数学眼光观察现实世界，提出数学问题，围绕问题确定主题活动，充分发挥学生的自主性。杜威的"教育即生活"，表明生活是学生学习成长的土壤。教育的真正意义在于找到学习生活经验与教学的连接点，发掘学生的起点和生长点，精准施教促进其成长。教学不能仅仅是单纯的知识与技能传授，更高效的教学应该是从学生的已有生活经验中找到生长连接点，精准施教，促进学生发展。超学科主题活动就是找到科学技术、社会生活和学生已有的知识及生活经验之间的连接点，以此促进学生的生长。小学数学"综合与实践"领域的内容选择的超学科消弭式整合维度，注重师生共同创生、学生生活实际和学生的兴趣。主要目的是激发学生的自主探究，鼓励学生综合理解主题，灵活有效地解决问题。超学科消弭式整合维度对教师提出了更高的要求，特别是对教师的条件性知识和实践性知识的要求更高。超学科消弭式整合维度的内容选择是未来数学"综合与实践"领域课程发展的方向，需要更多的关注与实践探索。

3. 课程内容发展走向

小学数学"综合与实践"领域的实践活动形式丰富多样，满足不同学生得到不同的发展要求。[①]小学生数学学习中认知、情感发展的阶段性特征为：小学第一学段（1~2年级）的学生更多地关注"有趣、好玩、新奇"的事物，因此"综合与实践"领域的学习素材选取、内容组织形式和活动开展方式要考虑学生的实际生活背景、新鲜事物和趣味性，采用游戏、故事、玩具等方式；小学第二学段（3~4年级）的学生开始对"有用"的数学更感兴趣，此时，设计"综合与实践"领域的活动要关注数学在学生的学习和生活中的应用，使其感受数学就在生活事物中，而且数学是有用的、必要的，从而愿意学习数学；小学第三学段（5~6年级）的学生开始具有自我和自我发展的意识，对与自己的经验观念相冲突的现象，对"挑战性"的学习任务很感兴趣。

---

① 数学课程标准研制组.全日制义务教育数学课程标准（实验稿）解读[M].北京：北京师范大学出版社,2002:51.

因此，"综合与实践"领域课程内容相对于其他领域课程，其基本内容以学生的直接生活经验为主要表征形式。它要求从具体的、学科的、规定的书本世界向生活化的、经验性的、活动交互的现实世界回归。小学数学"综合与实践"领域课程内容选择的发展走向，从兴趣化走向领域化、从类型化走向主题化、从问题化走向项目化。

（1）从兴趣化走向领域化

2001 年版课程标准将数学课程内容划分为"数与代数""空间与图形""统计与概率"和"实践与综合应用"四个领域。这标志着我国数学课程内容的领域化发展。同时，标志着小学数学"综合与实践"领域课程内容开始走出传统的藩篱，不再停留于实践活动、应用题、课外兴趣活动。而是走向知识与技能的整合，走向现实生活领域。正是在此意义上，小学数学"综合与实践"领域课程内容是对已有应用题和实践活动内容的超越与发展，体现了义务教育课程的综合性与实践性要求。作为一种课程形态，小学数学"综合与实践"领域课程强调综合运用已有数学知识和经验，打破学科壁垒，加强知识间的联系，在时空上向学生的生活世界延伸，密切关注学生与社会、学生与生活的联系。小学数学"综合与实践"既有对数学学科知识的综合，又有跨学科的综合，还有对科学技术及学生社会生活的综合。其课程内涵凸显学生的主体地位，关注学生所面对的生活世界，体现整体性教育理念，关注学生全面发展。学生生活世界中的问题不能由单一课程或者单一学科来回答或者解决，数学教育要为学生面对未知挑战提供思维基础，以便对未知问题做出积极的回应。因此，为了进一步实现义务教育课程的整合性要求，小学数学"综合与实践"领域课程内容从兴趣化转向领域化，促进学生全面发展、整体发展。

（2）从类型化走向主题化

小学数学"综合与实践"领域打破了已有的活动设计系统。教师不再是活动的编排者，不再处于活动的组织支配地位，学生活动趋于自由、自主化发展。因此，小学数学"综合与实践"领域课程内容发展走向了全面、自主的主题化。实践活动不再依据数学学科活动类型划分，而是按照现实生活事物整合不同的学科知识,例如将人与自然、人与社会和人与自我等更高远的主题统合起来。从而使小学数学"综合与实践"领域课程面向了真正的生活世界,活动课程内容从知识技能走向了实践活动经验,实现了小学数学"综合与实践"领域课程内容的华丽转身。21世纪的时代特征之一就是整合,表现在教育领域就是课程整合。2001年教育部颁发的《基础教育课程改革纲要(试行)》明确提出"课程整合"是改革目标之一,要求"改变课程结构过于强调学科本位、科目过多和缺乏整合的现状,整体设置九年一贯的课程门类和课时比例,并设置综合课程,以适应不同地区和学生发展的需求,体现课程结构的均衡性、综合性和选择性。①2022年版义务教育课程标准的修订提出要加强学科间相互关联,带动课程综合化实施。②如今,课程综合化实施因应学生素养培育的需求,展现出新的理念与诉求。传统的课程整合可狭隘地理解为以知识联系作为整合的抓手,旨在改变知识碎片化、割裂的现状。未来的课程整合要突破"联结"的基本意涵,要以儿童所面对的真实问题和生活主题为中心,即保持未割裂事物的原样,展现出深层次的整合。③这表明素养时代的课程整合立意更加高远,超越传统意义的课程综合性。

2022年版义务教育数学课程标准采用"阶段＋领域＋学段"的分布结构,体现了课程内容的纵横联合。这不仅加强了不同课程内容领域和跨学科知识内容的整合,体现出课程的横向融合,还加强了不同学段之间的衔接与素养水平的一致性发展,体现出课程的纵向贯通。小学数学"综合与实践"领域课程内容体现出从类型化向主题化发展的趋势。主题活动既可以融合数学知识的学习去增强理解与感悟,也可以综合运用数学知识与跨学科知识去解决问题,从而提升实践与创新能力。

(3)从问题化走向项目化

小学数学"综合与实践"领域课程内容以问题为载体,在实际教学中往

---

① 中华人民共和国教育部.基础教育课程改革纲要(试行)[EB/OL].(2001-06-08).http://www.moe.gov.cn/srcsite/A26/jcj_kcjcgh/200106/t20010608_167343.html.

② 中华人民共和国教育部.教育部教材局负责人就《义务教育课程方案和课程标准(2022年版)》答记者问[EB/OL].(2022-04-21).http://www.gov.cn/zhengce/2022-04/21/content_5686539.htm.

③ 安桂清.论义务教育课程的综合性与实践性[J].全球教育展望,2022,51(05):14-26.

往过于注重问题答案或结果的追寻，然而，学生面对的未知世界，更需要一种问题解决的态度和积极的反应。因此，未来小学数学"综合与实践"领域课程内容从问题化要走向项目化。着眼于学生与生活世界的紧密联系，让学生直面生活实际问题，给予学生一个完整的项目活动去探究、解决，而不是局限于某一具体的问题所进行的探究活动。项目化的发展走向旨在从学习流程上给予课程内容以规定性。项目化的课程内容依据生活实际问题的解决需求，这些内容更具有个性化和动态化，体现着一种未知与不确定性。然而，这种不确定性为小学数学"综合与实践"领域课程提出了更高的挑战，需要提供相对确定性的内容支架为学习搭建固定的流程，提供明确的活动目标。项目化体现出更高的课程综合性要求，它融合了多学科内容，提供给学生跨学科学习的活动经验，为学生提供了丰富多元的课程体验，彻底改变了学与教的方式，提升了学生思考和解决现实问题的能力，在一定程度上促进了学生核心素养的深度发展。①

四、小学数学"综合与实践"领域课程实施取向与挑战

（一）小学数学"综合与实践"领域课程实施取向

课程实施是指把课程计划付诸实践的过程，它是达成课程目标的基本途径。基于不同的课程取向和课程理解，形成了课程实施的不同价值取向，普遍的课程实施价值取向包括忠实取向、相互适应取向和创生取向。这三种不同的课程实施取向在课程内涵理解、课程实施本质和理论基础等各方面都各不相同。在不同课程实施取向的指导下，其课程实施具有其各自的特点。因而，需要对三种不同的课程实施取向进行比较，详见表4-1。

---

① 安富海.项目化学习的实践困境及改进策略研究[J].上海师范大学学报(哲学社会科学版)，2022,51(04):119-125.

表 4–1   三种课程实施取向比较

类别	理论基础	课程内涵	课程实施本质	课程变革过程	课程知识理解	教师角色
忠实取向	实证主义	课程是指体现在学程、教科书或教师教案等材料中有计划的内容。	课程实施是忠实地执行课程计划的过程。	课程变革的过程是一种线性过程。	课程知识是由课程专家在课堂之外创造、选择从而提供给教师。	教师是课程的"消费者",遵照课程内容进行教学。
相互适应取向	后实证主义	课程不仅包含体现在课程标准、教科书或教师教案中的有计划的具体内容,还包括学校和社会情境中各种因素。	课程实施是课程计划与班级或学校实践情境在课程目标、内容、方法、组织模式等方面相互调整、改变与适应的过程。	课程变革过程是一个复杂、非线性和不可预知的过程。	课程知识是由课程专家提供,但是在实施过程中会随着情境变化,得到调试,具有一定的弹性。	教师对课程具有主动、积极地改造、适应作用。
课程创生取向	建构主义	课程是教师和学生联合创造的教育经验。	课程实施是在具体的教学情境中创生新的教育经验的过程。	课程变革是教师与学生个性化发展的过程。	课程知识不是一件产品或一个事件,而是经验的不断建构过程。	教师和学生不是知识的接受者而是课程知识的创造者。

　　数学"综合与实践"领域的课程实施取向较传统内容领域有所不同,该课程内容领域的课程实施预示着数学课程的变革。因为,"综合与实践"领域超越了传统课程内容,是数学课程内容结构创新性变革的体现,既不同于传统课程知识内容的讲授学习,也不同于知识学习过程中的探索活动,更有别于数学课外活动组织,也不同于复习整理课或者传统意义上的数学应用题教学。这一课程内容领域旨在发展学生综合运用数学知识解决实际生活问题,

发展学生的跨学科思维，形成数学核心素养。其课程实施具有创生取向，凝结着师生的个性化发展与意义建构。数学"综合与实践"领域是教师和学生结合自身的个性化经验，联合创造教育经验的过程，富有个性化建构发展价值。数学"综合与实践"领域的课程实施体现出创生取向。

首先，小学数学"综合与实践"领域课程实施注重实践、注重综合，特别重视学生在活动过程中的自身"感受""经历""体验"，体现了课程实施过程中情境化的人格塑造与建构。小学数学"综合与实践"领域注重让学生主动参与数学实践活动，学生在亲身体验的过程中调用已有的知识经验，尝试解决问题，从而增强自我理解，积累活动经验。因而，在小学数学"综合与实践"领域课程实施过程中要凸显学生的主动建构。学生的主动建构包括对已有知识经验的综合、重组和改造，从而基于自我的理解，建构个人意义的知识内容。这是小学数学"综合与实践"领域课程实施的独特之处。小学数学"综合与实践"领域为学生参与社会实践，解决真实的生活问题提供了广阔空间。这促使数学学习具有了丰富的社会文化背景，数学学习不是简单的、纯粹的、抽象的，而是基于真实生活问题情境的，表明数学学习者需要在学习过程中产生社会性互动，其在学习过程中运用的材料、学具、学习环境等都具有社会复杂性，归属于集体经验范畴。小学数学"综合与实践"领域依靠主题活动形式，体现了知识不能脱离活动情境而孤立存在。小学数学"综合与实践"活动为学习、知识和智慧的形成提供了情境性空间，让学生通过实际的应用活动，真正理解数学知识。小学数学"综合与实践"领域完全体现出了建构主义要求，强调课程实施是师生共同的建构，课程知识是师生以活动形式创造出来的，尤其注重课程实施过程中的数学意义建构、价值理解和应用诠释。

其次，小学数学"综合与实践"领域不以现成的知识和技能传授为重，而是强调学生在具体的实践活动中学会发现问题、提出问题、分析问题和解决问题，获得数学活动经验。小学数学"综合与实践"领域以主题活动形式为主，帮助学生会用数学的眼光观察现实世界，会用数学的思维思考现实世界，会用数学的语言表达现实世界。小学数学"综合与实践"领域在数学活动过程中逐渐让学生学会剥离现实情境，通过问题解决的思维过程，最终抓住数学本质。小学数学"综合与实践"领域课程实施不仅仅是转变以活动形式学习数学的方式，丰富数学学习形式，更是帮助学生养成数学思维习惯，让学生面对实际生活问题时，能够积极做出回应。因而，从课程知识来源看，小学数学"综合与实践"领域没有现成的学习内容供师生获得，而需要师生在问题解决过程中调用已有的知识、经验和技能，并在活动过程中加深理解，增强应用意识，积累活动经验。

最后，小学数学"综合与实践"领域课程实施过程中，师生不再是知识的消费者，而是知识的创造者。教师具有对"综合与实践"领域教材内容的选择与重组权，教师可以依据学生的具体学情创造性设计主题活动；学生也可以自主开发与选择主题活动。小学数学"综合与实践"领域关注师生的个人生活经验，直面学生的生活世界，引导学生着眼于现实生活，关切学生感兴趣的、具有一定挑战性的、具有一定生活经验的主题活动。通过让学生经历完整的解决问题过程，感受数学知识应用价值与意义，并学会数学思考，感悟数学思维魅力，使其获得自主发展，能够提出创造性解决问题的方法。小学数学"综合与实践"领域课程实施中，学生不是知识的获得者，而是自我知识的建构者与创造者。该领域的课程实施中，课程内容与知识的选择与重组具有高度开放性，师生可以自主创造与生成。小学数学"综合与实践"领域的这种开放性为教师开发相应的主题活动提供了理论支持。

因而，小学数学"综合与实践"领域课程实施表现出创生取向。教师不是忠实的课程实施者，而是课程开发者，教师可以依据实际教学情况创编主题活动。师生成为共同的知识建构与创造者，而不是知识的消费者。小学数学"综合与实践"领域课程实施体现了教师对该课程领域的深度理解，并对现实情境做出反思性批判。教师在课程实施过程中作为行动者不断地反思、改进自我课程认知。教师也不断引导学生与现实生活世界对话，反思、应用数学知识解决问题。当然，坚持创生取向的课程实施必然对传统的"依纲照本"课程实施现象提出巨大的现实挑战。

（二）小学数学"综合与实践"领域课程实施挑战

1. 创生取向的课程实施带来的课程认识挑战

在传统的课程实施中，教师习惯于"依纲照本"，因而大部分教师把教材当作唯一的课程资源，意识不到自我课程开发的作用，更没有关注学生自主开发与创造的权利，进而让数学"综合与实践"领域流于形式。有教师认为数学"综合与实践"领域就是复习总结课，有教师认为数学"综合与实践"领域就是活动课，还有教师认为数学"综合与实践"领域就是课内外自学课。这些认识与理解完全忽视了数学"综合与实践"领域的目标价值，违背了数学课程改革的本意。创生取向的课程实施是课程顶层设计者、一线教师和学生之间的对话与理解的过程，是建立师生课程开发共同体的过程，是师生共同参与课程活动的过程，因此需要提升课程主体对创生取向课程实施的认知与理解，寻求课程实施的策略。首先，小学数学"综合与实践"领域的创生性课程实施取向需要教师完成课程内涵认识上的变革。"综合与实践"领域是课程内容结构变革的体现，是培养应用与创新人才的重要载体。该领域重在综合、重在实践，强调具身实践与情感体验，强调课程的拓展与整合。其次，小学数学"综合与实践"领域的创生课程实施取向需要教师明确课程知识的来源。课程知识不只是固定的、抽象的，由课程专家提供给教师使用的，课程知识还是由师生共同创造生成的。小学数学"综合与实践"领域课程知识是教师引导学生创造、发现的，是学生自主建构的、富于个性化的。最后，小学数学"综合与实践"领域的创生课程实施取向需要重新认识课程实施过程中师生的角色。教师和学生不仅是课程知识的接收者和消费者，更是课程知识的生产与创造者。教师具有重组、筛选和开发课程的作用，学生也是课程开发的主体之一，需要参与课程开发过程，提供课程设计的资源。教学是师生共同发展的过程，既需要关注学生的生活世界，也需要关注教师的个人历史经验。小学数学"综合与实践"领域强调教师的自由创造和学生的自主活动，课程的实施过程可看作师生对生活意义的诠释过程。

2. 创生取向的课程实施带来的课程评价挑战

对于忠实取向的课程实施，评价课程的标准是明确的，即对照课程标准检验是否一丝不苟地实施了"计划的课程"，课程实施具有评判的标准和尺度。然而，对于创生取向的课程实施而言，课程实施的过程是教师和学生共同创造与建构的过程，计划的课程成为师生课程创生的资源，课程只有经过师生的相互对话与交流，才能成为师生共同可以理解的课程，并转化为实际的教学情境和经验时才具有意义。师生成为实际教育情境变革的核心和主体。创生取向的课程实施具有明显的情境性和个性化特征，因而要求是不明确的，这为小学数学"综合与实践"领域课程评价带来了现实挑战。小学数学"综合与实践"领域课程实施中，"参与""体验""经历""感受""领悟"等都是主观性的、个性化的、差异化的，很难具有标准的客观评价。2022 年版课标虽然设置了学业要求，但是"综合与实践"领域是实现内隐性目标的重要载体，其达成的效果不容易评价。小学数学"综合与实践"领域是帮助学生积累活动经验，发展学生应用与创新意识的重要载体，旨在培养学生的数学"三会"综合素养。这些都需要在实践活动中动态生成。要想突破评价的难点，需要提升教师把握课程改革的能力，使其明确小学数学"综合与实践"领域的评价标准。首先，创生取向的课程实施要求教师明确课程内容，即明确综合实践活动需要解决的实际问题。其次，创生取向的课程实施要求突出学生主体性，关注学生在活动过程中的自主参与与全程参与。最后，创生取向的课程实施要求转变学习形式。"综合与实践"领域体现了做数学的基本理念，转变了传统的知识技能学习方式，注重学生的实际体验过程，关注学生在教学过程中的全面发展，以及经验的创造过程和思维的创新过程。

3. 创生取向的课程实施带来的课程实施条件挑战

数学"综合与实践"领域因其具有"综合"与"实践"的特点，所以课程实施需要突破传统的固定课堂教学模式，突破时空限制，有时候需要走出教室、走出学校，走向社会去开展活动，因而课程实施需要充足的条件保障。小学数学"综合与实践"领域课程实施需要从各方面开拓适宜的课程实施条件，不仅要有丰富的课程资源条件，还需要有力的制度保障。2022 年版的义务教育数学课程标准修订提出要增加 10% 的数学课程课时开展跨学科学习，诸如此类的规定与要求，为数学"综合与实践"领域的课程实施提供了制度化条件保障。创生取向的课程实施为小学数学"综合与实践"领域课程实施带来了更加严苛的课程实施条件方面的挑战。为突破传统，更好地改变与落实"综合与实践"领域的教学要求。首先，小学数学"综合与实践"领域课程实施要彻底转变教育观念。相对于其他领域而言，该领域更是顺应时代挑战的课程形态，师生需要高度重视与理解，不能因其评价标准的缺失或者隐匿性而被忽视。"综合与实践"领域是以主题活动形式展开的数学学习的过程性学习方式，而不是为了活动而开展的花哨形式，更不是学生课后自学的内容。其次，小学数学"综合与实践"领域在创生取向课程实施要求师生共同创造丰富的课程资源条件。课程资源包括文本资料、信息技术资料、环境与工具资源等。师生需要发挥建构与创造的能力，基于课程内容从具体情境中开发与拓展课程实施条件。最后，小学数学"综合与实践"领域要加强落实课程实施的制度保障。依据课程标准纲领性文件，严格课时要求，学校要制定具体的课时计划保障"综合与实践"领域的课程实施的课时管理制度，以学校为依托建立与社会机构的合作制度，从而更好保障小学数学"综合与实践"领域的课程实施。

第五章　小学数学"综合与实践"领域课程
　　　实施现状调查

　　如前所述，数学"综合与实践"领域是数学课程的重要组成部分，是培养学生综合素养的有效路径，尤其是培养应用与创新意识的重要载体。我国义务教育数学课程设置"综合与实践"领域已历时二十年之久。那么，小学数学"综合与实践"领域的实施现状到底如何？本章旨在以第四章的研究为理论框架，对照考察小学数学"综合与实践"领域的现实样态与存在的本质问题。基于量化研究和质性分析相结合的研究范式，具体采用问卷调查、访谈调查、课堂观察的方法，从教师、学生及课堂教学视角分析小学数学"综合与实践"领域的实施现状。本章借助自主设计的研究框架和编制的研究工具，回收有效《小学数学"综合与实践"领域课程实施现状调查问卷（教师用）》4194 份，访谈教研组长 3 位，普通教师 3 位，学生 9 名，进行了 10 节课的参与式课堂观察，涉及北京、浙江、重庆、陕西、甘肃、青海六省市。通过多样化的研究方法全面了解小学数学"综合与实践"领域的实施成效，明确存在的问题，分析问题的成因。为精准建构小学数学"综合与实践"领域课程实施模式找准立论的现实依据。

一、小学数学"综合与实践"领域课程实施现状

　　对小学数学"综合与实践"领域课程实施现状的刻画主要包括认知理解、价值认同、实践操作和情感体验四个维度。认知理解维度的设计目的在于了

解教师对该领域的课程本体的认识与理解，对课程内涵与特征的理解与把握情况。价值认同维度的设计目的是了解教师对数学"综合与实践"领域的课程价值认同程度，及其对该课程价值、目标的具体认知情况。实践操作维度的设计目的在于从教学设计、目标确定、教学次数、活动形式等方面，了解小学数学"综合与实践"领域课程实施程度。情感体验维度的设计目的是考察师生在数学"综合与实践"领域教学过程中的情感状态、体验感受等。对不同学历、不同教龄、不同职称、不同地域的教师的小学数学"综合与实践"领域课程实施进行差异性分析，并访谈了解不同年级学生的课程认知与课程实践感受。整体上，本研究基于师生的理论认识与实践操作视角对小学数学"综合与实践"领域课程实施现状进行描述。从认知理解、价值认同、实践操作和情感体验设置编码体系开发调查研究工具。通过问卷调查的量化描述与分析，以及课堂观察及访谈的质性分析全面刻画小学数学"综合与实践"领域课程实施现状。

便于清晰展示小学数学"综合与实践"领域课程实施总体情况，对调查所得数据进行描述性统计，依据问卷的四个维度依次进行统计，结果详见表5–1。

表 5–1　小学数学"综合与实践"领域课程实施情况调查总表

问卷维度	M	SD
认知理解	3.43	0.52
价值认同	4.35	0.82
实践操作	2.43	0.89
情感体验	3.12	0.97
问卷整体	3.06	0.947

由上表可知，问卷中价值认同维度得分较高，表明在课程实施过程中一线教师对小学数学"综合与实践"领域课程价值认同度很高。认知理解和情感体验维度得分一般，表明一线教师对小学数学"综合与实践"领域的课程认知理解水平和情感体验状态一般。实践操作维度得分较差，表明在小学数学"综合与实践"领域课程实施过程中一线教师的实践操作水平较低。

（一）师生对小学数学"综合与实践"领域的认知理解不到位

1. 教师不能全面理解小学数学"综合与实践"领域的课程理念

通过调查研究发现一线教师知道小学数学"综合与实践"与"数与代数""图形与几何""统计与概率"共同构成了数学课程内容。只有部分教师知道"综合与实践"领域是培养学生问题意识、应用意识和创新意识的重要载体。访谈中 J1 教师认为数学"综合与实践"是培养学生适应未来生活综合素养的有效路径，要基于真实的生活问题，让学生自主解决。J3 教师认为数学"综合与实践"领域课程就是要让学生体验活动，不是去听老师说，不是去按照老师的要求做，而是自己想办法去做，思维与身体同时动起来。J5 教师认为数学"综合与实践"领域教学中不仅要体现活动性、兴趣性、融合性，更应该关注学科本质，体现学科性。主题式教学是落实小学数学"综合与实践"领域的很好形式，"综合与实践"领域的活动是日常教学活动的基本形式。通过访谈分析发现一线教师对小学数学"综合与实践"领域课程的认识主要基于对课程标准的阅读，只是涉及某个方面，并没有全面理解其课程理念。

通过问卷调查发现，一线教师对数学"综合与实践"领域课程的认识理解在职称、年级、地域三个方面存在不同程度的差异。具体数据如表 5-2 所示。

由表中数据可知，对小学数学"综合与实践"领域课程认知理解水平，

表 5-2　小学数学"综合与实践"领域课程认知理解维度差异性分析

方面	分类	认知理解M(SD)	t	Sig
职称	三级	3.38(.54)		
	二级	3.55(.82)		
	一级	3.62(.53)	0.467*	.032
	高级	3.80(.46)		
	正高级	3.77(.81)		
年级	一年级	3.86(.54)		
	二年级	3.75(.82)		
	三年级	3.88(.53)	0.146	.062

续表

方面	分类	认知理解M(SD)	t	Sig
年级	四年级	3.90(.46)		
	五年级	3.79(.81)		
	六年级	3.48(.59)		
地域	北京 + 浙江	3.86(.45)		
	重庆 + 陕西	3.36(.85)	7.146**	.000
	甘肃 + 青海	2.98(.58)		

在地域方面存在显著性差异（p=0.000<0.01），在职称方面存在差异（p=0.032<0.05），在年级方面不存在差异性（p=0.062>0.05），表明不同职称等级的教师对小学数学"综合与实践"领域课程的认知理解程度不同。通过对具体题项"您了解小学数学'综合与实践'领域"的统计，发现77%的高级职称教师选择了非常符合选项，51%的正高级职称教师选择了非常符合选项，三级职称的教师中仅有24%的选择了此项，61%的教师选择了一般选项，说明教师职称等级高，对小学数学"综合与实践"领域课程认知理解水平相对较高。

2. 教师了解小学数学"综合与实践"领域的主要渠道是数学教材、教参和课程标准

教师认识和了解小学数学"综合与实践"领域的途径多样，具体的了解途径如图 5-1 所示。

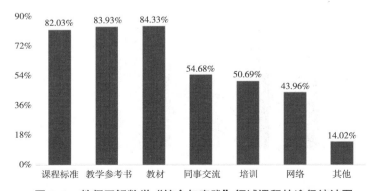

图 5-1　教师了解数学"综合与实践"领域课程的途径统计图

由上图可知，教材、教学参考书、课程标准是一线教师了解"综合与实践"领域的主要途径。J3 教师认为数学"综合与实践"领域的内容主要是教材中编排的带星号内容、数学广角、问题解决等，主要通过阅读配套的教学参考书来了解具体的数学活动设计，包括具体的活动程序、指令等。J6 教师说："我通过研读数学课程标准了解数学'综合与实践'领域，课标要求一学期至少一次。课标中也列举了一些活动案例。"通过教师访谈，发现教师对教材中的内容理解不到位，有的教师认为数学广角属于"综合与实践"领域，有的认为不是；有的认为只有带星号的实践活动为"综合与实践"领域的内容；还有的教师根据教学参考书的说明理解"综合与实践"领域。受了解途径制约，教师对数学"综合与实践"领域的理解仅仅是根据教材、教学参考书提供的素材，了解一些数学活动，参照教学参考书给出的活动指令，引导学生实践操作，这直接影响着教师对数学"综合与实践"领域的理解水平。仅仅参考现有的活动设计，不利于教师深入理解数学活动本质，遵照活动流程执行活动指令是一种反活动形式。

3. 教师普遍认为小学"综合与实践"领域具有综合性、实践性特征

教师对小学数学"综合与实践"领域的理解认识还集中体现于对其特征的把握上。通过问卷调查发现，一线教师普遍能把握小学数学"综合与实践"领域的综合性和实践性特征。关于特征调查的具体情况如图 5-2 所示。

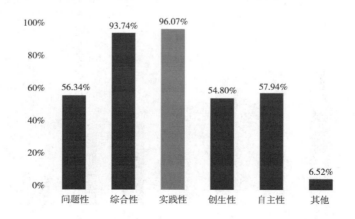

图 5-2　教师对小学数学"综合与实践"领域课程特征把握情况统计图

由上图可知，一线教师认为小学数学"综合与实践"领域的基本特征是综合性与实践性。对于该领域的自主性、创生性、问题性的理解认同度也都在50%以上。总之，一线教师基本能把握其基本特征，凸显实践性和综合性，相对关注自主性。然而，小学数学"综合与实践"领域的一个重要特性是创生性，课程标准没有明确设置具体的课程内容，只是提出了一些要求和案例，需要教师根据实际教学情况进行课程设计与组织。目前不同版本的数学教材编写了不同的"综合与实践"领域的内容。通过访谈发现，教师无法适应、不能理解课标中的要求。教师应尝试不受教材限制，依据具体的教学现实进行设计与重组。一线教师认为课标对小学数学"综合与实践"领域的要求和考评都相对模糊，具体的活动设计、教学目标都难以完成。这对教师理解认识小学数学"综合与实践"领域造成困扰，无法把握该领域的本质特征。

4. 学生将数学"综合与实践"领域与综合实践活动课程相混淆

在访谈调查中发现，学生完全不知道数学"综合与实践"领域，常与综合实践活动课程混淆，必须结合具体的教材内容才能交流。与学生访谈中学生提到不同版本教材中的具体栏目，包括数学广角、星号选学、数学好玩等，涉及的具体内容包括数字编码、我们的校园、打电话、一亿有多大、滴水实验、班级旧物市场等。访谈发现学生对小学数学"综合与实践"领域课程的理解关键词包括有趣、自主、可操作、有成就感、交流、分享等。这表明学生对该领域的理解认知超越了具体的数学内容知识理解与掌握，上升到综合能力与素养的提升层面，认为数学"综合与实践"领域是充满趣味、可以自主行动、具有挑战性的课程内容。访谈中X1学生说："数字编码的活动课我们上过，很有意思。我们可以自己实践调查……"X3学生说："我们的数学课活动很多。每一次我们每个同学都可以发言，都可以分享。我比较喜欢具有趣味性的活动，如果多多组织像制作简易计时器这样的活动，我会更喜欢数学。"但是，存在的认识误区是将其等同于综合与实践活动课程。X6学生说："我不知道数学课程中的'综合与实践'领域，是不是就是综合实践活动课呢，长途跋涉被带到所谓的实践基地开始一些无聊的活动实践活动就是做做手工、讨论交流、小组合作完成。"学生认为考试不考，其实上不上都无所谓了。

（二）师生对小学数学"综合与实践"领域课程价值认同度高

教师对小学数学"综合与实践"领域课程价值认同度很高。87%的教师认为有必要在小学数学课程中设置"综合与实践"领域，并且认为其有重要的价值意义，值得在教学中组织数学活动。调查问卷基于教师自身教学素养提升和学生发展两个维度，调查教师对数学"综合与实践"领域的课程价值理解，具体情况如图5-3所示。

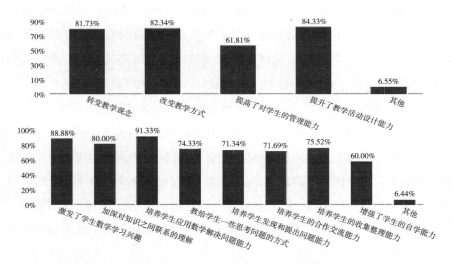

图5-3 "综合与实践"领域对师生的帮助条目统计图

对于教师自身，80%以上的教师认为数学"综合与实践"领域对提升自身数学活动设计能力、改变教学方式、转变教学理念方面具有帮助作用；90%左右的教师认为对学生理解知识间的联系和激发学生的数学学习兴趣方面具有帮助作用；94%的教师认为小学数学"综合与实践"领域对培养学生的应用意识意义重大。

1. 教师对小学数学"综合与实践"领域的课程价值理解

小学数学"综合与实践"领域课程实施与教师的认知理解水平、价值认同程度、实践操作和情感体验四个维度都存在相关关系，并且为正相关。具体相关数据如表5-3所示。

表 5-3 现状调查各维度之间的相关性分析

问卷维度	认知理解	价值认同	实践操作	情感体验
认知理解	1.000			
价值认同	0.579**	1.000		
实践操作	0.48*	0.532**	1.000	
情感体验	0.328	0.293	0.575**	1.000

研究表明，教师在调查问卷设置的四个维度之间都存在相关关系。彼此间的相关关系程度各不相同。一般意义上，相关系数＞0.4 则表示关系密切。依此可判断出，教师的价值认同程度与教师的理解水平之间存在密切相关关系，教师的价值认同与教师的实践操作之间存在密切关系。

教师普遍认为小学数学"综合与实践"领域对自身的数学教学活动设计能力提升具有重要的作用。这表明教师认为小学"综合与实践"领域的实施重点在于组织、设计丰富的数学活动。通过相关分析可知，教师的课程价值认同程度与实践操作密切相关。结合访谈发现，对课程价值认同度高的教师会更认真地精心设计与组织实践活动，会充分设计数学活动，活动内容丰富、活动形式多样。教师对小学"综合与实践"领域的课程价值认同影响着教师的教学实践，80%以上的教师认为"综合与实践"领域的课程价值突出体现为改变教学方式、转变教学观念。由此可见，数学"综合与实践"领域作为我国数学课程内容结构的特色与创新，得到了教师的认可与理解。91.29%的教师认为数学"综合与实践"领域的课程价值体现于帮助学生综合运用数学知识与技能，80%以上的教师选择了加深数学知识间的联系和激发学生数学学习兴趣两个方面。可见，教师意识到了小学数学"综合与实践"领域的整合价值和激趣价值。教师们还普遍认为小学数学"综合与实践"领域的课程价值具体表现为培养学生自主思考、合作交流、发现并提出问题等方面。

2. 学生对小学数学"综合与实践"领域的课程价值理解

通过访谈发现，学生们认为小学数学"综合与实践"领域的课程价值主要体现于激发学生数学学习兴趣。访谈中 X2 学生说："'上学时间''班级旧物市场'这些很有趣，大家会想到很多办法。老师还会布置一些活动回家和爸爸、妈妈一起完成，太有意思了。"访谈中大部分学生都感觉数学"综合与实践"领域中的数学活动很有趣，想多开展一些数学活动。深入访谈，知悉学生感觉有趣、好玩是因为这些活动是源于自己的生活世界，真正地帮助其解决了实际的生活问题，在解决问题的过程中感受到了生活与数学的密切联系。正如 X5 学生说："纸上得来终觉浅，觉知此事要躬行。我们参与了一次'一千米，有多长'的数学实践活动课，太有意思了。活动前，我完全不知道一千米到底有多长？要走多久？所以，我特别期待走一走，试试看。这样的活动让我感觉学习数学很有趣，不枯燥，感觉数学里藏了很多生活秘密。"在运用数学知识与技能解决问题时还跨越学科界限，结合其他学科的知识，是一种复杂的、综合的思维过程。由此，可见学生对数学"综合与实践"领域的课程价值认同具体体现于自主解决真实的生活问题，转变了数学的学习方式，数学不仅仅是死板、僵硬的数字与符号的组合与排列，更是充满智慧的、复杂的、跨越学科的、真实的思维碰撞与素养提升。

（三）小学数学"综合与实践"领域在实践操作维度存在显著地域差异

以教师的认知理解、价值认同和情感体验为自变量，对小学数学"综合与实践"领域课程的实践操作进行回归模拟预测，预测拟合度为 0.461。说明认知理解、价值认同和情感体验可以解释小学数学"综合与实践"领域的具体实践操作 46%。详细分析结果如表 5-4 所示。

表 5-4　实践操作维度的回归分析

	非标准化系数		标准化系数	t	p	VIF	R^2	F
	B	标准误	Beta					
常数	3.803	0.096	–	39.614	0.000	–		
认知理解	0.493	0.013	0.635	37.923	0.000	1.666		F=48.811
价值认同	0.094	0.018	0.102	5.222	0.037	1.678	0.461	P=0.000
情感体验	0.267	0.032	0.342	8.343	0.000	1.567		
因变量：实践操作								

线性回归分析结果 n=4194

从 F 检验的结果分析可以得到，显著性 P 值为 0.00*，水平上呈现显著性，拒绝回归系数为 0 的原假设，同时模型的拟合度 R^2 为 0.461，模型表现一般，因此模型基本满足要求。对于变量共线性表现，VIF 全部小于 10，因此模型没有多重共线性问题，模型构建良好。模型的公式如下：y=3.803+0.493 认知理解 +0.049 价值认同 +0.267 情感体验。总体上，实践操作维度受认知理解、价值认同和情感体验的影响。

通过问卷调查发现，一线教师对数学"综合与实践"领域的实践操作水平在职称、年级、地域三个方面都存在显著性差异。具体数据如表 5-5 所示。

表 5-5　实践操作维度差异性分析

方面	分类	实践操作 M（SD）	t	Sig
职称	三级	3.78（.84）		
	二级	3.13（.72）		
	一级	3.02（.28）	−5.867***	.000
	高级	3.86（.70）		
	正高级	3.93（.47）		
年级	一年级	3.78（.84）		
	二年级	3.83（.73）		
	三年级	3.92（.21）	−5.678***	.000
	四年级	3.87（.70）		
	五年级	3.03（.45）		
	六年级	2.98（.28）		
地域	北京 + 浙江	3.23（.48）		
	重庆 + 陕西	3.03（.68）	−11.786***	.000
	甘肃 + 青海	2.23（.88）		

由上表可知，低职称教师和高职称教师在实践操作维度的得分相对较高。从具体的答题选项比例统计结果看，正高级和高级职称教师实际的数学实践活动组织次数较多，态度也比较积极。三级职称教师组织次数最多，对小学

数学"综合与实践"领域的教学态度很热情。访谈和课堂观察发现低职称教师对"综合与实践"领域的实践操作会更加认真,活动准备也比较充分;高职称教师对"综合实践"领域的实践操作更加得心应手,对数学活动的设计与组织更加自如、问题设计更贴切。实践操作维度在学段上表现出低学段从低年级到高年级得分逐渐升高,高学段从低年级到高年级得分逐渐降低。说明,教师们认为低学段需要更多丰富的数学活动激发数学学习兴趣,高学段由于学业评价限制,更注重数学知识的学习与掌握,认为组织数学活动太浪费时间。地域分布上,小学数学"综合与实践"领域的课程实践操作水平存在差异。

1. 教师都能完成至少一次的"综合与实践"活动内容

调查研究表明,教师在具体实践操作过程中能按照课程标准的基本要求完成至少一次。教师在实践操作过程中实际实践次数少于期望实践次数,详见图5-4。

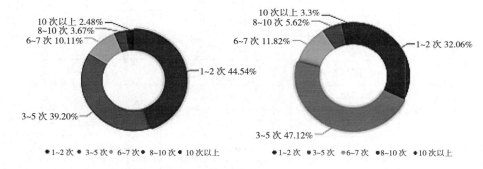

图5-4 实践次数统计图(左图为实际次数,右图为期望次数)

由上表可知,教师具有增强小学数学"综合与实践"领域教学实践次数的愿望,说明教师很认可"综合与实践"领域的活动教学形式。通过进一步访谈发现大部分教师认为该领域的教学活动组织起来比较费课时,担心完不成教学任务,跟不上学校统一的教学进度。因而,在实际教学中会放弃组织这样的活动。

2. 教师普遍认为组织"综合与实践"领域的教学活动比较占用课时

通过问卷调查和访谈,教师认为数学"综合与实践"领域需要占用大量的课时,设计、组织并完成一次数学实践活动耗时、耗力。访谈中J4教师说："教学的主要问题就是时间问题。小学数学教学中首先要解决的就是基本数学知识的掌握。如果每个知识点的教学都采用实践活动方式呈现出来的话，就特别费时间。事实上没有那么多课时去做。教师基本都是很努力地确保基本知识教授完了之后，再去做。所以，一般在教学过程中对"综合与实践"领域的教学组织基本上是草草了事的。"有些教师在教学过程中会根据教学进度安排，自行调整课时。有时候会适当拓展课时，有时候会缩减课时。正如J6教师所说："说实话确实很困难，课堂上基本上不会去花费时间去做，会放到课后去让学生实践、操作。"表明，数学"综合与实践"领域的有效实践前提是拥有充足的课时容量，需要在数学课程计划中设置足够的"综合与实践"活动课时，进一步提升教师数学"综合与实践"领域的教学活动组织、实践能力，保质保量地完成数学"综合与实践"领域的目标要求。

3. 教师尝试采用多种形式组织数学实践活动

通过调查发现，目前教师对数学"综合与实践"领域的教学活动组织逐渐重视起来，在具体的实践过程中尝试丰富的组织形式。80%以上的教师以数学探究和数学游戏为常见的数学实践活动形式，提高学生的自主参与度与积极性。90%以上的教师选择以小组合作的形式组织教学实践。访谈中教师们也认为小组合作是提高小学数学"综合与实践"领域教学效率的有效方式。学生之间建立活动任务共同体，分工协作，发挥各自特长完成数学活动。教师也通过教研探索，采用主题活动、项目式、课题学习的组织方式。限于小学阶段学生发展特点，在不同的学段和年级会有不同的组织形式。

4. 教师不愿意选择"综合与实践"领域的内容去参加赛课活动

通过与教师的深度访谈，发现教师在参与一些公开课、课堂教学比赛等活动时，常常不愿意选择"综合与实践"领域的内容。访谈中J1教师说："教师在公开课或者赛课时不愿意单独选择这个课程的内容，因为这个领域的课时、内容、活动、实践都不太好把握。但是在课堂上经常看到学生动手操作，剪一剪、拼一拼、画一画等一些具体的数学活动。"由此可见，该领域相对开放，实践起来内容、活动设计、教学时间、评价等都不好把握，导致教师感觉力不从心，实践起来困难重重，从而没有形成常态化实施小学数学

"综合与实践"领域的局面。教师认为由于数学"综合与实践"领域具有综合性、实践性、创生性特点，在课堂教学中会出现很多意外问题，没有接受过专门的培训是无法处理和应对这些挑战。因而，教师不会选择这样的内容参与比赛。与 J3 教师的访谈交流也可印证这一点。"教研活动中，教师会经常提出一些关于'综合与实践'领域的实际教学问题。例如课前学具的准备问题、课堂中学生的实践操作时间问题、学生组织管理问题等。平时，教师多是唱"独角戏"，形式化地让学生自己动手，无法真正体现其价值。"

（四）小学数学"综合与实践"领域在情感体验维度存在师生差异

1. 教师感觉组织一次数学"综合与实践"活动比较有成就感

访谈中发现，教师们普遍认为组织一次数学"综合与实践"活动很困难。活动的设计与课前准备需要考虑很多事情，还要设计一些独特的学具。感觉完成一次实践活动特别累，尤其在学生管理方面需要耗费很多精力，并且组织一次活动需要很多时间。与教师访谈的重点情感体验词如图 5-5 所示。

图 5-5　教师情感体验词云图

2. 学生感觉完成一次数学"综合与实践"活动比较开心

访谈中发现，大部分学生感觉参与完成数学"综合与实践"活动时，感觉很开心，比较喜欢以数学活动的形式学习数学，比较适应"综合与实践"领域的教学形式。数学"综合与实践"领域课程的主要目的是让学生面对真实的数学问题，综合运用数学思想方法，积淀跨学科的思维智慧，自主探究并参与自主解决问题的过程。在富有挑战性的问题解决过程中，促进学生思

维的发展，让学生体会失败、尝试、反思、成就等丰富的情感体验。与学生
访谈的重点情感体验词如图 5-6 所示。

图 5-6　学生情感体验词云图

通过调查研究，发现小学数学"综合与实践"领域设置近二十年以来在
实施过程中既取得了一些成效，也存在一些问题。基于问卷调查的量化研究
和师生访谈、课堂观察的质性分析，梳理小学数学"综合与实践"领域的教
学取得的成效与存在的问题。结合实施过程中的一些具体问题分析影响实施
的主要因素，为实践模式的建构提供理据。

二、小学数学"综合与实践"领域课程实施取得的成效

小学数学"综合与实践"领域设置二十年之久，虽然具体的课程实施过
程中存在诸多问题，但在某些方面也取得了一定成效。本研究发现小学数学
"综合与实践"领域课程实施成效主要体现在课程理念、课程资源和课程活动
形式三个方面。

（一）小学数学"综合与实践"领域课程理念逐步明确

1. 小学数学"综合与实践"领域课程性质与价值得到普遍认同

随着课程改革的深化发展，基础教育阶段的价值取向由单一的社会本位
价值取向转向"以学生为本"和"学生的全面发展"的价值取向，并以落实
立德树人根本任务为基准全面实施基础教育课程。数学课程作为基础教育阶

段的核心课程必然顺应教育发展的基本要求。研究发现，教师与学生作为课程实施的主体，对小学数学"综合与实践"领域的课程性质和价值高度认同。教师普遍认为"综合与实践"领域是对传统课程内容的突破与创新，该领域强调了对学生综合素养的培养和综合能力的提升。普遍认同小学数学"综合与实践"领域既是我国数学课程的创新形态，又是深化教学改革的难点。小学数学"综合与实践"领域是一门综合性、实践性和经验性课程，是培养学生数学"三会"素养的重要载体。小学数学"综合与实践"领域为转变学生学习方式提供了广阔的空间。该领域紧密联系学生的生活实际，让学生面对真实的问题，综合运用已有知识和经验，在参与解决问题的实践过程中积累活动经验，发展跨学科思维，形成生活智慧。

在问卷调查中，92.2%的教师认为十分有必要在小学阶段设置数学"综合与实践"领域。与教师的访谈中，教师们普遍认为该领域价值意义非凡，值得深入推进。这与教师的访谈表述一致，正如 J2 教师所说："小学数学"综合与实践"领域作为数学课程改革的标志性产物，对数学教育具有重要意义。我认为学生未来发展需要的就是综合素养，需要一种能对未知问题做出积极反应的能力。数学"综合与实践"领域课程就是培养学生综合素养的重要载体，是未来数学教学努力发展的趋势。"与学生访谈，大部分学生认可数学"综合与实践"领域的价值意义，认为该领域丰富了数学课程内容，激发了其数学学习兴趣，让其感受到数学与现实生活的紧密联系。如 X4 学生所说："以数学活动形式学习数学知识很有意义。我喜欢这样的学习方式，希望老师多设计这样的数学活动。"学生认为数学"综合与实践"领域转变了数学学习方式，给予数学学习更加开放、自由的学习空间。让数学学习不仅仅拘泥于标准的数学解题，数学学习可以跨越学科限制，在复杂、真实的现实问题中，突破数学思维，全面发展，积淀丰富的活动经验，增长生活智慧。

2. 小学数学"综合与实践"领域课程基本理念得到认可

通过调查研究和课堂观察，发现师生对该领域的理解认识不全面，课程方向把握不准确。但是，师生很认可小学数学"综合与实践"领域的基本理念。小学数学"综合与实践"领域以问题为载体，是学生自主参与的学习活动，对培养学生的核心素养，尤其应用意识、创新意识和模型意识具有重要意义。在实施过程中注重学生全程参与，注重学生实践，调动学生多感官参与，积极地动脑、动手、动口。伴随着小学数学"综合与实践"领域课程实施，教师逐渐转变了"注入式"讲授的习惯，在组织综合实践活动课时，积极发挥着引导者、促进者、合作者、评价者的作用，充分体现学生主体地位。在数学活动指导过程中，帮助学生从盲目、无知、无序的自发学习状态转向坚定、有序、规范的学习之中。教师逐渐形成小学数学"综合与实践"领域课程不是教师教出来的，而是学生"做"出来的基本理念。

（二）小学数学"综合与实践"领域课程资源与生活世界密切相关

通过访谈和课堂观察发现，小学数学"综合与实践"领域的活动内容与生活密切联系。不同版本的数学教材都选择与实际生活息息相关的素材，围绕学生所能遇见的现实生活问题编排数学综合与实践活动课程。各版本小学数学教材中开发了丰富的课程内容。各版本中小学数学"综合与实践"领域的素材来源统计如表5-6所示。

表5-6 四版本小学数学教材中"综合与实践"内容素材来源比较[①]

教材版本＼素材来源	校园	家庭	社会	自然	无背景
人教版	7(35%)	1(5%)	3(15%)	1(5%)	8(40%)
北师版	8(61.53%)	2(15.39)	1(7.69%)	1(7.69%)	1(7.69%)
西师版	17(48.57%)	9(25.72%)	7(20%)	9(25.72%)	0(0%)
苏教版	12(34.28%)	5(14.29%)	1(2.86%)	3(8.57%)	14(40%)

依据上表可知，各个版本数学教材在"综合与实践"领域这一特殊板块中，开发了不同主题活动，选用不同方向来源的素材作为内容载体。不同版本的教材对"综合与实践"领域的内容单元命名不同于其他领域内容板块。"综合与实践"领域的单元命名相对于其他单元，更具活动性和趣味性，主要

---

① 曾令鹏. 小学数学综合与实践活动课程实施研究［M］. 广州：广东高等教育出版社,2020：33-34.

围绕学生熟悉的生活事物，创设了一些生活现实场景和角色，从学生的主体感觉出发，给"综合与实践"领域命名。命名突出趣味性、丰富性的形容词，以此引起学生的兴趣与注意，凸显其特殊性。从宏观上看，各个版本教材"综合与实践"领域编写的标题简洁有趣，能激发起学生的探究欲望；从微观上看，各个版本教材"综合与实践"领域与学生的生活世界密切关联，是对"数与代数""图形与几何""统计与概率"三个领域知识的延伸、补充、整合与拓展。在课程内容上突出了"综合与实践"领域的重点不是考量学生的数学知识掌握，而是帮助学生积累数学活动经验，形成跨学科思维，积淀生活智慧，凸显过程性。教材内容编写注重活动过程的详细步骤，让学生明白数学知识与生活的联系，让学生面对未知问题时能够积极地做出回应。

人教版教材中的"我们的校园""小小设计师""数学乐园"等主题活动，可充分体现数学"综合与实践"领域内容与学生现实生活的紧密联系，引导学生从真实的生活环境和学习过的熟悉知识中总结、思考展开数学学习活动。北师大版教材中的"综合与实践"领域使用了统一的"数学好玩"标题。在每个标题下面设计了小课题，例如"重复的奥秘""搭配的学问""寻找身体上的数学秘密"等，这些主题活动不仅蕴含了某些方面的数学知识，还充满了活动趣味。西师版教材中基本每册都标明了"综合与实践"字样，可明确地知道哪些内容属于"综合与实践"领域。例如"体验千米"、"做一个家庭年历"、"家庭用电调查"等，都是设计了具体的生活情境，学生可通过熟悉的生活事物进入数学学习情境，获得更多与数学相关的知识与经验，还可拓展运用其他学科的知识内容，进一步丰富数学活动经验。苏教版教材编排中没有出现"综合与实践"字样，但是采用了趣味性的活动内容标题，作为"综合与实践"领域的内容。例如"了解你的好朋友""运动与身体变化""钉子板上的多边形"等，从学生自身出发激发数学学习兴趣，设计学习情境，采用丰富、有趣的活动标题。

总体上，各版本教材都以有趣、丰富、简洁的主题活动作为小学数学"综合与实践"领域的内容。从各个版本教材的内容编排可见，"综合与实践"领域的课程资源开发坚持紧密联系学生的生活世界，围绕学生熟悉的事物、场景进行主题活动开发。尽管有些内容并不是特别贴近现代学生的生活世界，但是通过调查研究、教材文本分析，发现小学数学"综合与实践"领域课程资源开发坚持与生活实际密切相关的基本原则，小学数学"综合与实践"领域与现实生活紧密联系。教师在具体的内容重组与活动设计过程中也会积极改编，使数学综合与实践活动更加贴近学生面对的真实生活情境。

（三）小学数学"综合与实践"领域课程活动形式丰富多样

不同的教育形态，给予受教育者不同的生活方式。选择了什么样的教育，就选择了什么样的生活方式。注重学科知识掌握的教学方式，赋予学生的生活方式是基于理性分析的生活态度，让学生过一种理性的生活，注重综合实践活动的教学形式，为学生搭建了超越学科传统知识结构的学习空间，为学生创设了自主、探索、实践的生活情境，让学生建立一种批判、反思、积极应对的生活态度，让学生过一种真实、丰富的生活。

小学数学"综合与实践"领域就是要让学生通过真实的活动体验，发现数学的奥秘，数学与现实生活的联系，数学与未来世界的关系。通过调查发现，小学数学"综合与实践"领域的活动形式丰富多样，通过"您实施数学'综合与实践'领域采用哪些活动形式?"这个题项，得知教师采用数学游戏、数学实验、数学探究、数学调查、设计与制作等数学活动形式。具体的统计数据如图 5-7 所示。

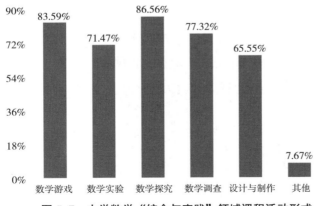

图5-7　小学数学"综合与实践"领域课程活动形式

通过问卷调查，80%以上的教师选择采用数学探究和数学游戏形式，组织小学数学"综合与实践"领域的实践活动。数学实验和数学调查的选择率70%以上，设计与制作形式的选择率60%以上。由此可见，教师采用的课程活动形式丰富多样。通过访谈，教师会依据不同的学段和年级选择不同的活动形式。在低年级会采用更富趣味性的活动形式，吸引学生的注意力，激发学生的活动欲望，调动活动积极性。低学段的学生比较活泼好动，善于动手、动口，但是想法奇异，有时候会不着边际，因此要适当注意活动的约束与管理，不能太过于游戏化，以至于失去活动反思与经验积累，完全成为欢乐活动。高学段的学生，心智逐渐发育，善于动脑，不善于动口。因此，需要设计一些复杂、具有挑战性的数学探究活动，让学生不断地思考、尝试、反思、交流、建构；调动学生的积极性，不断地表达自己的观点，在讨论交流的过程中碰撞出思维的火花，激发创造性灵感。由此可见，小学数学"综合与实践"领域课程活动形式设计更费心思，别具风格，并且在不断的实践中积累经验，形式越发多样与丰富。

三、小学数学"综合与实践"领域课程实施存在的问题

小学数学"综合与实践"领域有别于数学知识的探索活动，有别于教师的讲授活动。"综合与实践"领域作为我国数学课程改革与发展的创新课程形态，给教学实践带来了理解认识、能力适应、价值评价、课时保障等诸多方面的挑战。虽然小学数学"综合与实践"领域设置二十年之久，师生对该领域的课程价值认同度也逐渐提高，但是在具体实践过程中仍然存在一些具体的问题。因此，需要通过具体的调查数据分析，聚焦教学实践中的具体问题。

（一）课程资源开发利用不力

小学数学"综合与实践"领域课程资源是活动课程实施的载体。课程资源的开发利用情况直接影响着课程实施。但是，目前小学数学"综合与实践"

领域课程资源短缺，并且开发利用研究不足，严重制约着课程实施。本研究发现的课程资源开发利用不力问题，主要表现在课程资源视野狭窄、课程资源开发意识薄弱和课程资源利用单一三个方面。

1. 课程资源视野狭窄

小学数学"综合与实践"领域的活动资源是困扰一线教师教学的主要问题，通过调查研究发现教师的课程资源视野狭窄。课程资源包括运用到教学活动中的各种资料和材料，课程资源可以促进教学活动更好的开展。小学数学"综合与实践"领域课程资源主要是提供给师生使用的活动材料，便于实践活动的组织与操作。依据不同的分类标准，课程资源可以分为不同类型。通过调查研究，教师对小学数学"综合与实践"领域课程资源视野局限于基础的活动素材，忽视学生的发展需求。教师在课程资源方面具有较高决定权，主要围绕自身的教学活动需要而搜集相关选材。访谈过程中 J4 教师说："小学数学'综合与实践'领域的活动资源、素材太少。在网上也找不到合适的资源，主要围绕教材、教学参考书寻找资源。教材中的一些活动素材操作起来也很困难，不知道如何将这些资源合理运用到教学中。"综上所述，小学数学"综合与实践"领域课程资源研究较少，教师的课程资源视野狭窄，主要局限于寻找直接可用的活动素材。忽视学生的发展，没有挖掘多元资源的观念意识，已有的课程资源主要是文本资源，很少关注其他类型的课程资源。小学数学"综合与实践"领域的实施往往需要课内外相结合，会涉及社会生活、家庭生活和校园生活等多个领域，也会涉及多个学科，因而其课程资源需要高度综合，不仅要跨领域开发使用，还要跨学科开发使用。课程资源要紧密联系学生的生活实际，拓展利用地域文化、校园文化、社会资源等。教师要拓展课程资源开发利用视野，既要关注活动的实践性，还要关注其综合性。不仅重视与学科本质关联的课程资源，还要重视其他综合性资源。

2. 课程资源开发意识薄弱

由于"综合与实践"领域相较于其他三个课程内容领域研究薄弱，教师研讨参与较少。对教材中的各种实践活动资源缺乏深入的解读，教师感觉操作困难。教师通常只利用教材、教学参考书提供的资源，按部就班进行教学实践。教师没有自主创新与开发实践活动资源的意识。在教师访谈中J6教师说："教材中有些综合实践活动没法开展。感觉有些活动相对清晰可以操作，有些活动主题笼统，涉及的知识内容不清晰，根本无法操作。比如邮票中的数学这个活动，学生根本没有这样的生活经验。现在学生都没怎么见过邮票，活动起来很困难。这样的实践活动效果很差。"教师意识不到自身既是课程资源的使用者，还是课程资源的开发者。在使用教材资源的时候无法进行再创设，不会取舍教材设置的相关课程资源。尤其，小学数学"综合与实践"领域的活动资源开发需要多方面的资源保障和各种主观因素影响，因而在实施过程中教师会感觉力不从心，从而导致教师课程资源开发意识薄弱、创新欲望低下等现象。还有一个重要的方面是，综合实践活动开发过程中对教师的素养要求更高，要求教师具备全面的知识素养和综合的能力素养。该领域的活动实践展开需要建立在其他三个课程内容领域基础之上，因而该领域课程资源开发需要教师具有综合知识基础，还要具有综合教学组织能力，需要教师广泛阅读、查阅资料，积累丰富的课程资源。

3. 课程资源利用局限于教材

调查研究发现教师获取小学数学"综合与实践"领域相关信息的渠道主要包括教材、教学参考书、课程标准。大部分教师的实际教学以教材中的实践活动为中心，教师没有足够的能力去对实践活动进行改造和重组。即使有些教师发现教材中某些实践活动内容并不适合学生，也依然照本宣科。将综合实践活动课上成了知识技能训练课、复习总结课等，使课程实施失去本质，无法落实课程改革的真正价值与意义。教师访谈也印证了这一点，正如J3教师说："平时上课就是按照教材的编写进行实践活动课教学，教材上有些内容是不适合组织实践活动，也硬着头皮做，效果很不好。"教师习惯于将教材、教学参考书当作小学数学"综合与实践"领域的唯一课程资源。这种单一的课程资源使用，不利于发挥教师的自主性，无法落实创生取向的课程实施要求。

（二）课程授课时数安排不足

在前期预调研和教师访谈中发现，小学数学"综合与实践"领域在具体实践中突出的问题是课时安排不足。因此，在问卷调查和访谈中都有设计关于小学数学"综合与实践"领域的课时安排相关问题。通过调查研究发现师生一致认为该领域的课时安排紧张，不能确定或者不能按照教材要求完成"综合与实践"活动，会随着"数与代数"、"图形与几何"、"统计与概率"三个领域教学内容的课时进度进行随意增减。以人教版教材为例，通过调查发现大部分地区对星号标记的"综合与实践"领域的选学内容直接忽视不开展，只会开展数学广角中的教学内容。课堂观察中发现课堂中的学生活动时间大概是 15 分钟。课堂观察中还发现，教师在教授星号标记内容时，会以自学探究作业形式让学生预学后，安排 1~2 个课时交流、汇报即可。教师访谈中，发现教师对"综合与实践"领域的重视程度较低，认为面对具体的教学进度安排时，可以为其他三个领域的教学内容让步，而忽视活动的开展。正如 J6 教师所说："学生底子薄弱，教材中的主要单元内容课时都很紧张，基本的教学任务都完不成。当然，关于'综合与实践'领域的选学内容更没时间了。让学生自己去看看就行了，反正考试也不考这些内容，可上可不上，无所谓了。"X5 学生说："有些数学活动挺有意思的，但是大家要自己调查还要在课堂上讨论很久，比较占用时间。如果，老师让我们自己自学，不布置其他书面的家庭作业的话，我会认真对待。如果，还有书面作业，才不会去调查，太费时间了，反正考试也不考。教材上的有些内容直接跳过不上，老师让自学，其实没人会学的。"这些访谈都印证了师生对小学数学"综合与实践"领域的重视程度低。总体上，通过调查研究发现师生对数学"综合与实践"领域的教学抱有可上可不上的随意态度。形成了口头认可其价值，却忽视行动的矛盾现象。

安排充足的课时是数学"综合与实践"领域实践的前提保障。小学数学"综合与实践"领域具有其他课程内容领域所不能比拟的特殊教育意义与价值，综合性与实践性是其基本的课程特征。这些特征决定了该领域的实施需要充足的时间和广阔的空间。小学数学"综合与实践"以问题为载体，让学生通过活动去体验、发现、提出、分析和解决问题。只有全面参与问题解决的过程，才能促进学生的深度思考，发展自主探究能力，提升解决问题的能力，从而积累活动经验。然而，在调查中发现教师会因为课时安排，让学生的活动蜻蜓点水，一带而过，甚至教师设计好活动流程，让学生跟随完成。这样的活动设计束缚了学生的自主思考与探究，无法保障学生的体验与经验积累。

（三）课程目标方向不明确

小学数学"综合与实践"领域面向学生的现实生活和可能生活，注重发挥学生的主观能动性。在现实生活与数学学习之间寻找适当的关联点，那么就需要学生具有基本的现实生活经验。这种基本的生活经验基础更利于生活直观与数学抽象间的转换。丰富的生活经验是数学"综合与实践"领域课程实施的基础，是发挥学生课程主体作用的基本保障。"综合与实践"课程需要整合大量的知识，还要运用跨学科的知识。这对师生都是一个巨大的挑战，教师需要根据学生的现实需要确定明确的课程目标方向。但是，实际教学实践过程中教师对小学数学"综合与实践"领域课程认识不全面，导致其不能很好地把握课程方向，使课程目标方向模糊不清，大部分教师还是注重知识技能的掌握运用，忽视学生在问题解决过程中思维的全面发展与经验积累。活动展开以教师的活动指令要求为主，学生的自主性活动实践受限。在教师访谈中，J4教师说："小学数学'综合与实践'领域的实践活动组织过程我感觉很矛盾，如果让学生自主实践需要大量的课时。如果我提前设计好活动的指令，让学生依据指令要求的话，很快就能完成，并顺利解决问题。学生自主探究会产生很多结论，不同的条件支持下会有多种解决方案。但是，根据严格的条件控制，会有合理的标准型答案和结论。在教学过程中我也会产生矛盾，到底如何去把握综合与实践领域的课程方向。"在学生访谈中，X5学生说："我们在实践活动中提出了很多想法，但是老师只关注一部分与教材一致的结论，但是我们的想法也是对的。比如制作活动日历，我们还可以利用其他的图形材料制作出精美的日历，但是课堂上只能利用正方体。"综上所述，教师对"综合与实践"领域的课程价值理解不全面，对课程目标方向把握不清，致使实践活动形式化，失去活动探究的本质。实践活动课堂气氛活跃，但是学生思维发展却停留在浅表化层面，无法走向深入。

通过课堂观察和师生访谈，发现教师普遍认为数学"综合与实践"活动组织困难，完成一次活动会感觉很累，22.91%的教师感觉很累，18.2%的教师感觉非常累。接近40%的教师认为数学活动组织艰难。数学"综合与实践"领域课程与传统的"数与代数""图形与几何""统计与概率"领域相比，"综合与实践"活动类型丰富，包括游戏活动型、调查观察型、动手操作型、设计制作型等。并且学科间知识整合度高，与其他学科交叉联系也多，然而数学专业教师经验局限，感觉活动组织艰难，对某些活动放开后，感觉收不回来，导致活动实践过程很难深入。在课堂上会表现出秩序混乱，学生实践过程不深入，学生思维没深度；教师的实践指导受限，导致实践过程无法驾驭，使活动课趋于混乱。究其原因就是教师对课程目标把握不清所致。

教师设计教学目标时，往往高估学生的学情水平，在过程中发现，学生前期准备不足，导致课程目标无法达成。如在课堂观察过程中，人教版三年级上册"综合与实践"课程内容"数字编码"，教师设置的教学目标是："通过探寻身份证、邮政编码的编排规律，培养学生收集信息的能力和观察比较的能力。使学生体会到数学与现实生活的紧密联系，激发学生对数学的学习兴趣及应用数学的意识，培养学生的创新意识和创新的思维品质。"在实际课堂观察中发现该教学目标无法达成，学生对于邮政编码完全不熟悉，因此一节课只能重点围绕身份证编码规律。

该案例中，授课教师认为数学实践活动就应该走出课堂去生活中寻找，带着发现再回归课堂。因此，设计之初是让学生利用周末时间以调查作业的形式发现生活中的数字编码现象。带着满满的收获走进数学课堂，通过编码调查汇报、比一比和猜一猜、学一学和想一想、设计数字编码四个活动，让学生经历寻找、发现、猜想、学习、创作的过程，初步了解数字编码的特点。设计数字编码是实践活动课中最有趣的活动环节，学生们热情度高、个性化明显，设计出了别具特色的个人信息卡、学籍号、健康码、准考证号等许多赋予其情感与想象的数字编码。但是，实际教学中教师发现，学生并没有认真完成课前准备。幸亏教师课前准备充分，才勉强完成设计的活动任务。访谈发现，教师认为课程目标设计是实践过程中的一个难题。

（四）课程活动组织经验不足

数学"综合与实践"领域是以问题为载体，以学生自主参与为主要形式的学习活动。然而，在调查中发现，学生整体活动参与经验不足。学生会感觉到数学活动无聊、没意思，无奈服从老师的活动安排和要求，被动参与，甚至在数学活动过程中感觉到很糟糕、不会做、无所适从等。在教师访谈中，教师也谈到在具体的活动实践教学中感觉调动学生的积极性比较困难，学生没有动手的习惯，在问题讨论过程中学生会说出一些有违生活常识的结论。这些表明其课程活动组织经验不足，不能激发学生的探究欲望，学生无法在实践活动中感悟到实践活动的价值和意义。学生作为数学"综合与实践"领域的课程主体，没有发挥其主观能动性。在实践活动过程中学生会提出很多个性化的策略，教师面对多元的探究结论，没有足够的经验进行全面关注和及时评价。因而，教师会产生规避心理，尽量跳过实践活动课。

通过调查发现，80%以上的教师会选择一些实践活动作为家庭作业让学生自主探究，但是在课堂教学中，对于学生的自主探究简单带过，并不会让学生充分展示自己的探究成果。教师在课前疏于对学生自主探究情况的了解与掌握，教师课前准备相对简单，课中会根据学生的问题随意展开活动。在课堂观察过程中发现，看似简单的一个课时的综合实践活动容量，往往需要教师和学生做大量的准备工作。例如，人教版小学数学三年级上册的"数字编码"，课前教师需要寻找常见的编码物品，方便课堂中的直接展示，"小小设计师""制作活动日历"等一些动手设计操作的数学活动，更需要提前准备制作工具，包括卡纸、粘贴带、剪刀等。一些社会实践和调查，还需要提前联系实践基地，收集相关的数据等等。如果前期的准备不充分，敷衍了事，那么后续的活动也就流于形式无法深入，教学目标也会无法达成。与学生访谈的过程中，发现学生也没有课前认真准备的习惯，对老师提前预留的自主探究和调查，都应付差事。

四、小学数学"综合与实践"领域课程实施问题的成因分析

（一）课程理论体系的不健全

小学数学"综合与实践"领域作为数学课程内容领域之一，具有其特殊的课程价值与意义。"综合与实践"领域凸显了数学不仅仅是"可教"的，更是"可做"的，还是"可用"的。小学数学"综合与实践"领域的实践落实，需要教师具有强烈的课程意识，准确理解课程本质，把握课程的价值目标。课程是知识、能力、价值观念等的重要载体，是需要被理解与解释的文本，不同教师个体，对其具有独特的理解和解释方式。从杜威的"做中学"到施瓦布的实践性课程再到斯腾豪斯的过程课程理论，都强调课程不是预设的、不是一成不变的，而是在教学实践中通过师生的情境式交互形成。[1]教师课程意识是教师对课程内涵与价值认识的具体表现，即课程实施过程中的课程观与方法论，表现为由"自在"向"自为"的变化过程。[2]课程运作过程受到教师个体课程意识的影响。在具体课程实践过程中包含了主体意识、生成意识和资源意识。通过调查研究发现，小学数学"综合与实践"领域在实践过程中学生主体和教师主体不协调。两极化现象严重，一类完全以学生为主体，一类完全以教师为主体。在访谈过程中有教师提到该领域也使得学生两极分化严重，优秀的学生越来越优秀，落后的学生越来越落后。这个现象需要教师具有鲜明的生成意识，对预设的课程进行批判与创造，促进动态生成与课程意义的重建。"综合与实践"领域比任何课程都要强调过程，注重学生在生活中发现问题，在活动中积累经验，获得发展。但实际调查中，发现

---

① 贺菲.教师个体的课程意识:存在与发展[J].教育发展研究,2006(21):34-36.

② 胡德海.教育理论的沉思与言说[M].北京:人民教育出版社,2005:131.

教师依然坚守"学科本位"思想，生成意识淡薄。调查研究表明大部分教师以教材编排的"综合与实践"领域内容为主，遵照教材编排，进行数学"综合与实践"活动的课程实践。虽然教师发现了教材中的一些问题，但是依然忠于教材，照本宣科。这些现象和问题都是因为"综合与实践"领域的课程理论体系不健全，不能让教师全面理解和认识其课程理论。

　　教师对课程理论的认识局限，导致教师仍然以教室、书本为学习空间。事实上，小学数学"综合与实践"领域不是注重认知的知识性课程，而是要注重学生实践过程的实践性课程，需要学生具有开放性、真实性的实践活动情境和相对开放的实践活动空间。在访谈和课堂观察过程中发现，教师尽管组织了不同形式的数学活动，例如收集资料、调查研究，并在教学过程中组织学生不断地讨论、交流，但总体上，还是基于数学知识文本的学习和活动。正如 J4 教师所说："'找次品'这个数学实践活动的教学重点是探索寻找次品的方法的多样性，难点是理解和体会最优方案的特点。但是，在实际的教学中有些学生就是不能观察、比较、体会到最优方案的特点。底子薄弱的学生会感觉很吃力，优秀的学生思维会很敏捷、灵活。所以，为了应对考试，还是要让学生记住找次品的数学公式和答案。"可见，教师还是没能很好地理解和把握"综合与实践"领域的实践教育价值与意义，仍旧以传统的系统数学知识获得为目的，忽视了学生行为目标、情感目标的达成；忽视了学生数学思维与方法的自主尝试与反思过程的教育价值；忽视了学生数学活动实践经验的积累。因而，需要加强小学数学"综合与实践"领域课程理论体系建设，强化理论培训与指导，提升教师的课程认识和理解水平。

（二）课程实施模式的缺乏

　　小学数学"综合与实践"领域设置二十年以来，课程实施不力。通过调查研究和课堂观察，发现课程实施不力的原因是缺乏系统的课程实施模式。尤其，一线教师面对数学"综合与实践"这种新型课程形态，需要具体可行的实践模式的指导与帮助。小学数学"综合与实践"领域随着基础教育数学课程改革应运而生，是数学课程内容的一大领域。小学数学"综合与实践"领域是基于学生的认知发展和已有经验基础，让教师引导学生自主探索和合作交流，在数学实践活动过程中理解掌握基本的数学知识和技能，学会综合运用数学思想和方法，解决实际问题的综合性实践课程内容领域。因此，其课程实施不同于"数与代数""图形与几何""统计与概率"三大领域。目前，数学"综合与实践"领域的课程实施模式缺乏，教师感觉无所适从，导致严重的实施不力。

小学数学"综合与实践"领域重在实践、重在综合，重在问题的解决。传统的"讲授式""启发式""探究式"等教学实践模式，不能全面落实"综合与实践"领域的课程目标。在数学课程体系中，增加实践性课程，是为了促进知识类学习与实践类学习的融合，让静态式学习与活动式学习兼容。这些特殊的课程实践特征需要创新的实践模式。通过教师访谈，发现教师几乎没有受过关于"综合与实践"领域的课程实施的相关培训与研讨，都是在实践过程中进行自主探索。目前，教师尝试的实践模式有主题式、项目式、课题式等实践模式。如 J1 教师所说："目前，'综合与实践'领域实践探索是我们教研活动的重要议题。经常在教学研讨会上，围绕具体的实践活动展开实践模式探索。我们以'综合与实践'领域为抓手，开发出不同的主题学习活动和项目式学习活动。随着'双减'政策落地，数学'综合与实践'领域可以继续拓展，我们也尝试开发出与之相关的探究性活动作业。对于这一领域教师的态度也在转变，教师们意识到未来已来，学生不再仅仅需要简单的数学知识，更需要适应未知世界的素养。这些素养的培养，需要数学教学方式的变革，需要通过'综合与实践'这样的课程领域去实现。"由此可见，小学数学"综合与实践"领域课程实施模式是亟待解决的现实问题。目前，一线教师虽然进行着积极的教研探索，但是可操作性的、系统的实施模式仍然是空白。

（三）课程评价体系的缺失

评价是课程研究的重要组成部分，小学数学"综合与实践"领域的课程评价是实现其课程目标的有效手段和方法，并能促进数学学习方式的变革，它贯穿数学课程的全过程。通过调查发现，师生共同认为小学数学"综合与实践"领域在课程形式、课程内容、课程目标、课程实施等多方面都与"数与代数""图形与几何""统计与概率"领域有着较大差异。"综合与实践"领域比其他任何领域都更关注过程的教育价值。原有纸笔测验、考卷测评、单一书面作业评定方式已经不能满足数学"综合与实践"领域的课程要求。调查研究发现，教师在数学"综合与实践"领域的实施过程中多数教师依然采用练习—考试—评价的范式，过分关注结果与结论，还是以考试为基本标准开展实践教学。评价范式直接影响着师生对该课程的认知理解与价值认同，影响着学生活动参与的积极性与活动经验的积累，影响着教师对该课程的实践操作、课时的分配以及教学设计的充分与完整性，需要建立独特的评价标准，改变教学评价范式局限的困局。

　　义务教育阶段的数学课程的基本理念是让每个学生都能获得良好的数学发展机会，不同的学生在数学上得到不同的发展。数学"综合与实践"领域给予每位学生更多的思考、表达、交流机会，教学评价要关注学生活动的过程，抓住活动中学生的表现，可以借助数学活动过程观察量表、问卷、小论文、数学实验报告等多元化的评价方式，从多方面收集评价资料、提供反馈信息，促进学生全面发展，也可使评价主体多元化，除了教师和学生本人之外，还可以有家长、学生同伴、专家等。尤其家长可以通过图片、文字、视频等方式呈现学生数学学习活动过程，为数学综合与实践评价提供质性资料。教师的评语也是质性评价的具体体现，教师尽量使用易理解的描述性语言，从学生的数学学习特点、表现、习惯等方面提出建议。总之，数学综合与实践领域的课程评价凸显质性化评价方式，利于数学学习方式改革，利于数学核心素养培养，然而发展性评价就注重过程。因此，数学"综合与实践"领域的评价基本理念是坚持发展性评价。发展性评价反对通过量化手段对学生进行分类划等的数据化评判，主张采用质性化的方式，引导学生进行自我反思性评价，强调师生间、学生同伴间进行个性化表现性评定与评估。数学综合与实践评价贯穿于活动全过程，教师在活动过程中要观察与记录学生表现以及他们解决问题的思路，而不能只关注学生得出的结论。小学数学"综合

与实践"领域的开放性也必然要求其评价结论的开放性。学生面对一个生活
实际问题，经历了一系列活动，但最终没有很好地解决，也应该给予学生积
极的评价。只要学生进行了体验、发生了数学思考、积累了数学活动经验就
值得被鼓励、被肯定，这些都将是学生在活动过程中宝贵的经验。数学"综
合与实践"领域教学形式多样，必定使得评价方式多元化发展。

第六章　小学数学"综合与实践"领域课程实施模式的原型构建

　　小学数学"综合与实践"领域注重综合性、实践性。2022 年版义务教育数学课程标准提出该领域以主题式学习和项目式学习为主。通过第五章课程实施现状调查，发现小学数学"综合与实践"领域的实施模式缺失是造成实施问题的重要原因之一。本研究聚焦于"小学数学'综合与实践'领域应该有怎样的课程实施模式？"这一核心研究问题，力图通过模式原型的理论建构—模式的教学实践检验—课程实施模式总结三个步骤对小学数学"综合与实践"领域课程实施模式做系统研究。本章在小学数学"综合与实践"领域课程实施理念阐述的基础上，分析小学数学"综合与实践"领域课程实施维度。依据理论上的阐述，对选取的 12 节典型课例，利用视频图像分析法，对其教学内容、教学过程和教学方式进行分析，梳理、总结并提炼出小学数学"综合与实践"领域课程实施核心要素。在核心要素分析的基础上构建各要素之间的结构关系，从而确立小学数学"综合与实践"领域课程实施模式的原型。在理论层面对小学数学"综合与实践"领域课程实施模式原型进行结构分析，从该模式的理论基础、功能目标、操作流程和实施条件四个方面入手、构建小学数学"综合与实践"领域课程实施模式原型。

一、小学数学"综合与实践"领域课程实施理念

（一）课程范式由目标范式转向创生范式

所谓课程范式（curriculum paradigm），是指同一课程共同体所具有的普遍课程哲学观与相应的具体课程主张的统一。课程哲学规定了课程共同体所具有的独特价值取向，然而具体的课程主张则是对课程问题的基本认识，决定着课程目标实现的可能性。课程哲学与课程主张两者相对独立却又内在联系。①中国近现代课程与教学理论发展先后受到日本、欧美、苏联的课程与教学理论影响。尤其，泰勒原理与凯洛夫教学论的影响深远。在技术理性主义影响下泰勒的课程目标范式倾向于将课程开发为一种普适性的、统一性的模式，忽视了课程实施的差异性与特殊性。②泰勒目标课程范式长久地生长于课程的沃土，拒斥着新课程范式的萌芽。泰勒的目标课程范式认为课程目标既是课程实施的出发点和归宿，更是课程的灵魂。课程仅是实现课程目标的手段，课程与目标是统一的。③中华人民共和国成立之初，由于要忙于政治与经济建设，无暇建构富有中国特色的教育理论体系，遂单向度"接受""照搬"苏联教育理论家凯洛夫的学说。这种学说视教科书为不可挪移的法典，师生都沦为教科书的附庸，形成了以课堂为中心、以教师为中心和以教科书为中心的中国当代"三中心"课程实施模式。又在极左思想的影响下形成了指令型课程范式。④指令型课程主要是依据国家统一制定的课程目标、指定的特定内容、编写的统一教材，严格按照教学大纲组织开展课程实施的一种课程形态，具有极强的目的性、计划性和统一性，教师需要严格遵照教学大纲进行知识传授，实施难度相对较低。全国实行统一教学，学生课程活动没有弹性

————————
①　张华,石伟平,马庆发.课程流派研究[M].济南:山东教育出版社,2000:6–10.
②　张华,石伟平,马庆发.课程与教学论[M].上海:上海教育出版社,2000:14.
③　张传燧,欧阳文.课程范式与课程建构性试析[J].课程·教材·教法,2006(11):11–16.
④　潘涌.课程范式的转型与解放教学创造力[J].全球教育展望,2009,38(02):11–16.

空间，使课程实施过程异化为整齐划一的流水线作业过程，忽视了作为课程主体的师生的独特性、差异性和创造性。

直到 1978 年我国教育课程拨乱反正，逐渐在课程内容、课程设置和课程评价方面逐步推进课程改革。关注课程实施过程中师生的自主创造与探究机会，使课程实施更具创造性、个性化和生成性。课程评价内涵逐渐丰富，标准多样化，逐渐重视形成性评价，关注学生学习过程中的表现和成绩。总之，随着指令型课程范式的蜕变，拓展了课程的空间，解放出被压抑的教学创造力。

新旧世纪交替之际，诸如现象学、解释学、存在主义、后现代主义等课程理论被大量引入我国。全球视野下课程范式也从预设性、控制性过强的泰勒目标课程范式转向关注课程实施中师生主体的创造性，并对课程目标、内容和评价等及时做出调适和修正。尤其后现代主义课程理论关注课程的不确定性、去中心化、非连续性以及交互主体间的复杂性和差异性等鲜明个性。①这些新型的课程范式促进了我国指令型课程范式向创生型课程范式的实质转换。②

自 2001 年 6 月 8 日教育部正式印发《基础教育课程改革纲要（试行）》后，逐步实施、推广以创生为特征、以弘扬教学创造力为目标的新课程。它从课程目标、课程内容、课程结构、课程资源、课程评价诸方面重塑课程理论，使指令型课程范式全面转型为创生型课程范式。这种转向充分释放了作为课程主体的师生的创造力，使课程价值重心从学科内容本位转向人本位、转向个体生命本位。③

数学课程作为基础教育阶段的核心课程，"综合与实践"领域作为新课程改革的标志性产物，践行着数学教育课程改革的基本要求。第一，"综合与实践"领域的课程目标顺应时代发展要求，关注学生的主动实践能力，重视学生的数学质疑、批判和创新精神培养，尤其是要促进学生数学应用意识、

---

① 谢明初.后现代主义、数学观与数学教育[J].教育研究,2005,(12):66-71.
② 潘涌.课程范式的转型与解放教学创造力[J].全球教育展望,2009,38(02):11-16.
③ 潘涌.课程范式的转型与解放教学创造力[J].全球教育展望,2009,38(02):11-16.

创新精神和实践能力发展，以顺应科学技术、文化和教育全面创新的时代潮流。第二，"综合与实践"领域的课程内容丰富、多样与生活紧密联系。就数学教材内容而言，不同版本教材选编不同的活动素材。为教师选择、重组和优化课程内容预留了广阔空间。数学"综合与实践"领域的课程实施过程为学生自主探究和主动建构学习拓展了空间。数学"综合与实践"领域的课程内容与学生实际生活密切关联，特别关注学生个体的学习兴趣、生活经验和发展需求。第三，"综合与实践"领域的课程结构灵活、多样。师生可依据学习的实际情况以问题解决为载体，整合课程内容，以主题式和项目式学习为主。"综合与实践"领域赋予课程主体自主选择权，可依据教学实际自由调整和安排实践活动。小学数学"综合与实践"领域的教学组织形式多样，诸如游戏体验型、动手操作型、调查研究型、综合应用型、实验发现型、实践探究型等。以期通过切实的实践、操作活动来增强学生的数学自主探究意识、数学应用意识、创新精神和创造能力。第四，师生肩负"综合与实践"领域的课程资源开发责任。在课程实施过程中师生遵循教学要求和自身的实际情况，积极开发与创造更贴切的教学资源。第五，"综合与实践"领域的课程评价以动态视角关注学生的活动过程。关注学生学习活动过程中的创造性与内隐性的智慧生成，善于运用弹性化的评价尺度，关注学生间的个体差异。课程评价的目的是促进学生的发展，而不是证明效果。

总之，课程范式从目标范式转向创生范式是课程理论发展的必然选择，数学"综合与实践"领域作为数学课程内容形态的新建构，坚持创生取向的课程实施基本理念。

（二）学生思维发展培养由学科思维转向跨学科思维

随着现代科技的发展，基础教育课程发展顺应时代要求，在学科课程与教学中着力体现跨学科思维，注重学科的交叉与融合成为现代教育发展的必然趋势。现代数学课程与教学的发展要求通过数学学科的跨界与融合，更好地促进学生数学素养的提高。因而，在当前数学课程设计上要注重学科的跨界交融，促进学生跨学科思维发展。小学数学"综合与实践"领域在课程实施中更新学科观念，增强学科交叉、融通意识，加强知识之间的融通和联系，让数学在学科交融中活起来①。"综合与实践"领域是落实数学学科跨学科学习的重要内容载体，体现跨学科实践特性。这为小学数学"综合与实践"领域课程实施的目标设计提供逻辑基础。

新时代教育背景下需要充分发挥课程的育人价值，落实立德树人根本任务。为此，发展学生核心素养的课程目标应运而生。核心素养培养目标要求下的课程与教学对教师提出了新要求、新挑战。传统教学中采用学科思维，固守学科阵地，只注重学生相应学科的思维发展与知识运用。面对新时代人才需求转向考量核心素养，需要培养学生的系统性思维，不能仅在学科课程内单一地探索学科思维发展，而要运用跨学科思维全面应对真实的、复杂的现实世界。这是时代发展对人才需求的挑战，是学生思维发展的必然要求。跨学科思维是指在课程与教学中不囿于学科边界，重视学科内部、外部的知识交叉、融合，通过跨界去整合知识，从而解决问题的思维方式，它的特征是思维上的融会贯通②。小学数学"综合与实践"领域作为跨学科思维培养的重要载体，可从发展性思维、整体性思维两个方面去论述。

1. 发展性思维

任何事物都处于不断运动、变化、发展之中，运动属性是事物的根本属性，不存在绝对静止的事物，而事物的运动性是绝对的。变化主要是指事物量的增减，既有消极的影响因素，又有积极的影响因素。对于任何事物来说，运动和变化后的事物本质属性没有发生变化，只是该事物的状态有所不同。因此，在经历运动与变化后事物本性没有改变时，事物依然是该事物。发展尤其是指事物性质的突变，不是所有运动都是发展，而是特指事物所经历的积极的上升运动后，事物性质发生改变，由此事物变为彼事物的过程，意味着对原有事物的改变和继承的否定。唯物辩证主义发展观认为事物在"肯

---

① 黄翔,童莉,史宁中.谈数学课程与教学中的跨学科思维[J].课程·教材·教法,2021,41(07):106–111.

② 黄翔,童莉,史宁中.谈数学课程与教学中的跨学科思维[J].课程·教材·教法,2021,41(07):106–111.

定——否定——肯定"的循环往复过程中得到发展。基于此发展观，论小学数学"综合与实践"领域课程实施观念，强调在课程运作过程中体现学生思维产生的变化。比如，学生在"打电话"这样的实践活动中不断增强对数学优化思想的理解与运用，积累数学活动经验。基于此，小学数学"综合与实践"领域需要定位于学生思维的发展，从而真正体现数学"综合与实践"领域对学生跨学科思维培养的重要意义。

2. 整体性思维

师生作为课程实施的主体，具有作为"人"的整体性。无论理论认识还是实践操作过程，其思维过程是一个完整的系统。既有理性的判断也有感性的认知，不同的感官系统之间具有多样性、相关性和一体性。唯物辩证法认为，事物处于相互联系之中，没有绝对的孤立事物存在。依此，观照课程运作中师生的思维发展，思维是具有整体性的，不可能存在单一的学科思维的发展。学科教学的目标是促进学生的发展，学生的发展是统一的。基于此，探讨小学数学"综合与实践"领域课程实施旨在体现整体性的创生发展。

新时代全球发展背景下，提出的教育作为全球共同体利益的愿景，需要新的知识体系，要将信息、技术、理解、态度、观念、价值等融为一体。这样的知识观倡导超越学科边界，形成整体性思维。近年来一些国际测试提出新的能力测评，比如全球胜任能力。这种能力测评主要包括全球性问题的知识和理解、跨文化知识与理解、分析与批判思维。[①]这需要学生具有全球性思维、跨界思维和批判性思维。因此，学校课程实施要具有更广阔的视野，通过学科及其跨学科的教学帮助学生全面理解世界。整体性思维发展是对时代挑战的积极回应。小学数学"综合与实践"领域课程实施过程要注重整合学科内、学科间及其超学科的课程内容，将学生的生活世界和数学学习紧密关联起来，融入具体的学习活动之中，训练学生运用整体思维模式，分析解决现实的复杂问题，从而进一步促进学生整体性思维发展，进一步体现小学数

---

① ［美］安东尼·杰克逊.全球胜任力——融入世界的技能[M].吴敏，译.上海：华东师范大学出版社，2020：23.

学"综合与实践"领域的整体性课程实施理念。

（三）课程评价标准由注重结果转向关注过程

　　课程评价是课程实施的重要方面，数学"综合与实践"作为特殊的数学课程内容领域，尤其看重学生实践活动过程的教育价值及意义。数学"综合与实践"领域特别注重学生的主体地位以及学生主观能动性的充分发挥。该课程内容领域以问题解决为载体，让学生自主参与探究活动，为学生提供了广阔的创新实践活动空间。在学生参与实践活动过程中调动多感官体验，促进学生多元智能发展。这也为学生评价提供新的机会，需要建立多元评价机制，全面考量学生的智能发展水平，这是其他数学课程内容领域所不能比拟的。因而，该领域的评价标准必然从注重结果转向关注过程，这为小学数学"综合与实践"领域课程实施中的评价设计提供理论支持。

　　唯物辩证法认为任何事物都有一个产生、发展到灭亡的过程。事物的运行过程是由各种性质和关系构成的有机整体。数学的学习过程中，包括知识技能、数学思考、问题解决和情感态度等多方面的表现，这些表现并不是孤立存在的，而是综合体现于数学学习过程之中。数学"综合与实践"领域会从多个维度评价学生的综合表现，关注学生的每一次活动参与过程。在学生的活动过程中记录、收集、保留和分析学生在不同方面的具体表现，可以从学生是否主动参与活动、是否提出问题和分析问题、是否独立思考、是否与他人合作交流、是否倾听和理解别人的思路等每一个细微的活动过程和细节之处，分析学生思维和能力的发展与变化。事物是以过程的存在而存在，基于这样的过程思维，小学数学"综合与实践"领域课程实施也必将以过程的方式得以存在。

　　在基础教育课程改革的深化过程中涌现出"体验""感悟""反思""建构""生成""回归生活世界"等一些教师术语和口头语。这体现出教育的一种过程性思维，表明了大家对教育过程属性的基本理解。基于哲学理解，正如恩格斯所说："世界不是既成事物的集合体，而是过程的集合体。"人的任何活动都是一个过程，都是以过程的形式存在和发展的。教育作为一种培养人的活动，是以过程的形式存在，并以过程的方式展开的，离开了过程就无法理解教育活动，更无法实现教育目标，过程属性是教育的基本属性。①教育的过程是生动的、具体的、丰富的、偶然的、生成的和开放的。这些特性正是教育过程的价值基础，要实现教育的过程价值，就要追寻教育活动的过程意义。教育的过程是不可或缺的，只注重教育结果，而不关心教育过程，必然使教育失去丰富性和价值性。

　　课程作为教育内容的载体，也是以过程的形式存在。课程实践就是各种课程活动过程的集合体，考量课程实践的价值意义就是关注课程的活动过程。小学数学"综合与实践"领域蕴含着丰富的活动形式、广阔的活动空间，是其他课程内容领域所无法与之相比的。因而，在小学数学"综合与实践"领域课程实践中必须建立以关注活动过程为主要指标的课程评价体系。过程性思维视域下的小学数学"综合与实践"领域课程实施提出了崇尚课程主体的民主关系、崇尚课程活动的发展价值、崇尚学生的主体性、崇尚课程内容整合方法论的实践诉求。

二、小学数学"综合与实践"领域课程实施维度

　　数学"综合与实践"领域是数学课程内容领域之一。但是，该领域相比其他三个课程内容领域其目标、内容、课程实施和课程评价等维度都具有特殊性。小学数学"综合与实践"领域课程实施模式构建需要建立在对课程实施维度的理论分析之上。因而，本研究主要围绕小学数学"综合与实践"领域课程目标、课程内容、课程实施模式和课程评价四个维度深入分析其课程实施，为课程实施模式原型构建提供理论指导。

---

　　① 郭元祥.论教育的过程属性和过程价值——生成性思维视域中的教育过程观[J].教育研究，2005(09):3-8.

（一）小学数学"综合与实践"领域的目标确立

数学"综合与实践"领域作为数学课程内容建构的新形态，其坚持创生性课程实施取向。在此取向指导下，小学数学"综合与实践"领域课程目标需要进一步依据课程本质进行构建，才可正确引导课程发展。课程目标是指教育目标在课程载体中的具体化，是人才培养要求在课程实施过程中的表现。课程目标作为课程研究的基本要素之一，是在课程实践过程中学生素质应该得到发展的基本质量要求和标准。课程目标是课程实施的重要向导，它既是课程创生的出发点，也是归宿。因而，课程目标的创生是课程实施的重要问题。

数学"综合与实践"领域虽然属于数学课程内容之一，但是其内容灵活、丰富，既与其他三个内容领域关联，也与其他学科关联，还紧密联系学生的实际生活。因此，数学"综合与实践"领域的课程目标构建既要符合数学学科知识的结构要求，又要满足学生的个性化发展，还要兼顾学生的社会化发展需要。因此，小学数学"综合与实践"领域课程目标创生要依据课程的价值取向分类、分层设计。

为从整体上了解小学数学"综合与实践"领域课程目标设计，我们基于扎根理论（Grounded Theory）的编码原理，通过 NVivo 定性分析软件对收集到的文字资料进行编码。根据扎根理论的编码思路，依据数学"综合与实践"领域的价值取向具体内涵进行编码，对 10 节实践活动课的教学目标材料进行了三级编码。

首先，开放式编码，主要是对收集到的教学目标材料进行命名和分类分析。亦即"打标签"，把原始资料打散，贴上概念化的标签。例如"植树问题"教学目标开放式编码过程（片段）如下：让学生根据问题画出示意图，运用数形结合思想探索间隔数与植树棵数之间的关系"数形结合"，共计标记 48 个节点。其次，主轴式编码。主轴式编码是借由演绎与归纳，通过不断比较的方法将近似编码链接在一起的复杂过程。其主要任务是选择和构建主要类属的内容，并将主要概念类属与次要概念类属连接起来，以重新组织数据，主要是对开放式编码中形成的包含"教学目标"意义的概念进行聚类，建立概念类别之间的联系，经过聚类得到12个节点。例如，将"画示意图""数形结合"归为"运用数学思想方法"一类。最后，选择式编码。这一阶段的主要工作是通过整合与凝练，在所有命名的概念类属中浓缩关键词。本研究聚焦于数学学科取向、个人取向和社会取向三个方面。例如对"植树问题"中形成的概念类别进行选择式编码，将"运用数学思想方法""综合运用数学知识"归为"数学学科取向"一类。总体上，10节小学数学"综合与实践"领域的实践活动课的教学目标三级编码如表6-1所示。

表6-1　小学数学"综合与实践"领域课程教学目标三级编码表

开放式编码	主轴式编码	选择性编码
画示意图、数学结合、归纳、推理、分析、验证、分类、猜想、优化……	运用数学思想方法	数学学科取向
长度单位、统计图、正方体、等量的等量相等	综合运用数学知识	
量一量、剪一剪、拼一拼、算一算、数学实验、试一试……	综合运用数学技能	
折出莫比乌斯圈、涂色、模拟打电话、模拟种树、估计高度……	提高实践操作能力	个人取向
自主思考、自主探索、反思、自主实践	培养自主思考习惯	
小组交流、合作探究、表述、说明	提升合作交流能力	
感受数学的魅力、获得成就感、科学态度、爱好……	激发数学学习兴趣	
留心生活中的数学问题、体会生活中的数学	关注数学与生活的联系	社会取向
运用数学知识解决实际问题、运用数学模型解决一类问题、创新问题解决思路	培养解决实际问题的意识	
运用数学结论解释生活现象、养成理论联系实际的习惯	理解社会问题	
感悟数学模型的普适性	关注数学模型应用	

小学数学"综合与实践"领域课程总目标为如下几点。

第一，体会数学知识之间、数学与其他学科之间、数学与生活之间的联系，并能综合运用数学知识与技能、思想与方法、数学活动经验，探索真实情境中所蕴含的数学信息、数学规律，经历发现数学问题、提出数学问题、分析数学问题和解决数学问题的数学问题解决思维过程。

第二，养成动手、动脑、动口的数学学习习惯，养成实事求是的精神、辩证理性的思维习惯、严谨的数学推理习惯，体验数学活动的意义与价值，增强学生的数学学习兴趣，提高学生的数学表达能力、获取数学信息的能力。

第三，培养学生关联数学与社会生活的习惯，感受数学模型的建构与应用，培养学生数学应用意识、创新意识；培养学生会用数学的眼光观察现实世界，会用数学的思维思考世界，会用数学的语言表达现实世界的数学素养。

小学数学"综合与实践"领域课程目标围绕数学学科、个人发展和社会需要三个方面确立。这三个方面的目标不是相互独立、割裂的，而是融会贯通，相互促进。总体上，小学数学"综合与实践"领域具有落实"四基"、提高"四能"、全面育人的目标要求。首先，小学数学"综合与实践"领域立足于基础知识、基本技能、基本思想、基本活动经验。小学数学"综合与实践"领域课程内容选择就是为了有效落实"四基"的基本教学理念和数学课程培养责任。其次，小学数学"综合与实践"领域以问题解决为载体，旨在通过数学活动形式，让学生全程参与问题解决过程，提高学生发现问题、提出问题、分析问题和解决问题的"四能"。这也是小学数学"综合与实践"领域课程特色之一。最后，小学数学"综合与实践"领域特别注重数学与现实生活的联系，整合数学领域内容、关联数学学科知识体系、融通其他学科知识内容，注重培养学生在真实情境中解决复杂的社会问题的能力，注重培养学生的综合能力与素养。比如，观察社会现象的能力、操作实践的能力、表达解释交流的能力、分析和提取信息的能力等。可见，小学数学"综合与实践"领域课程目标的建构要立足整体，在打破学科壁垒的基础上引导学生全面发展。

（二）小学数学"综合与实践"领域的内容创设

小学数学"综合与实践"领域的创生实施取向，决定了其课程内容的不确定性、动态性。因而，在其课程实施过程中需要转变传统的课程内容选择方式，师生要重视自身的课程开发任务。依据教学实际重组、改造和创新课程内容。小学数学"综合与实践"领域致力于促进学生的综合能力提升和全面发展，尤其注重学生数学应用意识、创新意识和模型意识的培养与发展。该领域是对"数与代数""图形与几何""统计与概率"三个内容领域的整合、应用与拓展。"数与代数""图形与几何""统计与概率"领域的内容主要依据数学学科的系统知识、学科逻辑和学生的认知水平选择、组织、编排、设置课程内容。数学课程标准对这三个领域的课程内容进行了详细的说明和展示，并提出具体的内容标准。然而，数学课程标准对"综合与实践"领域的内容主要以案例形式提出了基本内容要求。小学数学"综合与实践"领域课程内容以主题活动为主，渗透了项目形式的内容，具体的课程内容呈现都以问题解决的形式呈现，课程内容灵活、多样，不是统一、规范的"预设"知识体系，而是依据学生发展和实际社会生活经验等进行创生的不确定、动态的内容，给予师生广阔的重组和创造的课程内容空间。小学数学"综合与实践"领域课程内容创生可以兼顾学生的生活需要、参照学生面临的真实生活问题、考量社会生活实际，并纳入多学科的知识学习等。基于小学数学"综合与实践"领域的内涵特征、价值定位，参照课程目标的创生，研究提出

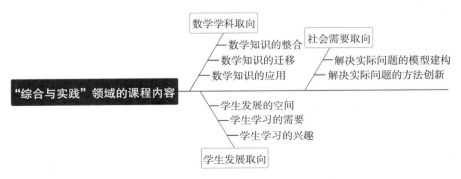

图 6-1　课程内容"三维"创生框架示意图

小学数学"综合与实践"领域的课程内容"三维"创生模型。具体从数学学科取向、学生发展取向和社会需要取向三个维度展开。

1. 数学知识的整合、迁移与应用

小学数学"综合与实践"领域的课程内容创生首先要基于数学学科知识的掌握。数学"综合与实践"领域具有综合性与实践性的特征，因而课程内容的创生要基于整合、迁移、应用展开。比如，第一学段（1~2年级），数学课程内容常见的量，包括元—角—分的认识、时—分—秒的认识、年—月—日的认识、克—千克—吨的认识、厘米—分米—米—千米等。这些常见的量，其实质是对事物的度量。这些知识的学习与应用有相同的原理，相互之间可以进行迁移，迁移学习之后再应用。"综合与实践"领域的课程内容创生可依照数学内容结构关系，从知识串联、结构关联、原理迁移、综合应用几方面进行课程内容的创生。

2. 学生的兴趣、需要与发展空间

数学"综合与实践"领域的课程内容创生以学生发展取向为中心。学生作为"综合与实践"领域课程实施的重要主体，课程内容的创生不仅要关注学生的兴趣、需要，更要探寻学生发展的可能空间。皮亚杰的学习理论，认为学习有三个步骤：概念—体验—结构。①同样，学生的数学学习也会经历三个阶段：第一阶段，由生活经验形成自我概念。这一阶段学生的数学学习是由兴趣激发。第二阶段，通过活动体验修正概念。这一阶段学生的数学学习是由需要维持。第三阶段，通过概念联系形成结构。这一阶段学生的数学学习是由发展可能来拓展。小学数学"综合与实践"领域的课程内容就是围绕数学学习过程中不同阶段学生数学学习的要求来创生。

举个例子，小学四年级"三角形"单元里的"三角形的内角和"如图6-2所示。教材中首先让学生画几个不同类型的三角形（锐角三角形、钝角三角形、直角三角形），再量一量、算一算不同类型三角形的内角和是多少。

---

① ［英］帕梅拉·利贝克.儿童怎样学习数学——父母和教师指南［M］.方未之,译.北京:人民教育出版社,1986:283.

让学生通过测量、实践操作等方式，发现"三角形的内角和是 180 度"。后续教材设计了四边形内角和是多少的问题，在"做一做"栏目里设计了六边形内角和是多少度的问题。

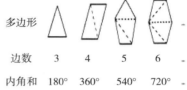

多边形	△	▱	⬠	⬡
边数	3	4	5	6
内角和	180°	360°	540°	720°

图 6-2　三角形的内角和

3. 实际问题解决的方法建构与创新

小学数学"综合与实践"领域的一个重要方面就是要紧密联系学生的生活实际。让学生学会理论联系实际，学会运用数学思想方法解决实际生活问题。在解决真实的问题时，学生往往不能清晰地分辨出解决问题所运用的方法和知识隶属于某个特定的学科或者某个具体的知识领域。事实上，对实际问题的解决常常会涉及多个知识领域、多学科的交叉和多种方法的综合。因此，面对真实情境时需要综合性、复杂性的思维反应。小学数学"综合与实践"领域就是训练学生的这种综合的、复杂的思维反应的重要载体。依此要求，在小学数学"综合与实践"领域课程内容创生过程中注重内容的整合，利用内容的交叉性、重叠性促进学生探究的挑战性与探究价值意义。小学数学"综合与实践"领域课程内容创生也要注重真实情境，注重方法的多样性和创新性。

（三）小学数学"综合与实践"领域的资源开发

小学数学"综合与实践"领域的课程内涵决定了该领域需要丰富的课程资源。但据现状调查可知，整体上教师拥有的相关课程资源十分有限。甘肃省、青海省的一线教师认为数学"综合与实践"领域的课程资源紧缺问题是制约其课程实施的主要原因。基本上，教师依照教材内容生搬硬套，造成部分学生"综合与实践"领域的课程实施体验感极差。这引起学生对该领域的反感，使得部分内容直接被教师忽略。

随着数学课程改革的深化发展，科学技术手段在教学中的应用，课程资源的重要性日益显现。从数学学科角度来看，课程资源包括数学教材、数学教学仪器、数学教具、网络资源等，还包括教师、学生、家长、专家等人力资源。重视数学课程资源的创生是落实课程改革的重要目标，其目的是改变课程过于注重知识传授的倾向。小学数学"综合与实践"领域的课程资源创生要加强教学内容与学生生活及社会问题和现代化科技发展的联系，关注学生的自身发展需要，适应不同地区学生发展的需要。

教师要明确数学课程资源的内涵。数学课程标准指出数学课程资源泛指能够服务教与学活动的各种资源。课程资源的开发与利用，以利于提升数学教师的专业素养和教学能力为中心，以形成和发展学生的核心素养为根本。同时注重培养教师和学生获取信息、自主学习、自我成长、面向未来终身发展的综合素养和能力。数学课程资源创生要坚持"五育"融合、立德树人的核心目标。

教师要以文本资源和信息技术资源为数学课程资源创生的抓手。数学课程的文本资源包括数学教科书、教师用书、数学专业书籍等。教师要广泛阅读，搜集关于数学"综合与实践"领域的文本资源，然后依据自身的教学实际情况，进行调适，转换成自身可用的教学资源。信息技术资源包括文字、声音、图片、软件等，教师可以通过信息技术手段创生出适用于教学的问题模拟情境，运用动态软件开发实践性数学探究活动等，还可以通过互联网搜集网络资源，进行跨地域的资源共享。

（四）小学数学"综合与实践"领域的评价设计

评价作为课程实施的重要环节，贯穿于整个教学实践过程之中，评价不仅仅是对效果的判断，更是为了促进发展。小学数学"综合与实践"领域具有综合性、实践性等特征。因而，数学"综合与实践"评价方式有别于"数与代数""图形与几何""统计与概率"常用的终结性评价方式。小学数学"综合与实践"领域要求学生灵活、综合运用数学知识与技能，要求学生积极参与探究活动。通过动手操作、开展数学实验、参与数学游戏、参与设计与制作产品等活动形式，体验、感悟、解决数学问题，从而加深对数学知识的整体性认识和应用，增强实践创新能力。这些课程性质与特点要求"综合与实践"领域应该采取多样化、多元化的评价方式，创生出适用于评价教学过程的评价方式。

　　由上述数学"综合与实践"领域的创生维度分析得知，小学数学"综合与实践"领域的创生是包含教学内在要素的整体性创生过程。每个创生维度并不是独立、割裂存在的，而是紧密联系、相互制约。日本学者佐藤学将课程分为两种模式：一种是以"目标—达成—评价"为组织结构的"阶梯型"课程；一种是以"主题—探究—表现"为组织机构的"登山型"课程。①依据这样的划分，数学"综合与实践"领域课程就属于"登山型"课程模式。"登山型"课程模式特别注重知识的形成过程，课程是学习轨迹，即创造课程。②"登山型"课程本质上是以大主题（山）为中心，准备好若干学习的途径（登山路线）。每个学生可以根据自己的基础、兴趣、爱好，选择适合自己的道路，以特定的方法、速度登山。无论选择哪一条路线，攀登的顶峰都是目标。③这种主题中心的"登山型"课程，要在实践过程中使各要素之间达到平衡，其创生模式不能是线性阶梯式生成，而是各要素的整体性、动态生成。总之，小学数学"综合与实践"领域课程实施维度如图6-3所示。

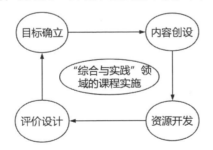

图6-3　小学数学"综合与实践"领域的实施维度图

---

① 钟启泉.现代课程论[M].上海：上海教育出版社,2006:474.
② ［日］佐藤学.静悄悄的革命——课堂改变,学校就会改变[M].李季湄,译.长春：长春出版社,2003:83.
③ ［日］佐藤学.静悄悄的革命——课堂改变,学校就会改变[M].李季湄,译.长春：长春出版社,2003:83-87.

三、小学数学"综合与实践"领域课程实施模式原型

基于小学数学"综合与实践"领域的创生取向课程实施，依据教学视频分析方法，初步提炼小学数学"综合与实践"领域课程实施的核心要素。再以选取的 12 节教学视频，利用图像分析法，对课程实施核心要素进行分析，建构核心要素之间的结构关系，进一步研究确定课程实施模式原型。

（一）小学数学"综合与实践"领域教学视频分析

本研究依据研究计划，经过筛选确定了 12 节典型的教学课例视频，进行视频图像分析。教学视频的相关信息如表 6–2 所示。

表 6–2　教学视频相关信息表

教学视频编码	课题名称	年级	地域	执教者性别	来源
SP1	自行车里的数学	六年级	北京市	女	比赛直播
SP2	鸽巢问题	六年级	甘肃省	男	录制
SP3	找次品	五年级	浙江省	女	比赛直播
SP4	植树问题	五年级	浙江省	女	录制
SP5	打电话	五年级	重庆市	男	观摩课
SP6	掷一掷	四年级	青海省	男	观摩课
SP7	一亿有多大	四年级	浙江省	女	录制
SP8	莫比乌斯圈	四年级	浙江省	女	录制
SP9	数字编码	三年级	重庆市	女	比赛直播
SP10	青蛙爬进	三年级	浙江省	男	录制
SP11	量一量，比一比	二年级	陕西省	女	录制
SP12	商品价格调查	一年级	重庆市	女	录制

　　总体上，参与分析的视频特点是：一是基于人教版教材，选择了不同使用地域的教学视频，地域分布广泛，与参与问卷调查的地域梯队分布基本对应；二是选取教学视频，执教者性别以女性居多；三是涵盖了小学 1~6 年级的各个年级，五年级居多，低学段的一、二年级较少；四是教学视频来源多样，有比赛网络直播课、录制课、观摩课。

　　录像课研究是国际教育评估协会 1995 年和 1999 年数学与科学趋势调查研究（The Trend of International Mathematics and Science Study，TIMSS）项目的组成部分。[①]受 TIMSS 录像研究启示并参考石迎春博士的分析框架[②]，确定了本研究的教学视频分析框架，"教学内容、教学过程、教学方式"三个维度七方面的内容分析框架，详见表 6-3。

表 6-3　教学视频分析框架

分析维度	分析内容	分析要点
教学内容	教学的主题	学习什么内容？
	创设的问题	创设了什么样的问题情境？
		需要解决什么问题？
	学习任务	需要学生做些什么？
教学过程	教学环节	教学过程包括哪些环节？
		教学各环节之间的关系？
	时间分配	各环节的时间长度是多少？
教学方式	师生互动	师生间互动方式有哪些？
		教师的提问方式有哪些？
		学生的回答方式有哪些？
	学生活动	学生参与的活动的方式有哪些？

①　何光峰,李美娟.TIMSS 数学录像课研究及其借鉴意义[J].数学教育学报,2016,25(05):88-91.
②　石迎春.小学数学"有过程的归纳教学"模式建构[D].长春:东北师范大学,2021:94-95.

1. 教学内容分析

通过视频图像分析，发现 12 节课的教学内容来源丰富，包括奥数中的经典名题、生活中的实际问题、数学文化等。总体上，教学内容的共性特征主要有三点：一是教学主题以核心素养为导向，聚焦于数学核心内容，具有探究性、综合性；二是创设的问题情境具有趣味性、真实性、挑战性特点，能够激发学生的学习兴趣，引发学生的积极思考，利于学生深入探究；三是学习任务驱动力强，传统教学的听、看、读、写任务少，实践、讨论任务多。

第一，确定综合性、拓展性主题。

依据义务教育数学课程标准的课程内容，小学阶段的核心内容包括数的认识、符号的认识、数的运算、数量关系、图形的认识、图形的测量、数据的分类和数据的收集、整理与表达等。通过视频分析统计，12 节课的教学内容都是以教材内容为基础，围绕小学数学学科核心内容拓展主题。12 节课的教学内容中具体的主题分布如表 6-4 所示。

表 6-4　教学内容中的主题分布表

核心内容及主题	视频编码
数量关系、数的运算（数学趣题）	SP2、SP4、
数的认识、符合的认识（生活中的数学）	SP7、SP9
图形的认识（数学文化）	SP1、SP8
图形的测量（自我认识）	SP11
数据的分类、收集、整理与表达（生活调查）	SP12
可能性（数学实验）	SP6

第二，创设有趣、真实、有挑战性的问题情境。

数学"综合与实践"领域以问题为载体，培养学生综合运用所学知识解决实际问题的能力，创设有趣的、真实的问题情境，引导学生自觉沉浸在学习之中。卢梭在《爱弥儿》里说："让学生产生学习的欲望，那么一切方法都会是好方法。"数学问题就是好方法，可以让学生在较为复杂的问题中沉浸式体验，增强学生问题解决的能力。真实的问题情境为学生的具身学习提供了良好的环境，激发学生学习的愿望和需求。小学生的年龄特点是好玩、好动，然而数学学科富含丰富的文化内涵，具有抽象的特点，与学生的实际年龄特征不匹配。因而，在问题创设时，要顾及学生的心理需求，设计一些有趣、有吸引力并与小学生生活一致的问题情境十分重要。课堂教学也需要一些神秘并充满挑战性的问题引领小学生进入学习状态。12 节视频课的教学情境创设包括故事情境、游戏情境、生活情境和教学情境。总体上，教学视频中的问题情境满足趣味性、真实性和挑战性要求。

第三，实践、讨论的活动任务多。

义务教育数学课程标准指出数学"综合与实践"领域是以学生自主参与为主的学习活动。因而，教学要突出学生的自主性特征。根据美国缅因州的国家训练实验室研究成果，采用不同学习方式，学生平均学习保持率差异较大，使用被动学习方式的学生学习保持率在 30%~50%，使用主动学习方式的学生学习保持率高达 50%~90%，常见的被动学习方式有听讲、阅读、视听、示范；主动学习方式有小组讨论、实践、教别人。因而，小学数学"综合与实践"领域课程要发挥学生的自主性，需要分配一些主动式学习方式的教学任务。在参与分析的 12 节教学视频中，发现学生的学习任务比较全面，学生采用较多的学习方式有听讲、视听、小组讨论、实践，阅读和教别人的方式较少。

2. 教学过程分析

小学数学"综合与实践"领域对教学过程的教育价值及意义的重视程度是"数与代数""图形与几何""统计与概率"三个内容领域所无法比拟的。因而，教学过程是教学视频分析的重要维度。在对 12 节教学视频的教学过程进行分析时，发现 12 节课的教学过程主要包含"揭示主题—提出问题—分解任务—活动探究—收获反思"五个大环节，并且每个环节都承载着不同的教学任务，各个教学任务关联统一。

（1）教学环节高度整合

传统的数学课程内容的教学过程包括导入课程、引导学生思考、教师讲授、学生练习、巩固提高、课堂小结、布置课后任务等至少七个环节。传统课堂教学过程表现出小步子、多环节、快节奏的课堂教学特点。每个环节，学生采用不同的学习方式。但总体上以被动性学习方式为主，主要通过听讲、视听、看教师示范的学习方式。通过12节教学视频分析，发现小学数学"综合与实践"领域的教学过程，包含"揭示主题—提出问题—分解任务—活动探究—收获反思"五个环节，教学环节高度整合。总体上，体现出综合性特征，教学过程具有大板块、慢节奏的综合性和自主性学习特点。教学过程中凸显了学生的"学"，体现了以学生为中心。教学各环节紧密联系，趋向整合，教学过程中学生的学习方式多采用小组合作、操作和实践活动、分享交流等，尤其突出的表现是教学过程交互方式多样，有学生与教师、学生与学生、小组与小组之间的多种互动。总之，通过12节教学视频分析发现，小学数学"综合与实践"领域的教学环节整合度高，教学过程综合性、自主性特征明显。

（2）活动探究时间充分

通过12节教学视频分析，发现小学数学"综合与实践"领域的教学各环节时间分配差异较大，详见表6-5。尤其活动探究环节时间占比很大，平均占比高达62%，教学时长在20~32分钟之间；收获反思的时间占比相对较高，依据不同教学内容，收获反思环节的时长差异较大。由此可见，小学数学"综合与实践"领域的教学，学生自主探究时间充分，学生的自主性空间很大，完全体现了该领域的课程内涵与特征，并满足课程的活动要求。

表6-5　12节教学视频教学各环节时间分配比例

教学视频编码	揭示主题	提出问题	分解任务	活动探究	收获反思
自行车里的数学	7%	12%	12%	58%	11%
鸽巢问题	9%	4%	12%	63%	12%
找次品	8%	5%	4%	70%	13%
植树问题	4%	3%	12%	67%	14%
打电话	6%	12%	11%	60%	11%

续表

教学视频编码	揭示主题	提出问题	分解任务	活动探究	收获反思
掷一掷	2%	12%	14%	60%	12%
一亿有多大	1%	2%	3%	48%	46%
莫比乌斯圈	11%	15%	4%	52%	18%
数字编码	2%	16%	28%	44%	10%
青蛙爬进	17%	8%	9%	60%	6%
量一量，比一比	1%	3%	12%	78%	6%
商品价格调查	2%	5%	3%	80%	10%

3. 教学方式分析

本研究对教学形式的分析主要包括师生的互动方式和学生的活动方式两个方面，具体分析教师的提问方式和学生的回答方式、学生的活动方式。通过教学过程分析，发现活动探究过程的教学时间很长。因此，教学方式的分析主要集中于活动探究过程中。通过视频分析发现，小学数学"综合与实践"领域的教学方式转变了传统的讲授式教学方式，师生互动十分频繁，课堂上学生具有充分的发言机会，教师完全尊重学生。学生的活动方式丰富，学生在课堂教学中可以通过动口、动手、动脑自主学习，在活动过程中"做"数学，把数学学习转变成有温度的、鲜活的、可以体验的事物。师生之间建立起新型的导师指导关系，教师在教学过程中主要起到引导、启发和协助的作用。

（1）师生间问题互动频繁

通过 12 节的教学视频分析，发现教师在小学数学"综合与实践"领域的教学中从一个滔滔不绝的讲授者变成"十万个为什么"的小朋友，教师在一节课中运用的表述大多是疑问句。总体上，师生间以问答形式的互动方式为主，教师的提问方式有个别提问、小组提问、集体提问。学生的回答方式有语言回答、肢体动作比画、作品展示、书面回答等。传统教学过程中师生间的互动交流气氛严肃，教师担心学生答不出来，学生担心自己答不对。常常让师生的互动变得压抑、焦虑、担忧，很多时候，师生的问答交流变成了教师的自问自答。然而，小学数学"综合与实践"领域的教学给予师生频繁的互动机会，营造出轻松、和谐、欢乐的互动氛围。教师转变了提问的角色与方式，让学生有机会、有勇气说出自己的想法。教师的问题更开放、更能激发学生的发散性思维。学生可以选择灵活多样的方式，回应老师的问题。总之，通过 12 节教学视频分析发现，师生间问题互动频繁。

（2）学生活动多样

通过 12 节教学视频分析，发现小学数学"综合与实践"领域的教学方式灵活，尤其在活动方式上，学生的活动方式多样。学生在开放的教学环境中，可以运用多种活动方式学习数学。学生可以通过自己的全身感官去感受、体验、参与数学学习活动，既可以通过眼睛观察数学，也可以通过语言表达数学，还可以通过头脑思考数学。学生多官感地参与数学学习活动，可以促进其感悟、体验、理解数学；多样性的活动方式把数学变得鲜活，具有生命力。学生感受到了数学的真实存在，数学不再是抽象的、虚幻的，学生可选择不同的活动方式，在活动过程中充分表达自己的需要，教师尽可能地尊重学生的多样化表达，让学生充分展开思维活动，多向度地分析与解决问题。

（二）小学数学"综合与实践"领域课程实施核心要素分析

通过小学数学"综合与实践"领域的再认识，明确了该课程具有综合性、实践性、问题性、创生性、自主性等课程特征，要将这些课程特征落实到教学过程中，需要与之对应的课程实施元素，确定了主题、问题、任务、活动、评价五个元素。再通过 12 节教学视频分析，发现小学数学"综合与实践"领域的教学过程包含"揭示主题—提出问题—分解任务—活动探究—收获反思"五个重要环节。综上所述，析出小学数学"综合与实践"领域课程实施五大核心要素：概念化主题统领、挑战性问题引领、操作性任务驱动、沉浸式活动体验、贯穿式评价促进。五个核心要素是构建小学数学"综合与实践"领域课程实施模式的重要依据，其基本关系如图 6-4 所示。

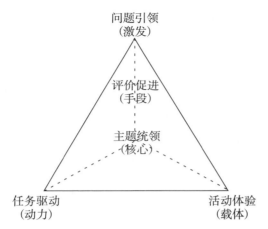

图 6-4　小学数学"综合与实践"领域课程实施模式核心要素关系图

1. 概念化主题统领

小学数学"综合与实践"领域的教学实践，依赖于师生的自主开发，尤其在主题内容的选择和确定上，需要教师具有较强的专业能力。教学主题在教学中起到重要的统领作用，是"综合与实践"领域的核心，主题的选择与确定受到学生个体生活经验、教师教学经验和数学学科经验的多重影响。经验的存在是隐形、零散、无序的，要统合经验使其显性化、系统化，需要运用概念化方法，对其进行改造。同理，小学数学"综合与实践"领域的主题需要概念化方法的改造，让学生、教师、学科的经验成为一个系统，概念化主题统领着小学数学"综合与实践"领域课程实施。将事物概念化是思维的基本形式之一，人类将认识到的一类事物的共同特性抽象、概括出来，就成为概念。小学数学"综合与实践"领域没有系统化的数学学科内容，需要综合其他内容课程甚至其他学科的内容作为教学内容。也就是说，小学数学"综合与实践"领域围绕概念化主题展开，是课程实施模式的核心要素。

"概念化"的含义主要是指对具有相同特性和学习探究意义的教学内容的概括与提炼。概念化主题是指基于教学情境需要综合数学学科的核心内容、学生的已有经验和教师的专业素养而确定的一系列具有研究意义的教学内容。这些主题蕴含着数学学科的基本思想与方法，包含了学生和教师的经验与理解，是教学中具有重要统领和探究价值的内容，对学生的核心素养培养和教师的专业发展都具有重要作用。

　　小学数学"综合与实践"领域的主题确定需要考虑数学学科内容、学生的生活经验和教师的专业素养三个方面。首先，要着眼于数学学科的核心内容。教学主题要充分体现数学学科特性，主题的确定既不能完全打乱学科课程内容与教材的逻辑框架，也不能刻意超越学科知识的认知序列。而是要基于学科核心内容进行整合，整体性分析与拓展，可以适当地对学科内容进行重组、调序、补充和拓展。主题的选择可以教材为抓手，通过整合课程文本资源的途径逐步加大主题整合力度。其次，要着眼于学生的已有经验。学生作为教学的主体，在确立教学主题时必须尊重学生的需要和兴趣。学生在生活经验积累基础上形成了一定的前概念。如若在此基础上进行教学引导，会提高教学效率。因而，课程主题要以学生的生活经验为基础，紧密联系学生的实际生活。最后，要着眼于教师的专业素养。教师作为教学活动的组织者，其自身的专业素养与能力直接决定了教学的走向。主题的确立离不开对教师经验的考量，只有让教师的经验显性化、系统化，才可保障课程主题的顺利实施。

2. 挑战性问题引领

　　基于核心素养导向的数学课程与教学，关注学生问题解决能力的提升。数学教育的目的是让学生面临未来生活问题时，具有思考与应对的能力。学生未来面对的是未知的问题，是不能仅仅运用知识就能解答的。现代数学课堂教学需要挑战性问题的引领。问题是数学教学的良好平台，一个好的问题不仅能激发学生的学习热情，更能引领学生的能力塑造和促进学生的全面发展。然而，小学数学"综合与实践"领域是以问题为重要载体。因此，问题设计是小学数学"综合与实践"领域课程实施的核心要素。

　　问题作为小学数学"综合与实践"领域课程实施的重要内容，对教学实践具有引领作用。从教学设计的视角看，问题决定着教学发展的方向。问题可以为教学创生更多可能，为学生学习探究提供空间。教师对问题的设计直接影响着学生的学习探究。问题是引领学生思考与实践的基础，问题要具有挑战性。只有具有挑战性的问题，才能促进学生的进一步发展。总之，小学数学"综合与实践"领域课程需要挑战性问题的引领。

　　小学数学"综合与实践"领域课程实践被问题引领。因此，设计与选择教学问题就显得尤为重要。总体上，问题要具有挑战性。挑战性问题是指能够激发学生探索欲望，给予学生思考的空间，最终能通过多种方法去解决的问题。适合小学数学"综合与实践"领域课程的挑战性问题应该具有多样性、探索性和开放性特征。小学数学"综合与实践"领域课程实施凸显学生的自主性。第一，设计的问题要具有多样性，从不同层次和个性层面满足不同的学生。一方面，问题的多样性可以实现不同的人在数学上得到不同的发展，问题的多样性可以激发学生的全面思维；另一方面，问题的多样性可以丰富教学资源。第二，设计的问题要具有探索性。具有一定思维深度和难度的问题才具有探索的价值与必要。小学数学"综合与实践"领域课程实施中设计的问题既要激活学生的已有经验，还要激发学生的探究需要。设计的问题在结论上应该更具开放性，给学生提供广阔的思维空间，让学生可以灵活选择解决问题的途径，多维度激发学生的认知冲突，激发学生强烈的探究欲望。

3. 操作性任务驱动

　　不同的学习方式对学生的学习效果产生不同的影响。如"学习金字塔"理论（如图 6-5）所揭示的，学生内驱力越高，学习效果越好。因此，小学数学"综合与实践"领域课程实施需要具有操作性强的任务驱动学生学习活动的展开。

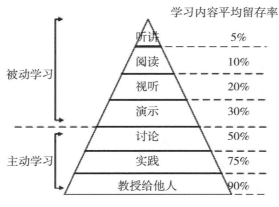

图 6-5　学习金字塔理论

　　小学数学"综合与实践"领域强调以学生为主体，注重学生的实践活动过程，需要具有操作性的任务，驱动学生实践。通过研究发现，小学数学"综合与实践"领域给予学生足够的时间和空间让学生经历观察、实验、猜测、操作、实践等活动过程。这些活动具有操作性特征，可以让学生直接参与、展现思考过程、交流收获体会，激发学生的创造潜能，具有操作性的任务使得学生活动有动力、有抓手、能开展。

　　具有操作性的任务可以驱动学生学习，因而设计操作性任务就十分重要。首先，操作性任务应该具有充足的时间。传统课程的课堂教学具有容量大、时间紧、任务重的问题。小学数学"综合与实践"领域课程实践也存在相应的问题。因而，常常因为课时原因，该课程实施被搁置。为解决这一问题，需要整合教学内容、分解教学任务、创新教学周期。对于一个巨大的教学任务可以灵活分解，灵活安排在不同的教学时间和空间里。例如，可以以天、周、月、学期、学年等为任务周期。其次，操作性任务要具有驱动力。小学数学"综合与实践"领域特别注重学生的自主参与。因此，该课程的学习任务一定具有很强的驱动力。任务内部需要高度综合，使得任务具有连带性，通过完成一个任务，获得意外的惊喜与收获。任务外部需要教师的协调管理。最后，任务设计时要考虑可行性。小学数学"综合与实践"活动形式众多，需要丰富的教学资源，无论硬件、软件还是技术资源都是任务设计时的基本考量。比如，在教师访谈中，有教师说像"自行车里的数学"这样的研究任务无法开展，因为硬件得不到保障。

4. 沉浸式活动体验

　　活动作为小学数学"综合与实践"领域的基本单位，是教学实践的载体。无论教学确立了何种教学目标、围绕什么主题、解决什么问题、如何进行任务分解，最终都需要以学生的活动体验去实现。

　　小学数学"综合与实践"领域的一个重要目标是帮助学生积累活动经验。通过活动可以增强学生对数学的体验和感受，这也是数学"综合与实践"领域作为数学课程内容形态存在的价值所在。一般事物由实物到抽象要经历体验—语言—图画—符号四个步骤。学生的数学学习也是同样的步骤，教科书提供的是图画——符号的形式，只有教学才可能让学生经历体验和语言的步骤。俗话说："听见的忘掉了，看过的记住了，做过的就懂得了。"这表明体验在学习理解中十分重要的作用。体验是一种学习的过程和方式，体验是唤醒学生的情感与智慧，让数学学习更具生命力。

5. 贯穿式评价促进

评价是教学实践重要的一个环节，小学数学"综合与实践"领域特别注重过程性的教育价值与意义。那么，评价必定贯穿于教学全过程。随时反馈教学信息，促进学生实践活动的开展。小学数学"综合与实践"领域关注教学过程中学生的行为表现。通过学生的行为表现反馈教学问题，及时提醒教师调整教学方式。因此，评价在小学数学"综合与实践"领域中发挥着不可替代的重要作用，贯穿式就是连通整个教学过程，贯通式评价就是渗透在教学的每个环节之中。

贯通式教学评价的一个重要特性就是及时，因为教学的每个环节都渗透了评价，可以及时对每个环节的问题进行反馈与修正。及时的教学评价方式可以促进教学的顺利开展，促进学生的活动探究有效、有序推进。通过评价可以及时反馈学生的困惑与问题，体现教师指导的及时性与重要性。

（三）小学数学"综合与实践"领域课程实施模式原型设计

小学数学"综合与实践"的课程实施就是具体教学实践过程。本研究中的课程实施模式也即教学模式。所谓教学模式，是指在一定教育教学思想、理论或原理的指导下，教学系统内基本构成要素（主要指教学结构、教学过程与教学方法）之间彼此联系、相互作用、协调运行，静态与动态相统一的有机整体。[①]有较为稳定的教学活动程序、结构和框架。教学模式既是教学理论的浓缩化和可操作化的体现，又是教学实践的概括化和理性化的提升。因而，其兼具理论与实践的价值意义。简言之，教学模式是在教学理论指导下，

---

①　袁顶国,刘永凤,梁敬清.教学模式概念的系统分析——教学模式概念的三元运行机制[J].西南师范大学学报(人文社会科学版),2005(06):110-114.

综合各种教学要素和教学方法的系统化和具体化。教学模式结构基本上都包含着教学思想（或教学理论）、教学目标、操作程序、师生组合、条件和评价等要素。这些要素各占有不同的地位，具有不同的功能，它们之间既有区别，又有联系，相互蕴含、相互制约，共同构成了一个完整的教学模式。[①]因为要素间的差异，形成不同的教学模式。当然也不会不存在一种普适性的固定教学模式。同理，小学数学"综合与实践"领域课程实施也没有固定不变的模式，但是有适用于一般情况的基本模式。在此基础上可以灵活应用，产生各种变式。本研究根据上文梳理出的小学数学"综合与实践"领域课程实施核心要素，结合主题教学和项目式教学要求，分析设计小学数学"综合与实践"领域课程实施模式原型。本研究在美国生物学课程研究（BSCS）开发的"5E教学模式"[②]启发下，根据小学数学"综合与实践"领域的核心要素，依据该领域的课程实施理念，总结归纳出课程实施的六个主要环节，包括创设（Establish）、提出（Introduce）、探究（Exploration）、展示（Exhibition）、拓展（Expand）、评价（Evaluate）环节，引导学生开展综合实践活动，促进学生综合实践能力提升和问题解决的经验积累。"5E+I"课程实施模式结构说明如图6-6所示。

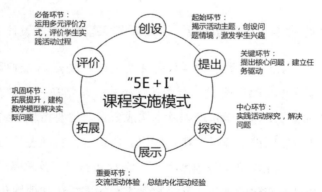

图6-6 小学数学"综合与实践"领域的"5E+I"课程实施模式结构说明图

①　郝志军，徐继存.教学模式研究20年：历程、问题与方向[J].教育理论与实践，2003（23）：51—55.
②　赵呈领，赵文君，蒋志辉.面向STEM教育的5E探究式教学模式设计[J].现代教育技术，2018，28（03）：106—112.

1. "5E+I"课程实施模式的理论基础

理论基础作为课程实施模式的结构要素之一，支撑着模式的深层次构建，具有重要的指导意义。它为课程实施指明方向，是课程实施模式的灵魂所在。小学数学"综合与实践"领域的"5E+I"课程实施模式理论基础主要包括三个方面。其一，具身认知理论、多元智能理论等理论的指导。其二，单元教学、主题教学和项目式学习理论的指导。其三，课程整合理论和小学数学"综合与实践"领域课程内涵、特征的理论指导。

（1）具身认知和多元智能理论的指导

具身认知理论关于学生认知、思维、记忆、学习、情感和态度等内容的阐述为本研究小学数学"综合与实践"领域课程实施模式的构建提供基本理论指导。总之，具身认知理论具有具身性、情境性、生成性的特点。强调身体作用于物理环境之中的活动对塑造学生认知、思维、记忆、学习、情感和态度等的重要意义。身体行动承载着认知的发生，具身交互的过程实现了经验建构。身体行动、心灵感悟和环境的交互作用中形成认知与思维。身体既参与认知，又影响思维，还塑造心智，不同的身体活动会形成不同的认知结果，建构不同的活动经验。具身认知理论认为教学需要建立在教师和学生个人知识背景、生活世界、感受体悟、经验经历基础之上，在教师、学生与课程文本的相互对话、彼此互融的过程中逐步生成、涌现或转化个人履历或自我实现。小学数学"综合与实践"领域课程以活动形式在学生个体生活和社会之间架构桥梁。在各类活动实践之中落实数学"三会"核心素养，因而具身认知理论对其课程实施模式具有重要的指导作用。

小学数学"综合与实践"领域的教学活动过程关涉学生多感官参与，评价作为课程实施模式的必备环节，需要建构多元智能评价体系。多元智能理论对学生观、智能观、教育观作出了全面的诠释。这些理论理解既符合小学数学"综合与实践"领域课程实施要求，又进一步指导其课程实施有效开展。因而，多元智能理论可作为小学数学"综合与实践"领域课程实施模式的理论基础，尤其为教学模式中的评价环节提供立论基础。多元智能理论认为每个学生都是出色的，学校里不存在"差生"，只是学生的智能表现在不同方面，不能使用一个统一的标准来衡量学生某一个智能的高低。多元智能理论认为智能的本质是个体解决现实生活中的实际问题的能力，是在生活实践中发现新知识和创造新产品的能力，这些显然超越了传统课程评价关注的重点。教育是赏识教育，教师要相信每一位学生，相信其独特的潜能，并给予充分的肯定和认可，主动、自然地设计适合每位学生的"因材施教"的方法，以配合其智能组合的发展。

综上所述，这些理论为小学数学"综合与实践"领域课程实施模式的深入构建提供理论依据和参考。

(2) 单元教学、主题教学和项目式教学理论的指导

单元教学是基于单元教学的一种教学设计模式，在三维教学目标的落实、课程的整合与开发、核心素养的培养等方面具有独特优势。[1]吕世虎、胡振英等研究者提出单元教学设计具有整体性、程序性、生本性、创造性等特征。吕世虎、杨婷等研究者提出了确定单元内容、分析教学要素、编制教学目标、设计教学流程、实施教学、评价、反思及改进六个流程。[2]

主题式教学实践基于儿童个体社会需求的意义整体，展开有目的的探究性学习，倡导以学生为中心，超越学科界限，整合运作。通过广泛的主题探究，促进学生的整体性发展。[3]

项目式教学是在西方广泛应用的教学方式，主要是指在教师指导下，让学生相对独立地完成一个项目，包括信息的收集、方案的设计、项目实施及最终评价。其具有发展学生核心素养和学科能力的价值，以小组合作方式对真实问题进行探究，以此获得学科知识的核心概念和原理，提升创新意识和实践能力的教学活动。具有问题性、合一性、探究性、真实性、过程性和结

---

① 吕世虎,吴振英,杨婷,等.单元教学设计及其对促进数学教师专业发展的作用[J].数学教育学报,2016,25(05):16-21.

② 吕世虎,杨婷,吴振英.数学单元教学设计的内涵、特征以及基本操作步骤[J].当代教育与文化,2016,8(04):41-46.

③ 高嵩,陈晓端.论当代主题式教学中的课程知识整合 [J]. 课程·教材·教法,2020,40(05):79-86.

果性的特征①。

综上这些教学模式的内涵、特征、价值、操作流程等，对本研究构建小学数学"综合与实践"领域课程实施模式以及分析模式结构的功能、操作流程等提供操作性指导意义。

(3) 数学"综合与实践"领域相关课程理论的指导

数学"综合与实践"领域作为数学课程内容建构的新形态，具有特殊价值意义。因而，在构建其课程实施模式时必须以该领域的基本课程理论为指导，并且本研究集中讨论小学阶段的数学综合实践活动课的实施模式，必须立足数学学科视角，考虑数学学科特性、小学生的心理特点、数学活动特征等。

数学"综合与实践"领域的课程实施注重整合、实践。以培养学生综合运用所学知识和方法解决实际问题的能力为目标的学习活动，是依据不同学段学生的特点进行自主探索、实践体验和合作交流的学习活动，是基于学生的已有生活经验、紧密联系学生生活世界的学习活动，是体现综合解决实际问题的实践性过程的一种问题解决活动。

综上，数学"综合与实践"领域相关课程理论为小学数学"综合与实践"领域课程实施模式构建和模式结构中的实施条件提供了理论指导。

2."5E＋I"课程实施模式的功能目标

每一种课程实施模式的设计都具有其独特的功能目标。所谓课程实施模式的功能目标是指通过依据课程实施模式进行实践后师生所获所得的一种明确、具体的表达。课程实施模式的功能目标既决定着模式的操作流程，又提供了师生活动的评价标准。小学数学"综合与实践"领域课程的"5E＋I"课程实施模式的功能目标就是为其模式的流程和评价提供依据。

小学数学"综合与实践"领域的"5E＋I"课程实施模式的功能目标主要包括三个方面。其一，整合教学环节。"5E＋I"课程实施模式通过整合教学

① 胡红杏.项目式学习:培养学生核心素养的课堂教学活动[J].兰州大学学报(社会科学版)，2017,45(06):165-172.

环节，体现小学数学"综合与实践"领域的综合性特征，体现综合性教学形式，给学生充足发挥其自主性的空间，使学生的创造具有更多机会。其二，帮助教师建立教学逻辑结构。"5E＋I"课程实施模式中的核心要素，主题统领教学过程，使教学逻辑更加清晰，便于教师理清教学主线。其三，转变学生的学习方式。"5E＋I"课程实施模式以学生活动体验为主体，充分发挥学生的主观能动性，让学生成为真正的学习主人，转变学生常采用听讲、视听、观看教师示范等被动的学习方式，引导学生参与小组讨论、实践、给别人教等主动学习方式。

3. "5E+I"课程实施模式的操作流程

操作流程作为课程实施模式的结构之一，是指导实施模式科学、合理、操作实践的必备指南。操作流程是整个课程实施模式的逻辑主线，主要包括对教学过程中每一个流程的规定、对具体步骤的分解、对教师以及学生具体行为的指导等。翔实的操作流程能够给教师的教和学生的学提供明晰的依据和指导。小学数学"综合与实践"领域的"5E＋I"课程实施模式旨在转变数学"综合与实践"领域教学中存在的环节众多、教学结构松散、任务和活动无序等现象，帮助教师建立教学逻辑结构，促进学生学习方式的变革。"活动体验"是教学的主体部分，在这一部分需要对具体问题进行分析，分解为不同的任务，再细化为具体的活动，包括互动性活动、操作性活动和实践性活动。这一部分强调学生要通过不同形式的活动体验、感悟数学。在小学数学"综合与实践"领域课程实施中，关注学生的体验、感悟，注重学习过程中学生的表现，凸显过程的教育价值和意义。在教学中师生组成一个学习共同体，共同经历完整的活动体验过程。"5E＋I"课程实施模式作为中介和桥梁，将小学数学"综合与实践"领域课程理论与实践教学勾连起来，并在其实施模式操作流程中体现了小学数学"综合与实践"领域课程理论和价值诉求。通过对小学数学"综合与实践"领域课程理论研究和对其实施现状的调查研究以及 12 节教学视频分析，通过归纳构建出小学数学"综合与实践"领域的"5E＋I"课程实施模式的流程。该模型主要包括确立教学目标（揭示主题）、创设问题情境（激活已有经验）、分解任务（分析问题）、活动体验（总结、创新）、拓展应用和收获反思。具体操作流程如图 6-7 所示。

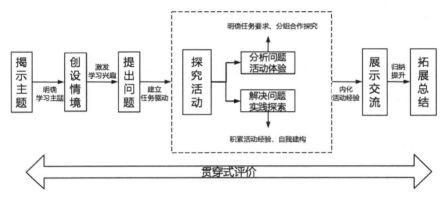

图 6-7 　"5E+I"课程实施模式的教学操作流程原型图

4. "5E+I"课程实施模式的实施条件

课程实施模式的实施条件是模式结构要素之一，说明了具体课程实施模式的适用条件与环境。实施条件是确保课程实施模式实现其特定功能目标的基本要求。课程实施模式的实现条件涉及实施过程中的每一个要素，例如教师、学生、课程内容、活动形式等。"5E＋I"课程实施模式针对小学数学"综合与实践"领域课程实施。因此该模式得以实现的条件主要体现在以下几个方面。

（1）教师应该具有课程整合的意识和能力

小学数学"综合与实践"领域具有综合性的课程特征。教师作为课程主体之一，应该具备自觉的课程整合意识。课程整合反映了未来教育的基本态度，预将打破知识的疆界，使知识和生活经验连接起来，通过资源流通、整合和开发，建构整体化的知识体系。从现象学的视角来说，是以个人生活经验为核心的整合，体现个人自我整合，全面发展的态度。从社会学视角来说，是以社会生活实际问题为核心的整合，体现教育和社会关系整合的态度。总之，课程整合是一种态度、一种综合、全面的教育价值追求，一种整体育人价值实现的路径。教师必须熟知课程整合的要求，具有课程整合的能力，才能很好地创生出适合学生发展的实践活动主题。

（2）学生具有良好的活动习惯

小学数学"综合与实践"领域以学生活动为主要形式，在实施过程中发挥学生的主体作用。在课程实施的活动过程中尊重学生的自主探究，要求学生发挥主观能动性，自主参与实践活动。尤其，学生要自主发现、提出问题，并在实践活动过程中自主分析、提出解决问题的策略。教师要在学生实践活动探究过程中及时提供帮助与指导，帮助学生解决活动中的疑问。小学数学"综合与实践"领域课程实施特别注重学生的自主性，课程实施过程中设计的主题活动以学生的自主探究为主。课程实施中活动体验是课程实施模式的主体，要求学生全过程参与任务、活动之中。因此，需要学生具有良好的活动习惯。一要有活动的自觉意识。活动是学生在任务驱动下，为完成某任务自主设计的，需要学生自主思考完成，而不是教师给出指令的参与式活动。二要有活动的自主能力。活动是学生主动思考的表现，活动过程需要学生自主参与，不能依赖于教师，或者由教师代劳。

（3）充分、灵活的教学时间

小学数学"综合与实践"领域课程实施需要自主创设主题活动，因而教学课时要自由、灵活设计。依据不同的主题活动灵活安排教学课时，可以采取课前、课中和课后相结合的实施模式，设计不同时长的主题活动。总之，小学数学"综合与实践"领域课程实施整体上以学生的活动体验为主。因此，教学需要比较慢的节奏，突出学生的"学"的过程。然而，教学模式中的主体部分是活动体验，需要给予学生宽松的活动时间，不能让学生只表现出探究活动的形式，而要让学生真正的"动"起来，包括动手、动脑、动口等。这些都需要有足够的时间去完成。遇到大型的活动，可以灵活处理教学时间，延长教学周期，可以是日、周、月等灵活的教学时间，而不再拘泥于仅有的40分钟课堂教学时间。

第七章　小学数学"综合与实践"领域课程实施模式的教学实践

小学数学"综合与实践"领域作为新型数学课程内容形态，在具体教学中到底如何实施？这是本研究的一个主要出发点。本研究在第六章构建了"5E＋I"课程实施模式原型，力求在理论与实践之间搭建一座沟通的桥梁。本章通过把"5E＋I"课程实施模式运用到教学实践中，与具体的数学综合与实践活动案例结合，进行检验和实践，一方面是将小学数学"综合与实践"领域课程实施模式进行实践转化，另一方面是通过教学实践对理论模式进行检验与修正，同时进一步阐释小学数学"综合与实践"领域"5E＋I"课程实施模式的意义、价值、内涵等。

本部分的教学实践研究旨在通过具体的综合实践活动案例教学，在研究者与教学实践者的协作下，探索小学数学"综合与实践"领域的实施模式在教学中的实际运用情况。将最初提出的实施模式付诸实践，综合多种研究方法去检验模式结构，通过反复地分析、设计、实施和完善，在教育教学实践过程中不断地调试与改进，从而修正适用、可操作的一般教学模式。教学实践的过程主要包括五方面的任务。第一，依据构建的理论模式原型设计实际的综合与实践活动案例，是将理论模式进行实践应用转化，与具体的案例结合。第二，参与教学案例的设计与教学实践过程收集、分析形成案例数据。第三，通过对具体教学案例的分析与反思，改进教学设计并修订实施模式。第四，重复进行三次教学实践，通过数据的对比与分析，进行不断的教学流程修订。第五，为构建的课程实施模式原型提供实践修正的过程，通过教学实践中发现的问题与难点来改进实施模式原型，进一步深化实施模型的理论价值。依据上述教学实践研究计划，本研究进行的三轮教学实践，分别从宏观探索、中观调试和微观提升三层视角逐步修正。总体上，三次教学实践研究是一个逐步推进与深化的过程。第一轮教学实践研究主要是从宏观视角进行实施模式的教学尝试和探索，尝试遵照模式原型的理论要求进行实践活动案例的教学设计与实施。从观念层面对"5E＋I"课程实施模式中的核心要素进行整体的设计与考察。第二轮教学实践研究主要是从中观视角进行教学调整和改进，在第一轮教学实践研究基础上，在理解认知层面对"5E＋I"课程实施模式进行调试。第三轮教学实践研究主要是从微观视角进行教学提升与应用，在具体操作应用层面对"5E＋I"课程实施模式的结构进行细节打磨。三轮教学实践的流程如图 7-1 所示。

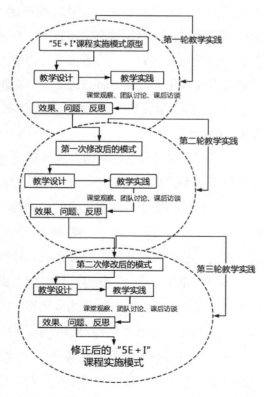

图 7-1　"5E+I"课程实施模式的三轮教学实践研究流程图

　　本研究选取人教版小学数学三年级的"制作活动日历"和五年级的"打电话"这两个数学综合实践活动作为小学数学"综合与实践"领域课程实施对象，并按照"5E＋I"课程实施模式的要求和操作流程进行教学实践。这两个实践活动分布在不同年级的同一学期，在教学实践研究中可以并列开展，便于实际的研究实施和操作。研究中选择平行班级进行教学实践，具体的教学实践教师和班级如表 7-1 所示。

表 7-1　参与三轮教学实践的教师和班级情况一览表

教学实践轮次	执教教师	班级	教学内容
第一轮	LHL	三年级（1）	制作活动日历
	DCL	五年级（1）	打电话
第二轮	LHL	三年级（2）	制作活动日历
	DCL	五年级（2）	打电话
第三轮	WJ	三年级（3）	制作活动日历
	LXL	五年级（3）	打电话

一、第一轮教学实践

　　第一轮教学实践主要是将"5E＋I"课程实施模式付诸实际的教学设计之中，对实施模式中的各个要素和操作流程进行尝试和探索。从观念层面理解该实施模式，并结合具体实践活动案例进行模式应用。从而，第一轮教学实践的研究主要是对该实施模式进行教学运用，对模式的各要素和操作流程进行初步检验和调试。这一轮研究亟待解决的问题是实施模式的教学运用。为了解决这一问题，本研究严格按照之前构建的模式原型进行教学设计和实践。研究者参与一线教师的教学设计与教学过程之中，随时跟进教学进程，并从课堂教学具体的实践过程和课堂教学实施效果两个方面对实践效果进行分析，结合课堂上学生的学习表现和课后心得、授课教师的感悟体会以及研究团队专家的访谈内容等对"5E＋I"课程实施模式进行实践反思，并提出第一次修改与调试。

（一）第一轮教学实践研究的问题

将构建的"5E＋I"课程实施模式真正运用到教学实践与具体综合实践活动案例结合起来，那么在实际的教学设计与操作过程之中会出现什么样的问题呢？授课教师和学生会有怎样的感受和体验呢？对概念化的主题确立？学习目标的设立？对大问题的提出等方面究竟如何创设？学生任务的分派与分解如何实现？活动的过程如何有效呈现？这一系列问题都是第一轮研究中需要解决的问题。为了使研究具有针对性，第一轮的教学实践主要聚焦的研究问题如下：

按照"5E＋I"模式进行教学实践，了解实际的小学数学"综合与实践"领域的实施样态是怎样的？

（二）第一轮"5E＋I"课程实施模式的实践过程

本研究结合三年级"制作活动日历"和五年级"打电话"两个综合实践活动案例，依据"5E＋I"课程实施模式的原型要求，从概念化主题的确立、挑战性问题的设计、操作性任务的分解和体验性活动设计这几个方面详述第一轮教学实践的设计过程。这两个研究案例是并列进行，所以在后续的教学实践过程描述中是同时呈现的，以此说明该教学模式具身化的实践样态，从而展示小学数学"综合与实践"领域课程实施的样态。

1. 概念化主题的确立

小学数学"综合与实践"领域的"5E＋I"课程实施模式，以具身认知、课程整合、主题教学等理论为指导，强调学生学习过程的完整性，注重学生的数学学习与实际生活世界的联系，表明数学学习与学生生活是统一的整体，是不可分割的，学习数学是让学生能够积极面对和解决现实的问题，帮助学生更好的生活。学生将会面对未知的世界和问题，需要能做出积极的回应。小学数学"综合与实践"领域为学生整体性学习和生活意义理解提供了空间，以此改变学生数学学习的方式，让学生在具体的数学实践活动过程中获得解决问题的经验。"5E+I"课程实施模式突出学生学习主题的整合与学生的活动实践体验，该模式中主题的确立是教学的中心，尤其教师要以整体教学观念统筹创设主题，具有主题统摄的实践活动才能有效促进学生思维的发展。

实施模式中主题的确立主要是指以数学学科"核心内容"为基础，依据数学课程的核心概念，教师可以自主开发。但是主题的选择与确定关乎学生个体生活经验、教师教学经验和数学学科经验的多重影响。经验的存在是隐形、零散、无序的，要统合经验使其显性化、系统化，需要运用概念化方法，对其进行改造。"概念化"的含义主要是指对具有相同特性和学习探究意义的教学内容的概括与提炼。概念化主题是指基于教学情境需要综合数学学科的核心内容、学生的已有经验和教师的专业素养而确定的一系列具有研究意义的教学内容。小学数学"综合与实践"领域的概念化主题一定要围绕数学学科的核心概念，充分体现数学学科特征。概念化是依据数学学科知识认知序列，围绕数学课程内容的螺旋式上升的编排结构，对数学核心内容进行整合与拓展，引领数学实践活动的有序开展。小学数学"综合与实践"领域的概念化主题确定既要关注学生的生活世界和已有经验，更要关注教师对数学内容的整体性理解。主题一定具有"类特征"，可以统领和整合类似的、相近的、相关的内容，起到承前启后的重要作用。概念化主题的确立是教学得以顺利展开的核心。

"制作活动日历"是义务教育数学教科书小学数学三年级下册"综合与实践"领域的实践活动。该活动是在学生掌握了年、月、日相关知识后的综合应用，让学生感受数学在日常生活中的作用。这一实践活动选择以四个小正方体木块作为活动材料，以"如何制作一个活动日历"为目标和载体，实现让学生体会运用年、月、日的知识解决简单问题的过程，积累活动经验，让学生真正感受数学知识在现实生活中的应用价值。这个实践活动对于三年级的学生来说具有一定的挑战性，从分配四个小正方体木块，到每个小正方体的六个面的具体分工，需要学生整体思维和严密的推理能力，并会不断遇到新问题。学生在具体操作过程中，需要具备一定的生活经验、小组合作意识和能力，通过绘画示意图等图示展示思维过程，帮助学生分析和解决问题。

本活动的概念化主题是"年、月、日"。

"打电话"是义务教育人教版小学数学五年级"综合与实践"领域的第二个综合实践活动。在四年级教材上册"数学广角"中已经学习了烙饼问题、沏茶问题等有关优化思想的内容。学生已经具备了基本的优化思想,具有优化活动的经验。因而,对于该内容学生已经具备了一定的组织、分析材料的能力,并且能够通过绘图示展示解决问题的思路和方案。本节课正是在这些基础之上,进一步联系生活实际问题,让学生进一步体会数学与生活的密切联系以及优化思想在生活中的应用,培养学生应用数学知识解决实际问题的能力。"打电话"实践活动,是在已有优化方法经验基础之上,突破知识本位的学习,让学生充分经历问题解决的过程,真正体会与理解优化思想。因而本教学案例围绕的概念化主题是"优化"。

表 7–2　两节实践活动课的概念化主题

课题名称	概念化的主题
制作活动日历	对年、月、日的运用与理解
	通过综合运用学习过的年、月、日内容,经历认识活动日历、制作活动日历,经历如何制作?为什么制作?活动过程理解活动日历的制作方法和用途,体会数学知识的综合运用价值
打电话	对打电话省时高效方案的探索,深化理解数学优化思想
	通过提供不同的打电话实施方案,体会高效的通知方式,探索用时最省的数学规律

2. 教学目标的设计

教学目标围绕学习主题而设计,"综合与实践"领域的教学目标设计突出学生的主体地位,注重学生在实际活动过程中的思维发展与经验积累。教学目标更注重学生在教学过程中的全面表现,而不是仅仅注重学习知识结果的获得,忽视学生教学过程中的过程性发展和表现。围绕数学核心素养的培养目标,小学数学"综合与实践"领域的教学目标设计素养关系图,如图7–2所示。

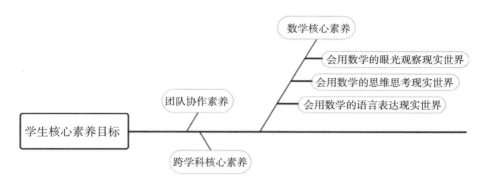

图7-2 素养目标关系图

根据两节活动实践课的具体设计，教学目标如下。

"制作活动日历"的教学目标

* 通过学生的自主探索发展学生发现问题、提出问题、分析问题和解决问题的能力。

* 让学生参与自主制作日历的实践活动，进一步综合运用年、月、日的相关知识和正方体的特征解决问题。

* 培养学生在运用示意图展示解决思路的步骤与思维过程。

"打电话"的教学目标

* 让学生从解决问题的多种途径中通过对比探寻"打电话"的最优方案。

* 让学生会用绘制简单示意图等绘画方式，展示打电话的实际操作方案。

* 培养学生分析、推理和统筹的问题解决能力。

* 让学生在实践活动过程中感受数学与实际生活的紧密联系。

3. 挑战性问题的创设

设计具有挑战性的问题是教学的起点。数学学科教学中，问题是教学的心脏，尤其小学数学"综合与实践"领域是以问题为载体，创生取向的课程实施需要明确的问题引领。问题的提出需要一个恰当、合理的问题情境，既能激发学生的探究欲望，又能聚焦学习主题内容，还能承载学生的深度思考。"综合与实践"领域主要是呈现生活实际问题和重视学生分析解决问题的能力发展。因而，小学数学"综合与实践"领域的问题情境和问题设计在教学实践过程中尤为重要。

"制作活动日历"这个实践活动，学生掌握了年、月、日的基本知识，并且学习掌握了正方体的结构特征。基于这些数学知识积累，提出用四个小正方体木块或纸盒和一个底座如何制作一个日历的挑战性问题。解决该问题首先需要理解什么是活动日历，其次想办法运用已有材料设计制作活动日历，最后明白活动日历的价值。让学生经历"是什么—怎么做—为什么"的思维理解过程。基于"5E+I"实施模式，既要提高学生的整体性认识与理解，还要让学生亲身参与实践体验，并能清晰绘制图示来展示自己的思维过程。因而，设计如下的问题情境：

开门见山直接引出"日历"，展示各式各样的日历，让学生认识日历上的核心要素有哪些？

出示日历图片，观察日历中关键的数学信息有哪些？我们如何用四个小正方体制作活动日历呢？四个小正方体如何分配呢？

"打电话"这个实践活动，利用学生熟悉的生活场景作为活动背景，让学生在多种尝试和解决问题的途径中选择最优方式，体会运筹思想在现实生活问题中的运用。教学实践通过让学生自主参与模拟打电话场景，增强优化思想感受，并推理建构数学模型等一系列活动探索打电话过程中蕴含的数学奥秘和规律，让学生经历解决问题的多种途径，并获得最优的解决方案，真正体会现实生活与数学的紧密关系，理解优化思想。因而，设计出如下问题情境：

打电话是我们生活中常见的生活现象，同学们有没有想过打电话活动中蕴含的数学奥秘呢？（直接点题）

D老师晚上十点多突然接到疫情防控的紧急通知，由于疫情原因取消明天早晨五年级去动植物标本基地参观的活动。D老师需要以打电话的方式通知每个班的班长，每个人需要一分钟，五年级总共有8个班。请你们帮助老师设计打电话的方案。

这两节实践活动课的教学情境创设主要围绕学习主题和内容直接设计。"制作活动日历"实践活动的主题和内容围绕"年、月、日"知识的综合运用与理解：一是抓住日历中的核心要素月、日和星期；二是四个小正方体的具体分工，分别用一个小正方体的六个面表示月、表示星期，用两个小正方体表示日。传统的教学设计中，通常会注重学生设计制作出的精美的活动日历，"5E＋I"课程实施模式的重点是让学生展示自己的思维过程，厘清问题解决的步骤。要制作一个活动日历，首先需要认识日历，顾名思义理解活动日历。其次，在制作材料确定的情况下，结合小正方体的结构特征，巧妙地设计如何表示月、日和星期。最后，通过制作过程感受活动日历的便捷性以及作用价值，积累制作日历的活动经验，并通过绘画的方式展示学生解决问题的思路，并帮助学生更清晰地表达思维过程。因此，教学设计中引导学生画正方体的展开图，展示学生设计日期表示的过程，不仅明确设计的结果，还明晰为什么这样设计。"5E＋I"课程实施模式聚焦于数学本质内容的理解和学生思维的展示，不仅仅综合运用年月日等基础知识，还理解如何灵活设计日期的表示，一个月最多有 31 天。"打电话"实践活动的问题情境结合学生亲身经历的疫情防控事件，因此创设了由于疫情原因取消参观活动的紧急通知情境，旨在让学生从生活现象中发现数学问题，提出问题，激发学生探究打电话的规律是什么，并通过绘制示意图让学生归纳、理解打电话的规律及本质，建构打电话模型。

4. 操作性任务分解

小学数学"综合与实践"领域的教学形式以活动为主，其中包括很多操作性的活动任务。因而，教学设计中重要的一个环节就是对操作性活动任务的分解。小学数学"综合与实践"领域的数学活动任务体现"以生为本，学为中心"的教学理念。活动的有效开展依赖于具有强大驱动力的任务要求，关涉任务分解的一个重要方面就是时间的分配。一节课的时间是有限的，然而学生的探究活动往往会遇到意想不到的困难，又要求在规定的时间内完成预设的教学任务，这就容易造成课堂教学的矛盾。时常在课堂上会听到"由于时间关系"等理由，让学生的探究活动被迫暂停或者中断。这样的现象背后其实体现了根深蒂固的"以教为本"的理念。而没有全面关注儿童的探究学习感受，忽视了儿童经历探究学习的过程，将会使帮助学生积累活动经验的目标落空。小学数学"综合与实践"领域相比传统课程领域自由度高、自主性更强，致使课程实施具有自身优势和挑战。同时教学的挑战性也更明显，为了更好地适应这种实施挑战，需要重视挑战性任务的分解设计。操作性任务分解需要师生共同设计与实施，在课前预习和学习过程中汇总学生的困难与困惑。教师依次设计操作性的任务方式。根据学习金字塔理论，从被动学习和主动学习方式中合理安排操作性任务。包括听讲、阅读、视听、示范、小组讨论、实践和教别人等方式。实践活动过程以主动学习方式为主，适当安排被动学习方式。

"制作活动日历"依据不同的活动类型，包括认识活动、探究活动和实践活动，以此进行活动任务分解。本活动课的任务分解与整合实施主要包括五个任务。第一个任务是让学生认识日历。日历是日常生活中常见的物品，因而，第一个任务可以让学生自主搜集使用过的日历，可能会有挂历、台历、电子日历和活动日历。第二个任务是让学生自主分析搜集到的日历中包含的数学信息，以及有趣的日历设计。第三个任务是让学生自主认识活动日历的特殊之处。第四个任务是让学生分析小正方体的结构特征，思考怎么运用正方体表示日历中的核心要素。第五个任务是让学生自主尝试设计活动日历。

"打电话"是现实生活中常见的现象，每个学生都有打电话的经历。因而本节课的活动任务分解要依托学生的实际经验进行任务分解。自主设计打电话情境，模拟打电话过程，具体的任务分解包括三个。第一个任务是让学生自我创设打电话紧急通知的场景，感受打电话的实际应用过程，感受打电话的目的、打电话的意义和打电话的结果。第二个任务是让学生根据自己的打电话经历，绘制示意图，描述打电话的过程，探寻如何实施效率更高。第三个任务是让学生比较打电话的不同方案有什么异同，不同方案的效果和用时情况。

5. 体验性活动设计

小学数学"综合与实践"领域受活动教学思想的启示和影响，尤其注重学生的自主参与。数学活动也有别于其他活动，设计活动主体在社会背景中所看、所听、所说、所做、所思等形式，涉及学生的兴趣、需要、情绪、感受和情感等多方面，也包括学生的听觉、视觉、运动系统等的多感官参与，尤其实践活动课要求学生自主全面参与，更加注重学生的具身性实践活动。数学活动蕴含了对象性、改造性、整体性、共同性、社会性的特征，包括学生知、情、意、行的整合与参与，尤其是思维活动的运行。小学数学"综合与实践"领域的数学活动也是数学化的过程，是学生自主建构数学认知的活动过程。数学活动是学生参与数学化的基本途径，数学化也是学生再创造的活动过程。小学数学"综合与实践"领域的体验性活动设计就是让学生以数学活动方式经历数学再创造的过程，让学生感受数学化的变革。数学活动就是学生学习数学、探索、掌握和应用数学知识解决问题的过程。基于此，本研究中"5E＋I"实施模式中数学活动设计如下。

　　"制作活动日历"实践活动课中体验性活动的设计是遵循"5E＋I"模式的操作流程，主要设计了五个活动，每个活动的具体任务、学习方式以及具体的操作流程呈现如表 7–3 所示。

表 7–3　"制作活动日历"实践活动设计

序号	活动名称	活动任务	活动方式	具体操作流程
1	猜谜语	揭示主题	猜想	教师呈现谜面情境—学生思考回答
2	比一比	抓住日历的核心要素	探索、比较	教师让学生比较搜集到的日历—学生找出共同要素
3	想一想	画出简单示意图	小组合作	学生分组协作—用示意图描述设计流程—探寻四个小正方体的具体分工
4	动手做一做	拆解正方体，表示年月日	独立思考	教师展示正方体展开图—学生说明每个面上标注的数字意义
5	小小设计师	创意设计活动日历	小组合作	小组合作设计创意活动日历

本活动的实际教学活动过程是复杂的，为更清晰地展示教学流程，教学过程流程图如下。

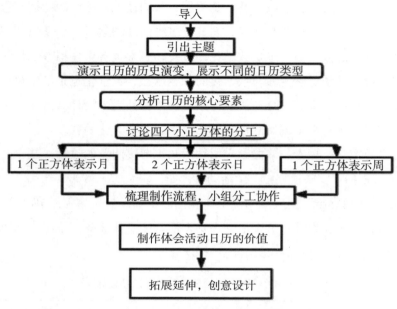

图 7-3　"制作活动日历"教学流程图

"打电话"实践活动课依据"5E＋I"模式的教学流程操作要求，设计五个教学环节，具体的教学活动形式、任务和操作流程如表 7-4 所示。

表 7-4　"打电话"教学活动设计

序号	活动名称	活动任务	活动方式	具体操作流程
1	帮老师想办法	揭示主题	自主探索	教师提出问题—学生思考打电话方案
2	探索与发现	列举不同的打电话方案	探索、比较	学生比较不同方案之间的异同
3	画一画、数一数	画出简单示意图	小组合作	学生画出打电话方案的示意图
4	情景模拟	让学生模拟打电话	集体学习	让学生分组模拟打电话
5	总结规律	总结一分钟、两分钟、三分钟通知人数……	小组合作	教师让学生填写手中的规律总结表

本活动的实际教学活动过程是复杂的，为更清晰地展示教学流程，教学过程流程图如下。

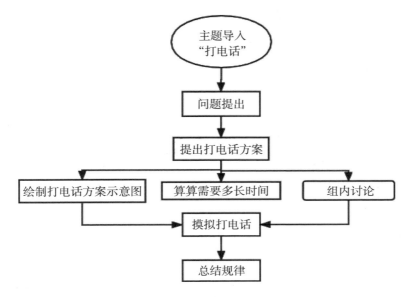

图 7-4　"打电话"教学流程图

基于任务驱动的体验性实践活动是小学数学"综合与实践"领域教学的重要环节，是教学有效实施的基本保障。这两节实践活动课在活动设计上都以学生为中心，注重对活动操作性和探究性的设计。"制作活动日历"一节课中，设计的探究活动主要用小正方体的面表示月份、日期和星期，并描述不同面上数字的具体意义。"打电话"活动课，设计的探究活动是模拟打电话，并以示意图形式展示模拟打电话的过程。这些活动的设计离不开学习任务的驱动，需要教师说明具体的学习指南，让学生自主、全程参与。"5E＋I"模式强调整合与实践学习，凸显实践探究的完整过程。让学生面对真实的问题，统筹设计与安排，尝试解决问题，并要求学生以活动形式亲身体验，具体通过画示意图、流程图等展示思维过程，该教学模式的思想贯穿于教学的始终。因此，这两节实践活动课在教学过程中都遵循整合的教育理念，强调学生整体思维，建构完整的学习体验，并尽可能地设计绘制示意图、流程图的环节，辅助学生展示思维过程。

（三）第一轮实施效果的微观分析

通过对第一轮教学实施过程的观察和教学实施效果的具体分析，对第一轮教学进行微观分析，为"5E＋I"模式原型的第一次修订提供依据。

1. 教学实施过程

"制作活动日历"课堂教学过程

【授课班级】三年级（1）班

【参与人数】42人

【内容分析】本课题是义务教育教科书人教版（2013版）数学三年级下册"综合与实践"领域的内容。第六单元"年、月、日"的第六课时，教科书第90页。在学习和掌握了年、月、日基本知识的基础上，本节课综合运用相关知识，在合作、交流过程中通过让学生动手制作活动日历，体会、理解年、月、日的知识，培养珍惜时间的意识。

【教学过程】

一、情境导入

师：这一单元我们学习了年、月、日，我们能不能制作一个物品来表示具体的日期呢？这一节课我们就自己动手来做一个活动日历吧。

师：我们的日常生活中有各种日历：挂历、台历、电子日历，但是你们知道怎么运用四个小正方体和一个底座制作一个活动日历呢？

二、探索活动日历

师：问题1：一个日历中包含哪些信息呢？

师：展示日历图片，让学生观察

师：日历中主要包括月份、日期和星期三个主要信息

师：四个木块要表示出三个信息，木块具体如何分工呢？

师：引导学生分析月、日、星期的具体信息

生：讨论、思考木块分工

师：展示学生的讨论结果

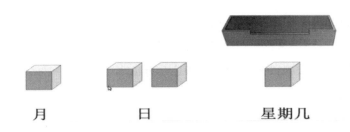

月： 1月、2月、3月、4月、5月、6月、7月、
12个　　8月、9月、10月、11月、12月。

　　　　　　大月：31天

日：　　小月：30天
31个
　　　　　　　　　　平年：28天
　　　　2月：
　　　　　　　　　　闰年：29天

星期几： 周一、周二、周三、周四、周五、周六、周日
7个

月　　　　　　日　　　　　　星期几

三、用小正方体表示月份、日期和星期

师：问题 3：一个木块 6 个面如何表示 12 月呢？

生：自主思考后，小组讨论

师：公布大家的思考结果，每个面写两个月份，为了区分，正反对着写

师：问题 4：两个木块如何表示 1—31 日呢？

生：小组讨论

师：展示讨论结果，书写结果不唯一

师：问题 5：一个木块只有 6 个面，怎么表示星期一到星期日 7 天呢？

生：只需要一个面写两天，文字方向相反就可以了。

四、动手制作活动日历，摆出你喜欢的日期

师：自己摆一摆

生：相互说说这个日期的意义

五、课堂小结

六、作业布置

"打电话"课堂教学过程

【授课班级】五年级（1）班

【参与人数】42人

【内容分析】本课题是义务教育教科书人教版（2013版）数学五年级下册"综合与实践"领域的内容。第六单元"打电话"，教科书第102—103页。在四年级教材上册"数学广角"已安排有关优化思想的学习。因此，对于该内容学生已经具备了一定的组织、分析材料的能力，并且能够通过画图预设出简单的方案与解决问题的方法，本节课正是在这些基础之上，进一步联系生活实际问题，让学生进一步体会数学与生活的密切联系以及优化思想在生活中的应用，培养学生应用数学知识解决实际问题的能力。

【教学目标】知识技能：会用画图等方式展示"打电话"方案，并从多种解决方案中找出最优方案。数学思考：培养分析、推理、优化和解决问题的能力。情感态度：感受数学与生活的紧密联系。

【教学过程】

活动一：我的探究与发现

教师：电话是我们生活中基本的通信工具，今天"打电话"这个活动中隐藏的数学奥秘。同学们，昨天给你们预留的紧急通知的问题，大家都设计好"打电话"通知的方案了吧。再次说明昨天的作业要求：第一，至少有两个方案的对比；第二，用画图或文字具体表示清楚打电话的方案。7名学生全部通知到，最快需要多少分钟呢？问题中的关键信息有哪些？

说明：该活动可以培养学生独立思考的好习惯。学生利用所学知识，开展独立的打电话方案设计。在设计的过程中，培养孩子解决问题的能力。并采用图画形式简洁地表达方案过程，进一步落实几何直观核心素养的培养。通过问题信息提取，再次明确问题。

教师：同学们都设计了好几个方案，现在请同学们在四人小组里面分享自己的方案。

PPT展示交流要求：

1.四人小组交流，每人分享自己设计的方案。

2.分析方案，对比所用时间，评出组内最优方案。

3.组内做好汇报的分工，准备班内交流。

说明：教师在学生课前独立探究的基础上，让学生组内交流。这为学生表达自我创设了交流平台，可以使每位孩子都拥有充分表达的机会。另外，组内的交流，创设了同伴互助学习平台。学生组内交流很积极，小组集体汇报，分工很明确，每个学生都很积极。

活动二：我们的方法与结论

教师：请一个小组上来，汇报自己小组的研究结论。

学生：一个小组的学生依据小组分工，各自完成汇报任务。有的同学讲述打电话的过程，有的同学协助使用道具摆放演示，有的同学连线说明打电话过程。最终该小组得到的最优方案是3分钟通知完7名队员。

教师：第二小组汇报完了，你们还有疑问与补充吗？

学生：他们汇报打电话过程时，谁打给几号，要和道具演示一致。

教师：嗯嗯，好的同学们都一致认为最优的方案是3分钟通知完7名队员，老师也同意大家的结论。但是，我在刚才的检查过程中发现，有些小组说是4分钟，这是怎么回事呢？

说明：教师的一个问题，可以将学生的思考向前再推进一步，突破难点，"方案最优就是每位已经收到通知的队员不空闲，继续通知下一位队员"。

教师：让大家描述用时4分钟的"打电话"过程。

教师：PPT演示，当发现有人空闲时，大家就喊"停！"

说明：通过这样的观察活动，强化学生理解用时最少的策略要求知道消息的师生同时打，尽量不空闲。

练习：根据前面的分析，将打电话通知7人的最优方案重新画在自己的作业本上。提出明确的作图要求。

教师：如果要通知8名队员，最快需要（　　　）分钟。

4分钟最多能通知多少人？请用图示法表示出来。

学生：独立思考、个别回答。学生独立作图，面向全班分享想法并展示画法。

提出不同问题：人员数量的变式，从数量上拓宽到模型的非边界数（1、3、7、15……），该如何理解时间该用多少分钟。

时间的变式。如果时间增加一分钟，人员会如何变化？推进"同时打、不闲着"的规律的应用。

活动三：实践模拟与可行性分析

教师：选7人为队员与老师一块模拟我们小研究中通知7人的打电话通知的情境。想一想，我们的方案在现实生活中可行吗？为了使它切实可行，还需要注意什么？

学生：全班同学各抒己见，分享想法。

学生：每个人通知下一个人时，需要统筹安排，要不然会重复、占线。

活动四：我的收获

教师：通过今天的学习同学们有什么收获？

学生：知识性收获、研究方法收获。

纵观教学过程，整体凸显了以学生为本的教学理念。注重学生自主思考、合作探究学习，创设了学生动手、动脑、动口的机会。首先，实践活动给予学生充分的尊重，满足了学生的需要。以学生课前自学为基础，留出足够的时间让学生组内交流自己预学过程中的思考与成果。尊重学生的好奇心，组织打电话情境模拟活动，从好的过程中分析其可行性以及实际操作过程中的注意事项。其次，在本节实践活动课教学过程中渗透了丰富的数学思想与方法，比如几何直观、符号意识、模型思想和推理能力等。在活动过程中教师注重学生的推理性与创造性，比如"你发现了什么""你是怎么设计的""需要注意什么"等等。对这些问题的思考促进全班学生积极参与，都动起来了。这个现实的、常见的打电话现象激发了学生的学习热情，随着探究深入和数学模型建构过程的推进，学生的学习热情越发高涨。让学生从复杂的现实表象中逐渐发现存在某种规律，并且随着人数变式和时间变式两类问题的解决，学生真实感受到这种倍增的惊人魅力。最后，教学过程中设计了丰富的活动形式。教师在课程实施过程中设计了组内交流、小组汇报、个别回答、PPT展示、实践模拟、道具粘贴、绘制几何直观图等活动。总体上，从学生的生活经验出发，调用知识储备，明确最优的方案设计任务，绘制几何直观图辅助表达方案过程，利用几何直观图，帮助学生积累活动经验，提高解决问题的能力。以数学优化思想为主线，关注学生符号意识、几何直观、推理能力、模型思想等核心素养的养成。

2. 教学实施效果

通过参与式的课堂教学观察，分析学生的学习表现，结合课后访谈，以及对学生作品的分析，与一线教师的访谈和其教学反馈，及研究者的反思，本研究第一轮教学实践效果主要包括以下几点。

（1）关注学生的实践活动的本质，注重学习过程的整合与实践

通过分析"制作活动日历"和"打电话"这两节实践活动课的学习过程发现这两节课都特别注重学生的实践活动，学生可以自主参与实践活动的全过程。学生经历了完整的问题解决的四个阶段：发现问题、提出问题、分析问题和解决问题。"制作活动日历"实践活动课上，教师开门见山引入主题，并抛出如何制作活动日历的问题，激起学生的学习兴趣，平时经常沟通日期、星期、月份和年份，但是没有认真地想过这里面还蕴含着数学的奥秘。通过这样的心理矛盾，引发学生的学习热情。让学生展示搜集到的从古至今不同的日历，感受日历在现实生活中的重要价值，进一步比较发现，日历中包括的基本要素有：年份、月份、星期和日期。从而知道制作一个日历，需要标明这些基本信息即可。但是本次实践活动，让制作一个活动日历。学生心理再次产生困惑，活动日历是什么？这可怎么做呢？学生在"制作活动日历"这节活动课中，经历了"是什么—怎么做—为什么"这样的完整学习过程。课后和学生的访谈也佐证了这一点。

课后访谈了6名学生，都提到"这节课我一开始感觉很困难，不知所措，用四个小正方体怎么可以做日历呢？老师让我们逐渐尝试，讨论、交流，最后经过大家的积极思考终于想到了解决的办法。最终制作出了活动日历，感觉很有成就感"。还有学生说道，"这节课的活动时间很充足，所有的活动我们都全部参与了，并且老师没有催促我们，也没有告诉我们应该怎么做，而是把任务分配给我们，让我们自己做"。

"打电话"这一节课中，教师用疫情紧急通知的现实情境，使学生首先想到要快速地完成通知，尽可能用最少的时间通知所有的班长，学生很愿意为D老师出谋划策。学生通过画简单示意图，描述打电话的流程，通过图形计算不同方案所用时间，通过比较时间长短找最优的打电话方案。课后研究团队经过集体访谈提道："打电话是现实生活中常见的现象，学生具有丰富的经验，让学生回顾自己经历过的打电话过程，设计打电话方案，帮助学生在打电话过程中体会优化的思想，加深对优化思想的理解与运用。让儿童在不同的打电话方案中，分析、比较获得最优方案，让学生通过画方案示意图，发现最优方案。只有经历多种方案的比较，才能完整地体会最优思想。整合实践不仅仅是综合运用数学知识，更多的是统筹设计解决问题，经历完整的问题解决过程。"

授课教师 DCL 在课后访谈中提道："我们之前设计活动实践课重在设计活动的形式，这节课的重点放到了实践活动的本质意义与学生任务的分配上，传统的课堂教学将教学重点放到活动的形式和活动操作指令的设计，忽视活动的过程意义，活动时间安排得很紧张，总想给学生提示或者讲解一下，害怕学生做不出来，不敢真正地放手让学生去自主参与实践活动。这节课大胆放手，给学生预留了很多时间，并且活动过程中主要是及时帮助学生，并没有直接告诉学习应该怎么做。"

(2) 学生活动任务明确，活动实践性强，学生思维有深度

通过分析"制作活动日历"和"打电话"这两节实践活动课的教学过程，发现两节课都基于课程整合与实践教学理念进行设计。实践活动贯穿于教学全过程，实践活动的时间安排相当充分，整个教学环节基于整合理念做了全面的整合，教学过程紧凑，活动任务明确。学生活动过程中活动任务明确，实践过程有条不紊。学生也尽可能地学会利用示意图展示思维过程以及活动流程。学生通过画示意图的方式理清问题的情境、活动任务，推理活动流程。活动的目标是让学生体悟数学思想，真正理解数学内涵，积累问题解决的经验，在未来面对未知问题时学生可以积极做出回应。学生在实践活动中依据明确的任务驱动，全面整合适合学生参与活动的素材，加强学生活动的实践

性，让学生的思维探索有深度。

"制作活动日历"一节活动课中以猜谜语引入学习主题，通过比一比的活动任务，让学生明确认识日历中的核心要素，发现日历中的主要信息包括年份、月份、日期和星期。那么要制作一份日历需要标明这些信息即可。认识理解了这些问题后，就会明确制作活动日历需要标明这些要素。学生会进一步深入思考如何去表述这些要素，实际活动中的制作材料是有限的，只有四个小正方体和一个底座。学生的思维困惑就是如何运用小正方体表示 12 个月、31 天和 7 个星期日期，带着这些任务，学生需要思考和活动。学生在活动过程中通过示意图展示自己的困难、思路以及流程，学生课堂上的草图如下：

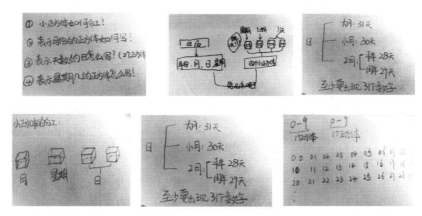

图 7-5　学生"制作活动日历"课堂作品分析

这节实践课，学生在不断实践活动过程中，不断地遇到困难与问题，逐个突破，学生的思维难度和深度随着实践探索的累积，并且在具体的日期、月份、星期的标注时每个正方体面上的数字是不唯一，学生可以自由灵活选择。尤其，在探索具体如何标注月份、日期时，紧扣正方体 6 个面的结构特征，先解决月份标准的问题；利用书写的正反方式，在六个面上标 12 个月，这是一个思维的突破点。还有一个思维的难点就是 0~9 的 10 个数字可以组合出很多个两位数，但是不能拼出 11、22，那么应该怎么做呢？这时学生遇到了困难，具有思维的深度跳跃，需要教师积极地启发与帮助。

　　"打电话"综合实践活动课，通过真实的问题情境引入学习主题，让学生真切感受到需要解决的现实问题，并且这样的场景在生活中很常见，学生具有丰富的活动经验。打电话的方案很快都能给出来，但是否是最优的方案需要继续探索实践。利用"5E+I"教学模式的思路整体设计活动，更有利于凸显实践性的特点，选取的情境与实际生活紧密联系，所设计的子活动以具体的任务分工为驱动，学生在解决问题的过程中自主全程参与。学生在观察、比较、推理、计算、小组交流讨论、反思、展示、模拟的过程中，逐步体会优化的思想，不断提升统筹解决问题的能力，真正做到边实践，边思考，边提升，让思维有深度。学生课堂作品如下：

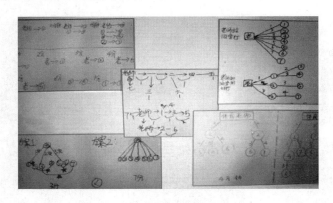

图 7-6　学生"打电话"课堂作品分析

　　(3) 教师相对认可和赞同该课程实施模式，尝试接受该教学流程

　　第一轮教学结束后，通过对授课教师的访谈以及参与式研究人员的访谈及反思，发现总体上大家比较认可这种教学模式。

　　"这个教学模式为'综合与实践'领域的课程实施提供了抓手，使得我们对这样的实践活动课可以下手去做了。之前的活动课感觉无从下手，不敢面对，总想着跳过。这个课程实施模式具有具体的操作流程，按照步骤可以具体地去操作，相对比较实用。该教学模式中六个环节关键词，既是一种理念的引领与突破，也是一种方法的指导。例如在'制作活动日历'这节活动课中，我们可以依据'年、月、日'的主题，引导学生既巩固年月日的基本知识，又整合其他相关的天文知识，让学生在思维矛盾中逐渐突破。我的教学设计就是按照该模式的要求一步步去操作的，尤其活动任务的分解，之前设计活动只是关注活动指令，忽视对任务驱动的设计与思考。"（"制作活动日历"的授课教师 LHL 第一次教授该实践活动课，这是其课后访谈）

"上完这节课很有成就感，总体上遵循具身认知理念，让课堂环节减少，整体性设计使教学紧凑有质量。有任务驱动的活动设计促使实践活动真实发生，活动不再是花里胡哨的形式，学生真正有思考、有收获。每一个学生都在积极参与，全身心投入，尤其打电话的情境模拟，更增强了学生的体验感。教师被解放了，同时也有了更大的挑战，学生会遇到意想不到的问题，需要教师具有特别的应变能力。"（"打电话"的授课教师 DCL 第一次授课后的访谈）

通过对研究团队的专家访谈，专家进一步肯定了"5E＋I"实施模式，尤其发现"提出问题"环节的重要作用。"任务驱动是落实实践活动的基本保障，学生在明确要做什么的情况下，才会深入思考到底怎么做，而不是依据活动的指令被要求去怎么做，这才是真正的自主实践活动意义与价值。关注学生的探究过程，关注学生的课堂图示，让学生的思维看得见，既能帮助学生更好的理清解决问题的思路，又能为教师提供可视化的思维反馈，一举两得。"（研究团队专家第一轮授课后的访谈）

以上是"5E＋I"实施模式第一轮教学实施效果的微分析，通过分析发现，在第一轮教学实践中该教学模式发挥了启发、引领的作用，能够将具身认知、主题学习等理念全面贯彻，该模式的教学流程能够被教师尝试和接受，对实践活动课的教学方式转变起到了促进的作用，同时在学生实践活动过程的思维启发和思维深度拓展方面发挥积极作用，真正促进学生思维的可视化，使得学生问题解决条理更清晰。

（四）第一轮实施的反思与调整

第一轮教学实施结束后，通过对学生的课堂具体表现和访谈分析、授课教师的课后访谈和反思，还有研究团队中专家的访谈等，对"5E＋I"实施模式进行反思和调整，得到第一次修订后的课程实施模式。

1. 对"5E+I"课程实施模式的整体反思

（1）确立的概念化主题统整作用不强

"5E+I"教学模式中概念化的主题要起到重要的统整作用。一方面，概念化主题的统整作用利于数学知识的联系，使数学学习的脉络清晰、条理分明，帮助学生建构内在逻辑性较强的知识结构。概念化的主题统领教学过程的各个环节，让教学更具针对性，使数学学习深度聚焦，便于学生核心素养的培养与发展。另一方面，概念化的主题可以促使教学落实整体的、联系的、发展的教学理念，便于引导学生在核心数学概念、原理及法则之间形成知识网络，增加学习系统性。

通过分析两节实践活动课，发现存在概念化主题的统整作用发挥不强的问题。针对该问题，研究团队的课后集体讨论如下。

"制作活动日历在教材结构安排中体现出了对"年、月、日"内容的总结与应用。本节实践活动课就是围绕该主题，设计的实践活动课。在教学过程中始终要围绕主题，提出问题、设计活动。""本实践活动课中的主要问题是综合运用前面学习的年月日基本知识，知道一周有7天，一月最多有31天，因为有大月和小月，还有特殊的2月。制作活动日历就是利用小正方体将这些信息标注到其6个面上，从而准确表示日期。"

"概念化主题确立，教师不仅要心中有数，学生也要心中有数，这可保障实践活动聚焦数学本质，真正发挥活动的实践意义，而不是活动精彩的形式。"

以上是第一轮教学实施后，"制作活动日历"讨论交流的信息，第二轮教学实施中要更加注重概念化主题的统整作用，具体的改进方法是注重围绕主题进行导入。

"打电话这节课先让学生自主设计方案，再让学生相互交流、对比发现，不同的打电话方案用时不同，从而抓住'为什么能节省时间'这一核心问题，让学生体会优化思想。围绕优化思想核心概念主题，让学生展开探索、比较。一个方案比一个方案更省时，一次比一次学生更能体会优化的进程。"

"最基本的两种方案'逐个通知'和'分组通知'以示意图的形式进行纵

向的比较，使学生感受到节省时间的方法，体验到优化。"

以上是第一轮教学实施后，"打电话"这节课的讨论交流信息，第二轮教学实施中要更加注重概念化主题的统整作用，具体的改进方法是步步比较，递进感受"优化"这一概念化主题。

（2）任务驱动性不足

小学数学"综合与实践"领域是培养学生综合素养的有效载体，实践活动是该领域的主要教学形式。儿童对现实世界的思考和认识离不开体验，离不开具体的操作，更离不开活动。"5E+I"实施模式中的操作性任务是核心要素之一。学生面对的实际问题是整体的，但是解决问题的过程是有步骤的、分解的。因而，在布置任务要进行明确的任务分解，才更有利于儿童真正地参与活动，积极思考，并有序解决。明确的任务分解是学生实践活动的脚手架。通过"制作活动日历"这节课的教学观察，发现学生在进行跨度较大的活动时，往往会存在一定的困难，本研究任务需要在活动之前，分解活动任务，为学生的高阶思维提供支持。

"制作活动日历"实践活动课第一次授课后对于是否分解任务为学生提供"任务提示"做了集体讨论，讨论相关信息如下。

"'制作活动日历'这节课，关于如何利用两个正方体表示 31 天的任务分解设计还是很有价值的，L 老师将两个正方体分解开让学生思考。一个正方体有 6 个面，可以写 6 个数字，两个正方体就可以写 12 个数字。那么表示 1~31 这些数字每个面如何写数字呢？通过这样的任务分解，将两个正方体表明 31 天的任务，分解为第一步寻找每个面的标识方法，第二步寻找以数字组合方式标识 1~31 这些数字。"（研究团队专家的第一次课后访谈）

"打电话"实践活动课第一次授课后对于是否分解任务为学生提供"任务提示"做了集体讨论，讨论相关信息如下。

"'打电话'这节课，关于打电话的方案探索，D 老师采用了逐步分解的策略。通知 8 个班级比较多有点难，那么我们逐渐分解，先通知 3 个班需要几分钟，怎么设计打电话方案呢？这样的处理在一定程度上降低了活动难度，让所有的学生都可参与完成。学生探究得出通知三个班需要 2 分钟，依次方式要通知八个班，需要 3 分钟。这样的大任务分解成小任务，既为学生探究提供了启示和启发，也为学生完成任务提供了保障。打电话任务的第一步找到打电话方案，第二步再探索最优的打电话方案。"（研究团队专家的第一次课后访谈）

（3）展示交流环节活动经验内化体现不足

展示交流是"5E+I"实施模式的一个重要环节，该环节的重要作用就是引导学生内化活动经验。增强学生问题解决的逻辑性、条理性，帮助学生再次梳理研究解决问题的思路，积累活动经验。通过交流、展示让学生的思维可视化，进一步提升学生的思维品质、发展学生的条理性思维能力。全面整合教学样态，促进活动经验的总结与内化。让学生展示探究解决问题的全过程，从而帮助学生内化活动经验和增强情感体悟，训练培养学生的直观表达。从而，促进学生思维的深刻性、逻辑性、敏捷性，促进学生思维的清晰度、思维的广度和思维的深度。

"制作活动日历"实践活动课第一次授课后对于学生"展示交流"设计的访谈分析如下。

"'制作活动日历'这节课我是第一次在课堂教学中设计展示交流活动任务，实践活动课的课时紧张，展示交流比较占用时间。但是，这次学生展示交流得十分精彩。毕竟是初次尝试设计，感觉设计无力适从。心理上认同展示交流活动任务的价值，但是确实比较占用时间。"（授课教师 L 老师的第一次课后访谈）

"之前我们的数学课上，老师偶尔让同学们汇报。有时候，只能极个别同学去展示。这次，我们 5 个组都汇报了，并且每位同学都有不同的分工，感觉我们合作解决问题的过程很有趣，通过展示交流看到很多不同的想法，感觉同学们都好厉害哦。"（与学生 WYH 的第一次课后访谈）"在交流展示环节中，我把我的解题思路做了总结。"（与学生 GL 的第一次课后访谈）

"打电话"实践活动课第一次授课后对于学生"展示交流"环节活动情况的访谈分析如下。

"'打电话'这节课中学生的展示交流活动效果还可以，同学们可以利用画数学示意图的方法，辅助展示其问题解决思路，学生的表达简洁清晰。尤其，不断增加打电话的时间，探索打电话的规律可以利用示意图直观地观察和显示。但是，学生只会展示自己做的过程，不太会总结其中的规律。"（授课教师 D 老师的第一次课后访谈）

"'打电话'课堂上我们小组的同学利用图示的方法汇报、展示自己的打电话方案，简洁、方便，相互看图就能找出彼此方案之间的差异。还可以快速地比较出最优方案。"（与学生 LYH 的第一次课后访谈）"汇报交流挺有意思的，很有成就感。"（与学生 LX 的第一次课后访谈）

"展示是'5E+I'课程实施模式中的重要环节，虽然授课教师进行了初尝试，但是总体设计得还不错。该模式中的活动经验内化主要体现在该环节中。交流展示是促进学生内化活动经验的有效途径，在该环节中也可以帮助教师直观评测学生思维发展情况和经验积累水平。"（与研究团队专家的第一次课后访谈）

小学数学"综合与实践"领域的教学中整合和实践是基本的教学观念。主题的确立和实践活动的设计是开展教学的基础。"5E+I"实施模式强调整合现实生活与数学知识的联系、数学与其他学科的整合、数学与社会技术的整合等。实践活动是促进学生素养发展的有效载体，只有在实践活动过程中，学生的素养才能得到全面的提升与发展。

2. 对"5E+I"课程实施模式的教学流程的第一次调整

通过第一轮的教学实践，"5E+I"课程实施模式受到师生的认可，基本上达到了预期的教学目标。但在具体的实施过程中，还是发现了一些问题。尤其，部分操作流程，通过课后的全面了解、反思及师生反馈、专家建议等，还需要进一步地调整和改进。教学模式的第一次修订内容呈现如下。

（1）对主题开发环节的操作要求进行补充

基于第一轮教学实践，发现这两节实践活动课在实践过程中存在主题统整不充分的问题。因此，对该环节的操作要求提出修订，突出统整性作用的要求。

主题开发要依据整合理念，全面综合数学知识之间、数学与其他学科之间、数学与科学技术和社会生活之间的联系；要抓住数学核心概念，凸显数学学科本质。

主题可以全面考察小学阶段的数学学习，可以将同一类别的数学知识内容整合起来作为主题活动，在"综合与实践"领域展开学习。例如涉及量、方向与位置等内容。

教师可以整合多学科的知识内容，引导学生跨学科学习。在这类主题活动中帮助学生拓展思维，提升学生的综合素养。

（2）对提出问题环节的操作要求进行细化

"综合与实践"领域的教学典型的特征是综合性、实践性。教学过程注重知识的综合运用与实践活动的真实体验。活动缺乏明确的任务驱动往往会形散不聚，活动只是一种表面形式，并没有促进学生思维体验，更不能帮助学生积累活动经验。结合第一轮教学实践，研究发现两节实践活动课在具体教学过程中，虽然注重了活动的整体设计与统筹安排，但是没有依据具体情境和学生活动特点进行有序的任务分解。因此，在教学模式原型基础上，决定在任务驱动环节增设任务分解图示。

（3）在实践探究中增强活动要求

通过第一轮的教学实践，探究解决问题环节中学生的自主性较强。但是，教学中的活动任务要求不够明确，学生的活动过程有点形散不聚。学生的活动热情很高，但是活动效果欠佳，学生活动中思维深度不够。因而，需要对该环节中的活动增强具体的要求，帮助学生更好地在活动过程中思考。让学生在分析问题、知识建构和学习体验方面都收到良好效果。通过研究团队的讨论交流，应该在教学模式中细化活动要求。

主题揭示和问题情境创设在具体实践教学过程中分环节实施的话，感觉教学结构有点松散，经过研究团队研讨认为可以将两者全面整合为创设主题情境环节。小学数学"综合与实践"领域是以问题为载体的，因而提出问题是课程实施中的关键环节，应该在教学操作中具体体现。基于上述的反思与讨论，调整后的"5E＋I"课程实施模式的教学操作流程如下。

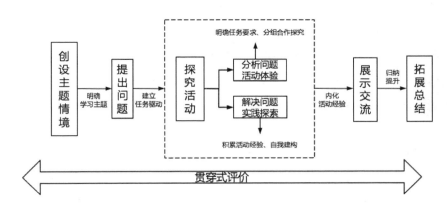

图 7-7　第一次修订后的"5E+I"课程实施模式的教学操作流程原型

　　课程实施模式具有结构的稳定性要求，其中的教学操作流程可以为具体教学实践提供操作性指导。但是，小学数学"综合与实践"领域的实践活动形式灵活、多样，教学过程千变万化，遵循一种教学操作流程是不科学、不合理的。因而，需要依据具体实践活动形态选择得当的教学操作流程，也就是在全面落实课程实施模式的稳定性要求的前提下，更加注重教学操作流程的灵活性，在基本流程基础上可以变换产生其他的教学流程变式。

　　本研究中的"制作活动日历"和"打电话"两节实践活动课，一个是基于单元认知的综合实践，一个是基于学科领域认知的综合实践。通过教学实践分析发现，两节实践活动课教学差异较大，因此探究活动、展示交流环节、拓展总结环节等都会产生不同的变式。"5E＋I"课程实施模式是固定不变的，但是具体的教学操作流程会针对不同的实践活动产生不同变式。基于对小学数学"综合与实践"领域的"5E＋I"课程实施模式的教学实践应用分析，对教学操作流程做了变式处理，生成两个变式。

　　对于"制作活动日历"这节综合实践课，在探究活动环节具有不同的活动形态，主要是针对制作活动日历这样一个问题，分析、思考如何清晰地表示年、月、日这些基本信息。这节实践活动课是在三年级学习了年、月、日这一单元后，单元总结的实践活动课，注重学生综合运用年、月、日相关知识，并跨学科掌握天文学科知识。该实践活动课的探究活动环节主要是操作体验，旨在让学生动手制作活动日历体会数学的应用价值。在拓展总结环节融会贯通实施模式中的展示环节要求，让学生通过展示自己制作的活动日历作品，交流思考制作的过程，以及运用小正方体面表示月份、日期和星期的具体方法和策略。通过具体的操作实践感受体会不同标识方法的利弊，启发创新设计不同的活动日历。

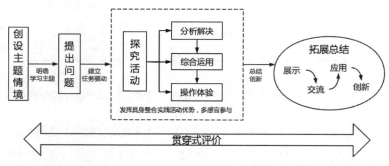

图 7-8　"5E+I"课程实施模式的教学操作流程变式一

"打电话"这节实践活动课是五年级学生初步学习和积累优化思想活动经验基础上的优化思想再认识的主题活动。该实践活动课的探究活动环节，主要是让学生通过不同的活动，逐步体验和感受打电话现象中蕴含的数学奥秘。通过分解的活动一、活动二、活动三……解决问题，并要在活动过程中提炼概括数学规律，通过小组的讨论交流、展示，引导学生内化学习经验，探究发现数学规律，并尝试建构数学模型。

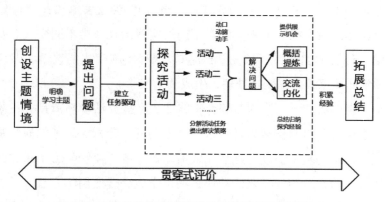

图 7-9　"5E+I"课程实施模式的教学操作流程变式二

二、第二轮教学实践

　　"5E+I"课程实施模式的第二次教学实践应用是在第一次教学操作流程修订基础上，进行完整的教学设计和教学实施。对"制作活动日历"和"打电话"两节实践活动课的教学过程全程参与式观察，并组织课后讨论和访谈，从而进一步反思和修订操作流程和操作流程变式。首先，确定第二轮教学实践的研究问题；其次，详细阐释第二轮教学实践过程中模式的实践应用过程；再次，从教学实施过程和教学效果两方面进行微观分析；最后，结合课后的反思和访谈，及时对存在问题进行针对性的修订与完善，最终形成修改后的"5E+I"课程实施模式的教学操作流程。

（一）第二轮教学实践研究的问题

　　第一轮教学实践针对教学实践过程中存在的问题对"5E+I"课程实施模式的教学操作流程进行了修改和调整，强调突出"主题"的统整作用，进一步要求教学过程中重视主题创设，在教学过程中教师依据数学教学核心内容聚焦概念化主题。在教学过程中注重主题的嵌入，让学生明知学习的中心主题。主题统整相当于学习的靶心，是数学本质理解的落脚点，在探究活动环节细化活动任务要求，让教学中设计的任务更明确，更能指导学生活动的操作，因教学内容也可以适当做变式处理。对于"制作活动日历"和"打电话"两节实践活动课上展示环节中让学生进一步深刻理解，教学中进一步引导和要求学生开展展示交流活动，帮助学生内化解决问题的经验。通过第一轮教学实践后，修订的操作流程在实际运行中又会呈现出什么样的样态呢？模式的应用过程中会不会依然存在问题，教学环节和流程是否可以再修订和完善呢？这些问题需要在第二轮教学实践中寻找答案。

　　此外，第一轮教学实践中没有注意的地方，还需要在第二轮实践中加强观察。通过分析师生教学过程中呈现出的具体现象发现问题；通过一些细节分析，补充完善实施模式的具体操作流程。试图经过研究，针对具体的操作细节，编制"5E＋I"课程实施模式的教师和学生操作指南，以指南的形式呈现"5E＋I"课程实施模式中的诸多细节要求。因此，第二轮教学实践的另一个重要任务是设计师生教学操作指南。具体的操作指南维度需要如何设计？具体的要求是什么？如何发挥指南作用？这些具体的问题需要通过第二轮教学实践逐一解决。

第二轮教学实践解决的主要问题如下：

问题 1：修订后的操作流程在实际运行中是什么样的样态？

问题 2："5E＋I"课程实施模式的教学操作流程中师生操作指南如何设计？操作指南的指导作用发挥得如何？

（二）第二轮"5E＋I"课程实施模式的实践过程

第二轮课程实施模式的教学操作流程应用过程主要从揭示主题与创设问题情境的整合、主题情境创设、实践活动三个方面展开阐述。

1. 揭示主题与问题情境相互整合

在"5E＋I"课程实施模式中主题的创设需要坚持以下几个原则：一是围绕数学核心内容，凸显数学本质；二是注重全面整合，体现横向连接，纵向衔接；三是紧密联系学生生活实际，发现现实主题；四是注重主题的趣味性、现实性、跨学科性等。第一轮教学实践中发现两节实践活动课都存在主题统整作用不明显的问题。因此，下文重点阐述具体的修改过程和结果。

基于第一轮教学过程中存在的问题，研究确定了改进揭示主题的方向与方法。基于整合教学理念，围绕数学教学核心内容，揭示学习主题。"制作活动日历"是三年级下册第六单元年、月、日学习的单元实践活动课，属于年、月、日学习的第 6 课时内容，所以这节实践活动课属于单元学习总结类型。第一轮教学实践中揭示主题基于本单元的学习直接提出，属于开门见山的提出方式。第二轮教学实践决定整合揭示主题和问题情境，基于数学与天文学的跨学科整合提出主题。

对于"打电话"这一节课揭示主题的修改，研究团队讨论后，认为四年级学生学习过沏茶问题、烙饼问题等，初步认识和掌握了优化的基本方法和经验，揭示主题可以通过回忆的方式，提出学习主题。所以，本节课的揭示主题可以这样："打电话"是同学们都做过的事情，那么同学们有没有遇到紧急时刻还要通知多个人这种情况，怎么能高效率完成这样的任务呢？这节课我们就来探索寻找打电话的最优方案，在最短的时间内通知最多的人。

通过上述揭示主题的修改，使教学主题明确，让学生活动有了明确的抓手，使学生思考有了方向，让学生不再是盲目、不知所云的状态。虽然揭示主题很短暂，但是却具有统整教学方向的重要作用，是教学的中心点，是必须要关注的教学环节。点题的过程是师生共同的靶心，是师生活动共同体的焦点。

2. 主题情境创设的再完善

针对第一轮教学实践后讨论修改的"5E＋I"教学模式问题情境导入的要求对"制作活动日历"和"打电话"两节综合实践活动问题情境导入做了修改。

综合实践活动课是以问题为载体，问题在综合实践活动课中发挥着重要的引领作用。综合实践活动课中的问题不同于传统领域中纯粹的数学问题，问题要基于学生的生活实际，以现实的生活问题为基础。问题不仅要激发儿童的探究欲望，还要促进学生的深度思维。问题是与学习主题相对应的，因此问题的提出要紧扣核心内容，要具有明确的指向性。综合实践活动注重现实性，问题的提出要贴合现实情境，以学生真实的生活情境为背景。让学生在实际生活中感受数学知识源于生活，源于现实，并指导和帮助现实生活。综合与实践活动课中的问题解决是培养学生综合素养的有效途径，也是提升学生面对现实挑战做出积极回应能力的良好方式。因而，综合实践活动课中的问题情境创设既要呼应学习主题，又要基于儿童的生活现实。

第二轮教学实践中设计了以猜谜语的方式导入主题的情境，并播放日历由来的视频，体现了数学与天文学的跨学科整合，尽可能更好地体现主题统整的作用，增强导入的趣味性，修改后的"制作活动日历"导入环节如下。

主题情境导入：

一物生来真稀奇，身穿三百多件衣，

每天给它脱一件，年底剩下一张皮。

（打一物品）

师：同学们猜一猜这是什么呢？

生：日历

师：我们的日常生活中有各种日历：挂历、台历、电子历，但是你们知道日历是怎么来的呢？

师：播放日历的来历微视频

师：今天我们一起尝试运用四个小正方体和一个底座制作一个活动日历，到底应该怎么做呢？

第二轮"打电话"综合实践活动课的导入环节做了微调，现实生活中经常会遇到一些紧急情况，需要尽快通知一些事情。基于这样的真实情境，激发学生的探究欲望，引入打电话活动中蕴含的优化思想。第一轮教学实践中的导入是：

打电话是我们生活中常见的现象，同学们有没有想过打电话活动中蕴含的数学奥秘呢？（直接点题）

D老师晚上十点多突然接到疫情防控的紧急通知，由于疫情原因取消明天早晨五年级去动植物标本基地参观的活动。D老师需要以打电话的方式通知每个班的班长，每个人需要一分钟，五年级总共有8个班。请你们帮助老师设计打电话的方案。

通过实践教学后的课后访谈，授课教师认为："这个导入的问题情境很真实，但是8个班意味着通知8人，刚开始给学生这个数字有点不凑巧。"因此，第二轮教学导入修改如下：

生活中经常发生突发事件，需要迅速通知相关人员参加。我们现在常会用什么发布通知呢？

　　为了确保迅速、准确地完成通知，"打电话"是个不错的选择。今天我们一起探索打电话活动中的数学问题，探索数学规律。

　　D老师晚上十点多突然接到疫情防控的紧急通知，由于疫情原因取消明天早晨五年级去动植物标本基地参观的活动。D老师需要以打电话的方式通知每个班的班长，每个人需要一分钟，五年级总共有7个班。请你们帮助老师设计打电话的方案。

3. 实践活动任务的再完善

　　作为实践活动课，学生的实践活动操作是基本形式。实践活动的过程是帮助学生积累数学活动经验的载体。通过实践操作体验帮助学生更好的理解数学知识，建构自我认知结构。该教学模式中通过对任务的逐层分解和绘制解题思路示意图，让学生推理、归纳数学规律，发展数学模型素养。小学数学"综合与实践"领域的数学规律探寻是从个别的现象出发，通过归纳推理总结出一般的结论，建构出一般的数学模型。

　　"制作活动日历"通过分解活动任务，让学生完成实践操作。首先，让学生思考四个小正方体的具体分工。其次，学会用一个小正方体表示7天的星期数。再次，使用两个正方体表示1~31天。最后，使用一个小正方体表示12个月。通过上述四个任务的分解完成，最终制作出活动日历，总结在标注年、月、日和星期过程中的具体方法和注意事项。具体的教学设计如下。

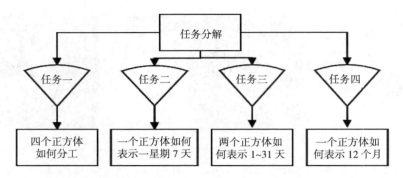

图 7-10　"制作活动日历"活动任务分解图

"打电话"实践活动课中，打电话中蕴含的数学规律探寻，需要学生在实践活动过程中逐渐归纳总结。首先分析打电话问题中最快的方案有什么特点呢？分组通知，接力通知，保障每个被通知到的人不闲着，继续通知下一人。其次，绘制打电话的示意图，直观计算时间与人数。再次，依据这样的方法，探索 1 分钟、2 分钟、3 分钟、4 分钟……通知到的总人数。最后，总结归纳人数规律。

第一分钟接到通知的总人数 2 人

第二分钟接到通知的总人数 4 人

第三分钟接到通知的总人数 8 人

第四分钟接到通知的总人数 15 人

……

第 n 分钟接到通知的总人数 2n 人

接到通知的队员人数是（2n-1）人

4. 模式中的师生行为指南

通过第一轮教学实践发现，虽然"5E+I"课程实施模式的教学操作流程已经建立，各环节核心内容已经很明确，但是在具体的教学实践过程中还是缺少具体的指导和提示。每个环节师生表现如何？具体操作中的注意事项是什么？还需要再详细说明。教学指南就像是产品说明书，具体说明教学模式的使用方法，各个环节的注意事项。第二轮教学实践之前研究团队集体研讨教学模式指南的设计。授课 L 教师说："依据教学模式的流程图各个环节还是比较清晰的，但是每一个环节到底具体怎么做，还是很有必要再仔细说明。"授课 D 老师说："指南就是说明教师要做什么和学生要做什么。"研究团队专家说："可以通过刻画教师和学生的行为表现来具体呈现教学模式指南。"通过研究团队的讨论并结合已有研究基础，设计了"5E＋I"课程实施模式中师生行为指南的框架和维度，具体指南说明如表 7-5 所示。

表 7-5　"5E＋I"课程实施模式中师生行为指南

教学环节	教师行为	学生行为
创设主题情境	寓学习主题于教学开场白之中	明确学习主题
提出问题	1. 创设的问题要具有真实性、挑战性、实践性 2. 问题情境要蕴涵学习主题	1. 能根据情境提出需要解决的核心问题 2. 调用已有经验和知识，尝试提出初步解决策略
探究活动	1. 注重引导学生开展主动学习活动 2. 对学生实践活动及时提供帮助与指导 3. 适当参与学生活动	1. 采取小组讨论、实践和给别人讲述的活动方式 2. 要学会与同学相互交流、积极分享自己的成果 3. 及时反馈活动中遇到的问题
拓展总结	1. 引导学生归纳推理活动过程中发现的规律 2. 引导学生科学总结与迁移拓展 3. 给学生提供展示学习成果的机会	1. 对问题解决的方法、数学思想做总结 2. 运用所学知识解决类似问题 3. 积极展示自己参与学习活动的结果
评价	1. 教师要及时关注学生的活动过程，在活动中渗透评价活动 2. 采用多元化评价方式 3. 教师设计多多元智能评价标准	1. 具有自评的意识和习惯 2. 适当对同伴的活动进行评价 3. 接受同伴间互评

（三）第二轮实施效果的微观分析

下面将从第二轮的教学实施过程和教学实施效果方面，对第二轮教学进行微观分析，为第一次修订后的"5E＋I"课程实施模式的教学流程提供依据。

1. 教学实施的具体过程

"制作活动日历"第二轮教学具体流程如下，以展示"5E＋I"课程实施模式下的教学实践结构样态。

表 7-6　"制作活动日历"课堂教学过程

教学环节	具体内容	备注
主题导入	一物生来真稀奇，身穿三百多件衣， 每天给它脱一件，年底剩下一张皮。 （打一物品） 师：同学们猜一猜这是什么呢？ 生：日历 师：我们的日常生活中有各种日历：挂历、台历、电子历，但是你知道日历是怎么来的呢？ 师：播放日历的来历微视频	基于整合理念，天文学中的日等概念蕴涵着哪些数学信息。
问题提出	师：怎么运用四个小正方体和一个底座制作一个活动日历呢？ 生：制作活动日历需要标明年、月、日和星期	直接依据主题提出本节活动问题
任务分解		引导学生分析制作活动日历的步骤，对任务进行逐步分解，并有示意图表明任务分解过程和流程。
探究活动	活动一星期表示：动手尝试制作自己的活动日历，在一个小正方体上表示一周 7 天的信息。一个面上可以写一个星期，但是有 7 天，那么可以考虑一个面上写两个星期日期，依据生活习惯，周末两天可以写到一个面上，如何区分呢？通过文字的相反方向来区分。 活动二日期的表示：1~31 天如何表示在 12 个面上。可以在一个面上写多个数字进行表示。除此之外，还可利用数字组合法，利用两个面上的数字表示一个日期。 活动三月份的表示：六个面每个面上写两个月份，通过文字方向进行区分。	依据上述任务逐步活动，分析解决制作完成活动日历。每一个活动可以对应解决一个任务，最后整体解决问题。
拓展总结	 还能利用其他材料做出创意活动日历吗？	同学根据今天的学习收获进行交流分享，汇报自己的感受与收获，并拓展制作创意日历。

"打电话"第二轮教学具体流程如下，以展示"5E＋I"教学结构的样态。

表 7-7　"打电话"课堂教学过程

教学环节	具体内容	备注
主题导入	生活中经常发生突发事件，需要迅速通知相关人员参加。我们现在常会用什么发布通知呢？ 为了确保迅速，准确地完成通知，"打电话"是个不错的选择。今天我们一起探索打电话活动中的数学问题，探索数学规律。	以真实的生活场景导入学习主题，调动学生的已有经验和兴趣。
问题提出	D 老师晚上十点多突然接到疫情防控的紧急通知，由于疫情原因取消明天早晨五年级去动植物标本基地参观的活动。D 老师需要以打电话的方式通知每个班的班长，每个人需要一分钟，五年级总共有 7 个班。请你们帮助老师设计打电话的方案。	根据真实的问题改编问题，降低难度。
任务分解	任务一：展示设计的打电话方案示意图 任务二：计算设计的打电话方案所用时间 任务三：找出不同方案之间时间差的原因 任务四：最优方案的特点是每个得到通知的人都不闲着	利用绘制示意图帮助分析解决问题。
探究活动	让学生模拟打电话场景，探究打电话的数学规律 	让学生在实际模拟操作过程中探究规律，归纳模型。
拓展总结	通过总结交流、汇报展示学习的成果，拓展解决生活中的类似问题。 例如：国际象棋发明者要求国王的奖励的小故事。达依尔让陛下奖励自己一棋盘的麦粒。第一格 1 粒、第二格 2 粒、第三格 4 粒，依次成倍增加，放满所有棋格。	让学生运用本节课总结发现的规律拓展解决类似问题。

2. 教学实施效果分析

通过第二轮教学实践，研究团队适应了"5E+I"课程实施模式。结合课后的学生访谈、学生作品分析、教师访谈和研究团队的反馈，本研究发现第二轮教学实践的效果主要表现在以下几方面。

（1）主题情境创设环节更加流畅自然

通过观察和分析"制作活动日历"和"打电话"这两节实践活动课的教学过程，发现两节课的主题导入环节更加自然流畅。主要表现在活动主题的切入能与学生的现实生活世界直接关联，通过学生熟悉的场景和已经学习过的内容自然导入学习的主题。主题导入可以让学生快速进入学习的状态，激发学生的思考与探究欲望。在"制作活动日历"这一节课中，教师利用猜谜语的方式让学生认识日历，趣味性强，学生兴趣高涨，并在谜语的谜面描述中体会日历的特点。这样的导入既能激发学生的学习兴趣，又能启发学生的思考。再加入日历的来历微视频介绍，让数学与天文学进行跨学科整合学习。启发学生的跨学科思维，让学生自然进入主题学习之中。"通过这样的主题导入新课，感觉学生很兴奋，学生很快进入学习状态，积极思考日历中的数学信息，日历的来历视频短片让学生体会到古人刻苦钻研的精神。并且这样既激发了学生学习兴趣，又自然引入今天的学习主题。"（授课教师 LHL 的第二轮课后访谈）"点题是一节课中重要的起点，虽然简短，但是需要高度重视，并精心设计。"（研究团队专家第二轮课后访谈）主题揭示与问题情境环节的整合是综合与实践领域的起点环节，是开展探究活动的基础。

（2）学生的实践活动更加自主

数学课堂上的实践活动是促进学生思维深度发展的重要方式。活动的设计要注重开放性，让学生以自己的方式尝试解决问题。在活动的设计与引导中体现学科本质，在活动过程中注重学生思维与智慧的形成。活动的目的是帮助学生归纳推理，形成数学经验，不能仅仅局限于对结论的追寻，要将学生的思维引向数学思想的体会、知识的再发现过程之中。实践活动是需要学生自主探索的，是学生尝试的过程，只有在活动中自主思索和体验，学生才能真正体会与理解数学本质。学生的实践活动基本保障是充足的时间，由于时间原因，传统课堂中的活动往往会跟着教师指令一步步操作，从而失去活动意义。综合与实践领域中的实践活动需要学生自主进行，可以小组合作、交流、讨论，教师是活动的参与者、引导者和协助者。学生在自主活动探究的过程中会出现错误，遇到困难，教师应该接受这些"意外"，尊重学生的活动过程。通过第二轮教学实践观察发现课堂中的学生实践活动自主性更加突出，教师不再催促和干预学生的自主活动，更多的是协助和参与学生活动之中，活动的时间安排也更加充足。

（3）活动形式更加灵活多样

综合与实践领域是以问题为载体，以主题活动为主要形式。在实践活动中探索归纳数学规律，形成拓展应用意识。这也是解决问题的关键要素。让学生掌握不同类型问题的结构，就是模型建构。建模就是用数学的语言和方法，通过抽象、简化，建立能近似解决实际问题的一种强有力的数学能力。建立模型的过程就是让学生体会与理解数学与外部世界联系的途径，简化复杂问题的过程。问题是有结构的，那么提炼、分析有利于学生进一步掌握一类问题的结构特征。利用图示分析、分步动态展示推理可以有效促进学生剖析问题。通过绘制数学图示，帮助学生归纳推理数学规律与模型。第二轮教学实践研究发现，授课教师组织的活动形式更加灵活多样。"在这次教学中我更加注重对学生自主活动的引领，发现学生的思维很活跃，在实践探究中各个小组都有自己不同的活动形式。从学生的活动过程中可以观察到学生的个性化思维。学生之间的交流活动丰富，有的学生借助示意图交流、有的借助情境模拟。在打电话的规律探寻过程中，学生利用绘制示意图转向数学化，每增加一条线就表明增加了一分钟，通过图示中的线条，快速地计算和直观地展示通知人数与时间之间的关系。"（授课教师 DCL 的第二轮课后访谈）"实践活动课的灵魂就是活动，让学生在活动中感悟、体会、理解，最终形成综合素养。教学过程中就是要启发学生积极自主的参与活动，以多样性的活动形式激发学生的创造意识。"（研究团队专家的第二轮课后访谈）

（四）第二轮实施的反思与调整

第二轮教学实施结束后，通过对学生的课堂具体表现和访谈分析、授课教师的课后访谈和反思，还有研究团队中专家的访谈等对"5E+I"课程实施模式进行反思，从而对"5E+I"课程实施模式的教学流程进行第二次修改，主要对"5E+I"课程实施模式的教学相关操作流程要求和设计的师生行为指南方面做出修改。

1. 对"5E+I"课程实施模式的整体反思

（1）探究活动环节要体现活动的实践性、开放性和探究性

在第一轮教学实践之后，依据课后访谈和研究团队的集体讨论交流，以及对学生的观察与分析，对"5E+I"课程实施模式的教学流程进行了修改。第二轮教学实践按照第一轮修订后的教学模式要求进一步设计与实施教学。通过第二次教学实践反思总结实施效果，发现在探究活动环节，活动的实践性和探究性体现不明显，需要再次强化实践性与探究性。综合与实践领域重实践、重综合，在教学中要体现学生的自主参与、全程参与和自主实践、自主探索。小学数学"综合与实践"领域的内容都与现实生活密切相关，使学生通过活动探究数学内部关联、数学与外部世界的联系，从而整体感受数学，体会数学的广泛应用性，使学生在生活问题解决中感悟与理解数学、应用数学，从而提升数学的全面理解。"5E+I"课程实施模式的教学流程中探究活动环节就是体现上述教学理念要求的重要过程。首先，探究活动环节中的活动要体现实践性。实践一般是指动手操作或者社会实践和实际生活。但是数学课程标准指出，数学中的重在实践是指在活动中要注重学生自主参与、积极参与、全程参与，重视学生积极动口、动手、动脑等多感官能动参与。基于此，实践探究中的活动设计要体现出学生"动"的过程和真实的实践。其次，活动要体现开放性。综合与实践领域的特征之一就是学生的自主参与。学生自主地参与实践活动，尝试与体验问题解决的过程，学生在同一问题的解决过程中可以具有多种解决方法。每一种解决问题的方法和策略都需要被关注和尊重。开放性要求学生探究的过程和方法是不唯一的，要充分满足学

生个性化发展需要，关注学生活动过程，关注学生的多元思维，即使学生获得了错误的结果或者结论，也不应该规避而要让所有结果都能被看见。活动的开放性也可以体现在设计开放性问题，可以使结果不唯一，结果呈现方式不唯一。最后，实践活动要具有探究性。探究性活动是解决问题的关键突破口，活动要有探究的意义和价值，能在学生的思维认知中产生矛盾、质疑。如果实践活动只是照着指令做，就失去了活动的实际意义。例如，"制作活动日历"这节实践活动课中，授课教师 LHL 说："用两个小正方体表示 1–31 天，这个探究活动中。1~31 这 31 个数字可以通过两个面上的数字进行组合。通过数字组合表示 31 天，需要一个转化，就是把所有的个位天数，转化为两位数表示。例如 1、2、3……，可以转化为 01、02、03……。这样的话，两个正方体面上就都需要 0，问题就转化为 14 个数字如何标注在 12 个面上。"通过这样的探究活动让学生自主试验、自主思考，在困惑的逐一解决过程中，促进学生的思维发展。

（2）拓展总结环节要展现归纳过程和创新拓展的过程

综合与实践领域包含数学探究、数学建模和数学实际应用。在综合与实践领域中让学生参与自主实践是为了通过解决生活和社会中的问题，去全面理解数学、增强数学应用意识、创新意识和模型意识。因而，交流拓展环节作为"5E＋I"课程实施模式教学流程中的拓展总结环节十分重要。研究团队专家说："实践活动不能只看见热闹的活动场景，重要的是要看见学生经验积累与总结拓展。要学会用活动实践的收获去解决类似的问题。所以，一定要重视总结与拓展环节，把学生的理解体现在实际的问题解决过程之中。""打电话"这节实践活动课中，学生要在解决如何以最快的方式通知 15 人的活动中，总结探寻出打电话活动中蕴含的数学规律。要发现打电话时间 n 和得到通知的学生人数之间的关系，要用数学的语言表达这种关系，即得到通知的学生人数为（2^n-1）人。通过实践活动体验，引导学生归纳推理是"综合与实践"领域教学的精髓所在。活动只是手段，活动的目的是发展学生的归纳推理能力。通过解决一个实际问题积累解决一类问题的活动经验，这样的教学才会体现出事半功倍的高效率，这也是整体教学的价值所在。归纳推理是数学的重要推理模式之一，归纳推理的思维基础是一个类。实践探究活动是体现学生归纳推理思维动态过程的有效途径。“打电话”实践活动课中对打电话时间和获得通知学生人数之间关系的规律总结与归纳，可以拓展解决类似棋盘格奖励和树枝分化等问题。

（3）师生行为指南要再聚焦

在第二轮教学实践中增加了师生行为指南，以此给教师提供更具体的指导和提示。指南主要按照教学模式流程的五个环节，从教师行为和学生行为两个维度，进行具体的行为表现描述。针对“5E＋I”课程实施模式的教学流程中每个环节的具体操作要求进行了注意事项的详细说明。通过第二轮的教学实践发现该指南指导帮助教师更好的实践该模式，使教学模式与教学实践更加切合也更有效。但是通过课后的访谈和分析，发现师生行为指南的具体内容还存在漏洞，有些说明和要求还不够具体，需要再聚焦，同时应该根据第二轮教学实施效果分析和反思改进。进一步丰富和完善教学指南。因此，这部分内容在第三轮实践之前需要及时改善和修改。师生行为指南是“5E＋I”课程实施模式中教学流程的具体操作说明书，因此需要在教学实践之前设计完善，从而具体指导第三轮的教学实践。

2. 对“5E+I”课程实施模式的教学流程的第二次调整

（1）第二轮教学实践后对“5E＋I”课程实施模式的教学流程的修改

通过教学实践，“5E＋I”课程实施模式中整合与实践教育理念要体现在教学环节的分布之中。探究活动环节中的实践活动是教学流程中的重要内容，需要重点关注，尤其对活动过程和活动特点的把握要全面，体现活动的基本特性。因此本轮教学实践对探究活动环节进行了重点修改与变式设计。通过前两轮的教学实践，发现教师在探究活动环节中忽视了学生分析问题的过程。具体的教学操作流程调整如下所示。

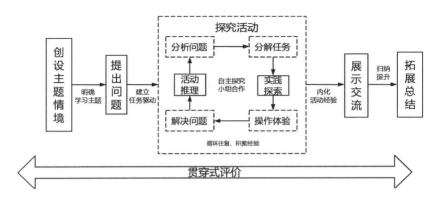

图 7-11 第二次修订后的"5E+I"课程实施模式的教学流程原型

通过第二轮的教学实践，对"5E＋I"课程实施模式的教学流程变式也做了进一步的调整与修改。

"制作活动日历"这节实践活动课，也就是在提出问题之后要分析并解决问题。从而提出不同的策略和方法，需要学生探究验证。这节活动课主要让学生动手操作实践，体验感受活动日历的价值与意义。

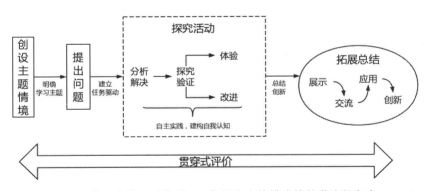

图 7-12 第二次修订后的"5E+I"课程实施模式的教学流程变式一

"打电话"实践活动课主要是通过分步活动，提炼、概括、探究打电话现象中蕴含的数学规律，建构数学模型。每一个活动都是在解决一个问题，每一个活动都是一个完整的循环过程。活动解决问题，展示提炼优化方案，交流内化活动经验。在不同的活动往复中概括、归纳数学规律，最终建构出数学模型。

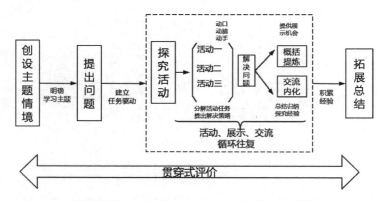

图7-13 第二次修订后的"5E+I"课程实施模式的教学流程变式二

（2）对"5E+I"课程实施模式中师生行为指南的修订

综合第二轮教学实践的分析和反思，结合研究团队的集体讨论，对"5E+I"课程实施模式中师生行为指南进行完善和修改。第二轮教学实践后对表7-5中的"5E+I"课程实施模式中师生行为指南做了修改与完善，具体修改完善的内容用（★）标记。修改后的师生行为指南如表7-6所示。

表7-8 "5E+I"课程实施模式中师生行为指南

教学环节	教师行为	学生行为
创设主题情境	寓学习主题于教学开场白之中	明确学习主题
提出问题	1. 创设的问题要具有真实性、挑战性、实践性还要注重开放性（★） 2. 问题情境要蕴涵学习主题	1. 能根据情境提出需要解决的核心问题 2. 调用已有经验和知识，尝试提出初步解决策略
探究活动	1. 注重引导学生开展主动学习活动 2. 参与并指导学生的实践活动（★） 3. 注重实践活动的探究过程（★） 4. 关注学生实践活动中的困难（★）	1. 采取小组讨论、实践和给别人讲述的活动方式 2. 要学会与同学相互交流、积极分享自己的成果 3. 及时反馈活动中遇到的问题 4.要全程参与探究过程（★）

续表

教学环节	教师行为	学生行为
创设主题情境	寓学习主题于教学开场白之中	明确学习主题
拓展总结	1. 引导学生归纳推理活动过程中发现的规律 2. 帮助学生建立数学模型(★) 3. 引导学生科学总结与迁移拓展 4. 给学生提供充分展示学习成果的机会	1. 对问题解决的方法、数学思想做总结 2. 尝试运用数学语言描述总结的规律,养成建立模型的意识(★) 3. 运用所学知识解决类似问题 4. 积极展示自己参与学习活动的结果
评价	1. 教师要注重活动过程评价(★) 2. 采用多元化评价方式 3. 教师设计多多元智能评价标准	1. 具有自评的意识和习惯 2. 适当对同伴的活动进行评价 3. 接受同伴间互评

三、第三轮教学实践

第三轮教学实践主要是对第二次修订后的"5E+I"课程实施模式的教学流程进行实践和具体运用。对第三次"制作活动日历"和"打电话"两节实践活动课的教学过程全程参与式观察,并组织课后讨论和访谈,从而进一步反思和修订教学模式和变式,得到第三次修订后的教学流程和变式。首先,确定第三轮教学实践的研究问题;其次,详细阐释第三轮教学实践过程中教学流程实践应用的过程;再次,从教学实施过程和教学效果两方面进行微观分析;最后,结合课后的反思和访谈,及时对存在问题进行针对性的修订与完善,最终形成第三次修改后的"5E+I"课程实施模式的教学流程。

(一) 第三轮教学实践研究的问题

第二轮教学实践对小学数学"综合与实践"领域的"5E+I"课程实施模式所遵循的整合、实践、具身等教学理念进行了回应与强化,尤其注重实践活动的特性表现。在具体的实践探索活动中凸显活动的实践性、开放性和探究性。注重学生实践活动的过程性教育价值，给予充足的时间让学生自主参与实践活动，让学生尝试多角度思考提出解决问题的策略，不局限于单一的活动方式和解决问题的单调方法。可以结合多学科思维，融合运用多学科的知识和方法，进行跨学科学习，提供多样性的问题解决方法与思路。教学实践中要注重提供广阔的探究空间，让学生自主、全程参与实际问题的解决。第二轮研究表明要加强交流拓展环节，表明要在教学中注重让学生在推理的过程中尝试用数学的语言表达数学规律，建立模型，从而培养学生模型意识。交流拓展环节还要注重对探寻的规律和模型的运用，促进学生的思维迁移与拓展运用能力发展。在第二轮教学模式修订基础上如何使修订后的教学模式及其变式得以呈现？在具体实践运用中会呈现怎样的样态呢？如何在交流拓展环节体现推理过程呢？尤其是数学规律的探寻归纳还需要哪些具体教学条件呢？此外，关于学生实践活动该如何评价呢？基于上述思考，第三轮教学实践需要研究解决的主要问题有：

问题1：第二轮修订后的"5E＋I"课程实施模式的教学流程及变式实际的运行样态是怎样的？

问题2：实现拓展总结环节中的拓展要求，需要哪些教学条件？

问题3："5E＋I"课程实施模式中的教学流程如何对学生的实践活动进行评价？

（二）第三轮"5E＋I"课程实施模式的实践过程

第三轮"5E＋I"课程实施模式的教学流程的实际应用主要从探索活动、拓展总结环节、教学结构调整以及学生的实践活动评价四个方面重点阐述。由于实践学校的教学安排，参加第一轮和第二轮的授课教师无法参加第三轮教学实践的授课。因此，第三轮教学中更换了两名授课教师，更换的两名授课教师也是研究团队的参与成员，对前两轮的教学研讨和本轮研究计划都比较熟悉和了解。

1. 探究活动环节的活动设计再优化

实践探索环节的核心是活动设计，活动具有其自身的特点和内涵。在哲学视域内，活动作为人存在的方式，既改变着现实对象世界，又改变着人本身，具有对象性、改造性、整体性、共同性、社会性等特点。活动过程中需要学生看、听、说、思、做等多感官的全面参与，会对学生的知、情、意、行多方面产生影响。在实践探索环节中要凸显活动本质，促进学生活动经验的积累。因而，本轮教学实践对"制作活动日历"和"打电话"两节实践活动课的活动设计进行再优化，让学生在实践活动中体会解决问题的意义与价值，全面理解与运用已有知识和经验。

"制作活动日历"这节实践活动课的主要活动是利用四个小正方体制作完成一份活动日历。要完成这个制作活动，需要逐步解决4个问题，基于这四个问题组织实践探究活动。活动一：正方体的分工。四个正方体表示月、日和星期。应该如何分工呢？根据正方体面的个数，应该用一个正方体表示月，两个正方体表示日，一个正方体表示星期。依据日历中信息的显示顺序，月、日和星期。活动二：月份的标识。12个月，6个面，每个面写两个月份。怎么区分呢？依据文字方向区分，同一个面的文字方向反着写。活动三：日期的标识。这个活动是探究难点，需要学生多次尝试和验证，并且这个活动中学生可能会有不同的答案，需要教师积极关注。活动四：星期的标识。这个活动是在前面几个探索活动基础上的，所以，学生很容易就知道如何表示。

"打电话"这节实践活动课以现实生活中的打电话现象为背景，引导学生探究打电话活动中蕴藏的数学规律，这个实践活动主要体现数学优化思想。在四年级的时候，学生已经经历过优化思想的相关活动，积累了一些活动经验。本实践活动中特别能体现"画数学"的教学理念。在探究活动环节，主要设计以模拟打电话的情境活动让学生感受最高效的打电话方案。第二轮教学实践中直接设计了模拟打电话活动，但是在实际教学过程中发现，这样的探究活动不能促进学生的思维深度。学生忙着参与打电话的活动情境活动，不能结合亲身体验，仔细记录和绘制打电话的过程，不利于总结探索打电话活动中蕴含的数学规律。因此，这一轮教学实践重新设计了实践探索活动，进一步细化和优化活动设计。该环节将合计出三个活动。活动一：模拟打电话。让学生分组模拟表演给7个人打电话，模拟本组最短时间和最长时间打电话活动方案，让组员仔细观察接到电话的同学的情况。活动二：分组展示交流。最长时间方案：老师逐个给每位同学打电话，接到通知的同学不再打电话通知下一位。最短时间方案：分组，接到电话的同学继续通知下一位同学。活动三：规律归纳。通过上述问题探索，遵循每个接到电话的人不闲着的原则，发现规律如下：

1 分钟：接到通知人数=2^1-1

2 分钟：接到通知人数=2^2-1

3 分钟：接到通知人数=2^3-1

4 分钟：接到通知人数=2^4-1

……

归纳打电话的规律：

打电话需要时间与接到通知人数之间关系：人数 =2^n-1

2. 拓展总结环节的过程再优化

交流结拓展环节是对活动经验的提升与升华。交流拓展环节需要对实践活动中的体验、感受和获得进行交流汇报，并迁移应用到其他问题领域之中。这个环节主要是引导学生对活动进行回顾、反思、总结和拓展；这个环节是对本节活动内容的概括，是向课外拓展和延伸的载体；该环节也是"5E＋I"教学模式必不可少的重要环节。在这一环节可以培养和发展学生的应用和创新意识。交流挑战环节主要是让学生自主展示学习成果，可以小组内讨论交流，也可以全班集体展示交流。小学数学"综合与实践"领域的教学有别于其他领域的显著环节就是交流。其他传统教学领域严谨、规范和标准化的结果探寻为主，综合与实践领域以实际的问题解决和活动探究为本，得到的结论往往是多样的、富于个性化的、具有创意的。因而，在教学环节中要注重加强交流拓展。交流拓展环节给予学生充分的自我展示空间，全面促进学生思维发展。基于此，本研究对"制作活动日历"和"打电话"两节实践活动课的交流拓展环节进行再优化设计。

"制作活动日历"这节实践活动课，在四个任务驱动下，组织学生参与四个实践探究活动。在探究活动中学生知道了如何利用小正方体的面分别表示月份、日期和星期。在探究过程中学生发现和积累一些活动经验，为了让这些经验和感悟得到升华，需要给予学生自主交流和拓展创新的机会。因此，本轮研究重新设计了交流拓展环节。具体设计如下：

交流活动一：我发现了什么？

组织学生进行小组讨论交流，说一说本节课的发现。

通过探究发现日历中的基本信息包括月份、日期和星期。

如果每个面有两个以上的信息时，可以通过文字方向加以区分。

交流活动二：说说日期的意义。展示自己制作的活动日历，并说明摆放的日期的意义。

交流活动三：我还能制作其他日历。

想一想还能利用其他材料做出怎样的创意活动日历。

"打电话"这节实践活动课，通过让学生模拟打电话情境，并仔细观察得到通知的学生。通过这样的探索与实践归纳出最省时间的打电话方案。得到通知的学生不闲着，继续通知下一个学生是最省时间的办法。交流拓展环节就是让学生体会打电话方案的优化过程，再次体会优化数学思想。本节课的交流拓展环节设计如下：

交流活动一：我如何打电话，通过这个交流活动让学生利用图示展示自己的打电话方案。说说自己是怎么做的。

交流活动二：我是如何节省时间的。交流自己怎么节省时间的。分组打电话，如何分组的？分组越多越省时吗？

交流活动三：最省时间的办法是什么，交流最省时的打电话方案是什么？并讨论在实际打电话过程中如何操作。

3. 教学结构及流程的再优化

在第二轮教学模式修订基础上，重点优化设计了实践探究和交流拓展两个环节。突出了小学数学"综合与实践"领域的实践活动意义和价值，为学生的成果交流和展示提供充足的空间和机会。遵循第二轮修订后的"5E＋I"教学模式要求，再次对两节实践活动课的结构进行调整和修改，具体结构流程图如下。

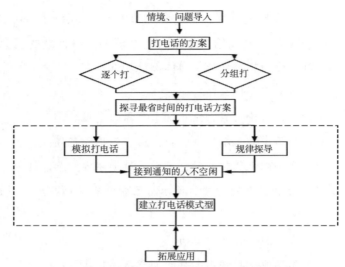

图 7-14　"制作活动日历"第三轮教学结构流程图

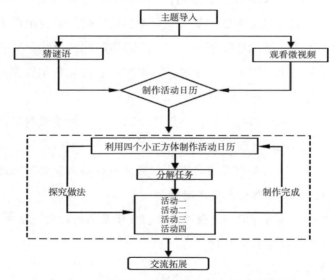

图 7-15　"打电话"第三轮教学实践结构流程图

4. 对学生活动评价的设计

　　贯穿式评价是小学数学"综合与实践"领域的教学特色之一。评价是促进、改进教学方法、提高教学能力的有效载体。小学数学"综合与实践"领域的教学以实践活动形式为主，因而评价贯穿于活动过程之中，与学生的学习同时发生。这也是综合实践活动课教学评价的难点。在第一轮和第二轮教学实践中,评价渗透到教学过程之中,在教学实践过程中虽然进行了设计,并在课后进行了研讨,但都以教师的评价操作为主,并没有关注学生活动本身的评价。因此,本轮研究主要设计对学生活动的评价。小学数学"综合与实践"领域要求学生灵活地、综合地运用数学知识与技能,要求学生积极参与探究活动。通过动手操作、开展数学实验、参与数学游戏、参与设计与制作产品等活动形式,体验、感悟、解决数学问题,从而加深对数学知识的整体性认识和应用,增强实践创新能力。这些课程实施形式与特点,要求"综合与实践"领域应该采取多样化、多元化的评价方式,创生出适用于评价学生实践活动的评价方式。学生的实践活动是一个整体,因而评价要贯穿于实践活动过程之中。教师有时候不可能全程参与和观察到学生的实践活动过程。因此,评价的主体要从教师扩展到学生自评和同伴互评。

基于上述的讨论,在第三轮教学实践中,针对"制作活动日历"和"打电话"两节实践活动课的具体教学,设计了针对学生自评、同伴互评的实践活动评价表。

表 7–9 "制作活动日历"自我评价表

评价标准	评价等级			
	A	B	C	D
我能积极参与课堂活动,认真完成活动任务。				
在活动中,我能提出有价值的制作建议。				
我能思考得出四个小正方体的具体分工。				
我能提出标识月份的方法。				
我能提出标识日期的方法。				
我能提出标识星期几的方法。				
我能画出标识月份、日期、星期几的图示。				
遇到困难,我不轻易放弃。				
我能按设计好的方案制作出活动日历。				
我能使用其他材料制作出创意活动日历。				

表 7-10　"制作活动日历"同伴互评表

评价维度		评价等级			
		A	B	C	D
合作态度	他积极参与小组活动很积极。				
	他喜分享交流。				
合作任务	他能完成分工任务。				
	他乐于整体安排活动任务。				
创新贡献	他能提出标识月份、日期和星期几的不同方法。				
	他会提出利用数字组合的方式标识日期。				
合作效果	他会认真听取同伴展示自己的制作方案日历建议。				
	他爱展示自己的表示的日期的意义。				

表 7-11　"打电话"自我评价表

评价标准	评价等级			
	A	B	C	D
我能积极参与课堂活动，认真完成活动任务。				
在活动中，我能提出打电话方案。				
我能说出逐个打电话方案。				
我能说出分组打电话方案。				
如何具体分组我会感觉到困惑。				
我能思考得出打电话最优方案的条件。				
我能借助绘画打电话方案图示，比较不用打电话方案所用时间。				
遇到困难，我不轻易放弃。				

表 7-12　"打电话"同伴互评表

评价维度		评价等级			
		A	B	C	D
合作态度	他积极参与小组活动很积极。				
	他喜分享交流。				
合作任务	他能完成分工任务。				
	他乐于整体安排活动任务。				
创新贡献	他能设计不同的打电话方案创意想法。				
	他会提出最优打电话策略的条件。				
合作效果	他会认真听取同伴展示自己的打电话方案图示建议。				
	他爱参与打电话方案用时最省的集体交流。				

（三）第三轮实施效果的微观分析

下面将从第三轮的教学实施过程和教学实施效果方面，对第三轮教学进行微观分析，为"5E+I"教学模式原型的第二次修订提供依据。

1. 教学实施的具体过程

"制作活动日历"第三轮教学具体流程如下，以展示"5E+I"教学结构的样态。

表 7-13　"制作活动日历"课堂教学过程

教学环节	具体内容	备注
主题导入	一物生来真稀奇，身穿三百多件衣， 每天给它脱一件，年底剩下一张皮 （打一物品） 师：同学们猜一猜这是什么呢？ 生：日历师：我们的日常生活中有各种日历：挂历、台历、电子历，但是你们知道日历是怎么来的呢？ 师：播放日历的来历微视频	基于整合理念，天文学中的日等概念蕴涵着哪些数学信息

续表

教学环节	具体内容	备注
提出问题	师：怎么运用四个小正方体和一个底座制作一个活动日历呢？ 生：制作活动日历需要标明年、月、日和星期	直接依据主题提出本节活动问题。
分析任务		引导学生分析制作活动日历的步骤，对任务进行逐步分解，并有示意图表明任务分解过程和流程。
实践探索	活动一：正方体的分工。四个正方体表示月、日和星期。应该如何分工呢？根据正方体面的个数，应该用一个正方体表示月，两个正方体表示日，一个正方体表示星期。依据日历中信息的显示顺序，月、日和星期。 活动二：月份的标识。12个月，6个面，每个面如何标识月份。 $$12÷6=2$$ 每个面可以写两个月份，怎么区分呢？依据文字方向区分，同一个面的文字方向反着写。从而明确表示不同的月份。 (图中答案不唯一) 活动三：日期的标识。根据之前学习过的内容每个月最多有31天。所以，要通过正方体面表示出1~31个数字。	依据上述任务逐步活动，分析解决制作完成活动日历。每一个活动可以对应解决一个任务，最后整体解决问题

续表

教学环节	具体内容	备注
实践探索	$$31÷12=2……7$$ 这算式的意思是每个面上写 2 个数字，但是还余 7 天怎么办呢？ 有些面上写三个数字，有些面上写两个数字，要求每个数字的方向都不一致。 这样表示感觉很混乱，能不能有更简洁的表示方法呢？ 　　活动四：星期的标识。每周有 7 天，有 6 个面如何表示呢？ $$7÷6=1……1$$ 　　一个面上写一个星期天数，可以将周末两天写到一个面上，通过文字方向区分。 **周五** **周一　周二　周三　周四** **周六 日**　**(图中答案不唯一)**	依据上述任务逐步活动，分析解决制作完成活动日历。每一个活动可以对应解决一个任务，最后整体解决问题。
交流拓展	交流活动一：我发现了什么。 　　组织学生进行小组讨论交流，说一说本节课的发现。 　　通过探究发现日历中的基本信息包括月份、日期和星期。 　　如果每个面有两个以上的信息时，可以通过文字方向加以区分。 　　交流活动二：说说日期的意义。展示自己制作的活动日历，并说明摆放的日期的意义。 　　交流活动三：我还能制作其他日历。 　　想一想还能利用其他材料做出怎样的创意活动日历。	根据今天的学习收获进行交流分享，汇报自己的感受与收获，并拓展制作创意日历。

"打电话"第三轮教学具体流程如下，以展示"5E+I"教学结构的样态。

表 7-14 "打电话"课堂教学过程

教学环节	具体内容	备注
主题导入	生活中经常发生突发事件，需要迅速通知相关人员参加。我们现在常会用什么发布通知呢？ 为了确保迅速、准确地完成通知，"打电话"是个不错的选择。今天我们一起探索打电话活动中的数学问题，探索数学规律。	以真实的生活场景导入学习主题，调动学生的已有经验和兴趣
提出问题	D 老师晚上十点多突然接到疫情防控的紧急通知，由于疫情原因取消明天早晨五年级去动植物标本基地参观的活动。D 老师需要以打电话的方式通知每个班的班长，每个人需要一分钟，五年级总共有 7 个班。请你们帮助老师设计打电话的方案。	根据真实的问题改编问题，降低难度。
分析任务	任务一：设计自己的打电话方案示意图 任务二：计算设计的打电话方案所用时间 任务三：找出不同方案之间时间差的原因 任务四：最优方案的特点是每个得到通知的人都不闲着	利用绘制示意图帮助分析解决问题。
实践探索	活动一：模拟打电话。让学生分组模拟表演给 7 个人打电话。模拟本组最短时间和最长时间打电话活动方案。让组员仔细观察接到电话的同学情况。 活动二：分组展示交流。最长时间方案，老师逐个给每位同学打电话，接到通知的同学没有再打电话通知下一位。最短时间方案，分组，接到电话的同学继续通知下一位同学。 	让学生在实际模拟操作过程中探究规律，归纳模型。

续表

教学环节	具体内容	备注
实践探索	 　　活动三：规律归纳。通过上述问题探索，遵循每个接到电话的人不闲着的原则。发现规律如下： 　　1 分钟：接到通知人数=2^1−1 　　2 分钟：接到通知人数=2^2−1 　　3 分钟：接到通知人数=2^3−1 　　4 分钟：接到通知人数=2^4−1 　　…… 　　归纳打电话规律： 打电话需要时间与接到通知人数之间关系：人数=2^n−1	让学生在实际模拟操作过程中探究规律，归纳模型。
交流拓展	交流活动一：我如何打电话 　　通过这个交流活动让学生利用图示展示自己的打电话方案。说说自己是怎么做的。 交流活动二：我是如何节省时间的 　　交流自己怎么节省时间的。分组打电话，如何分组？分组越多越省时吗？ 交流活动三：最省时间的办法是什么 　　交流最省时的打电话方案是什么？并讨论在实际打电话过程中如何操作。 交流活动四：这个规律怎么用 例如：国际象棋发明者要求国王的奖励的小故事。达依尔让陛下奖励自己一棋盘的麦粒。第一格 1 粒、第二个 2 粒、第三格 4 粒，依次成倍增加，放满所有棋格。	让学生运用本节课总结发现的规律拓展解决类似问题。

2. 教学实施效果分析

通过第三轮教学实践，研究团队更认可"5E+I"课程实施模式。结合课后的学生访谈、学生作品分析、教师访谈和研究团队的反馈，本研究发现第三轮教学实践的效果主要表现在以下几方面。

（1）学生的学习方式发生了转变

通过对第三轮教学实践的分析，"制作活动日历"和"打电话"这两节实践活动课都以学生实践活动为主，突出了学生的主体地位。在实践过程中学生探究、体会和积累数学活动经验。这两节课改变了以往注重结果追寻和统一答案的现象，在教学中教师给学生自主实践探索提供了充分的时间，尊重学生个性化问题解决策略的探寻。学生对核心数学概念和思想的理解与体会是在自主探索活动过程之中逐步加深，学生的数学学习方式转变为动口、动手、动脑多感官参与的方式。学生可以在实践过程中感知数学知识理解与应用价值，教学过程中体现了"做数学""画数学"的教学理念。传统的实践活动课以教师讲授为主，严格按照设计的活动指令逐步照做，课堂活动看似丰富，但是学生思维浅表化，活动过程形散不聚。活动只是一种形式，学生为了活动而活动，并未真正体现出实践活动探究的价值意义。通过本轮教学实践，学生的学习方式全面改善。学生自主参与实践活动，教师指导、帮助学生的实践活动。学生自主参与活动探究，全程不受教师的干预，教师只是在学生需要帮助时及时给予帮助。教师在活动设计时给学生留有足够的时空，让学生可以想一想、议一议、试一试。让学生在活动中处于主动的、思考的、尝试状态，随着活动深入，学生的兴趣会有所降低，但是有任务的要求与约束就不会让学生处于盲目、游离的状态。"'制作活动日历'这节实践活动课，我之前感觉要让学生自己探索出用两个面表示1~31天，太难了，学生根本不会。这次大家集体讨论，把任务逐步分解，设计不同的探索活动，发现学生远比我想象的厉害。只要给学生足够的活动空间，学生一定可以的。"（授课教师LXL）"我感觉这节课很有意思，我可以画图、可以情境模拟，在这些涂涂画画、相互交流中我就发现了打电话的规律，很有成就感。"（学生DQ的第三轮课后访谈）

（2）学生善于积累解决问题的活动经验

小学数学"综合与实践"领域的重要意义就是帮助学生积累数学活动经验。以真实的生活问题为载体，让学生在实践活动过程中经历问题解决的全过程，从而积累问题解决的活动经验。通过第三轮教学实践，发现学生在实践活动课中善于积累解决问题的活动经验。"'制作活动日历'是基于单元认知的综合实践，主要是通过实践操作活动让学生进一步理解多学习的内容，这节活动课安排在年、月、日这个单元后面，具有学习的实效性。这节实践活动课的重要意义，一方面，帮助学生加深对年、月、日的理解认识；另一方面，通过制作活动日历的过程，进一步培养学生的动手操作能力和积累相关活动经验。在这节实践活动课中学生在不同的活动中采用不同的方法，比如在设计月份的标识时，一个面上写2个月份，通过文字方向进行区分，在设计日期的标识时，很多学生都会迁移应用该经验。一个面上标注几个日期，通过方向区分。但是，实际操作中感觉很麻烦，再思考更简洁的表示方法。学生有意识地总结制作活动日历的经验，要考虑制作材料的面和日期、月份、星期这些天数的关系。"（授课教师 WJ 的第三轮教学实践课后访谈）学生在任务驱动下，参与实践活动，在实践活动中积累问题解决经验。通过真正的实践活动增强学生感受、体会和思考，从而总结和积累经验。

（3）师生对"5E＋I"课程实施模式中的教学操作流程更认可了

在第三轮教学实践之后，对授课教师、研究团队专家、学生等进行了深度访谈，发现教师、专家和学生都对"5E＋I"课程实施模式中的教学操作流程更加认可了。

"经过前面两轮的教学实践和讨论，无论从操作流程还是操作要求以及师生行为指南教师都相对比较熟悉。第三轮教学实践很好地反映了"5E＋I"教学模式的理念。"（研究团队专家）

"通过这轮教学实践，我感觉在课堂上我更相信学生，更愿意、更敢让学生自己实践，自己交流和汇报。之前我会很担心学生做不来，一直想干预他们的活动。"（授课教师 LXL 第三轮课后访谈）

"'打电话'这节课很有意思，可以画示意图。通过绘制示意图发现这个问题一下变简单了。打电话的最优方案是我们自己探究发现的，很有成就感。画示意图可以帮助我们思考问题，也使数学学习更有趣了。"（学生DQ的第三轮课后访谈）

通过上述的分析，发现"5E+I"课程实施模式的教学操作流程在实践教学中逐渐被接受和理解，能够发挥桥梁和纽带作用，将整合、实践和绘画数学的教学理念和教学实践有机地结合起来，让学生在完整的实践活动过程中形成知识的全面理解，经历问题解决的全过程，体会画数学让思维可视化的意义。让学生运用自己的感知觉和表象，将抽象的数学概念、数学规律、复杂的数量关系等以图示、表格等形式表示出来，把自己思维的过程展示出来，从而形成对数学直观、整体的认识与理解。该教学模式就是倡导教学中让学生以动作表征、以实物表征、以图形表征、以符号表征、以语义表征等多元化表征方式，培养学生的应用意识、创新意识和模型意识。通过三轮教学实践师生认可了该教学模式中的基本教学理念，全面理解和掌握了教学模式的操作要求和流程。

（四）第三轮实施的反思与调整

第三轮教学实施结束后，通过对学生的课堂具体表现和访谈分析、授课教师的课后访谈和反思，还有研究团队中专家的访谈等对"5E+I"课程实施模式进行反思和调整，从而对"5E+I"课程实施模式的教学操作流程进行第三轮修改。

1. 对"5E+I"课程实施模式的整体反思

（1）教学中的具身性整合和跨学科实践体现不足

小学数学"综合与实践"领域是彰显课程综合性与实践性的有效载体。课程的综合性与实践性是相互依存与促进的，需要在具体课程实施中融合践行。综合与实践领域的教学就是要体现具身性整合与跨学科实践。但是，在三轮教学实践中这种特性体现不足。教学模式的重要作用就是促进学习者具有更强的学习力，具身认知理论强调课程本质与意义建立在教师和学生个人知识背景、生活世界、感受体悟、经验、经历基础之上，在教师、学生与课程文本的相互对话、彼此互融的过程中逐步生成、涌现或转化个人履历或自我实现。[①]"5E＋I"教学模式是针对综合与实践领域的教学模式，务必在教学过程中体现具身性整合和跨学科实践。这是对"5E＋I"课程实施模式的教学操作流程的未来研究提出的更高要求。在第三轮教学实践中，授课教师 WJ 课后反思说道："综合与实践活动课的教学过程中，我经常会发现学生对周围发生和常见的事物视而不见，这些生活经验和感知学生不会整合迁移到课堂的实践活动之中。我也时常思考我该如何将自己和学生的这种现实生活经历整合设计到教学之中。这将是综合与实践活动课研究需要重点关注的研究焦点。"课后对学生 WB 的访谈："打电话是生活中太平常的事情了，上完这节课，我感觉生活中原来有这么多的数学奥秘，课堂上有些同学很厉害，他会发现生活中很多类似的有趣的事情，但是我就想不到。"这些师生的教学反思和感受启示未来研究要关注对师生个人经历和经验等的整合，真正体现教学的具身整合。

　　本轮研究是在第二轮修订的教学模式基础上进行实践操作和反思，发现该教学模式的教学过程对师生的生命主体存在意义、身体经验、教学理解的隐喻影射性、教学过程的场域性、动态性和多样性体现不足。综合与实践领域的综合性与实践性需要融合互渗，不可分割。尤其在具体教学实践中既要关注学生知识、技能的综合与运用，更要关注学生未来生活的经验积累。教学中要体现具身性整合，学生才能在解决问题的实践过程中与他人、与社会、与自然等建构联系，发展对周围事物的应用、创新和模型意识。2022 年版义务教育数学课程标准要求数学课程设置不少于 10% 的跨学科实践活动。小学数学"综合与实践"领域就是跨学科实践活动的载体，教学过程中要体现和关注跨学科性，注重学生在实际问题解决中跨学科思维的发展。教学模式就是一种学习模式，在教学中为学生提供帮助，促进学生思维、发展学生表达、增强学生体验时，都是在教会学生如何实践、如何学习。不同的教学模式对学生产生不同的影响，那么在"5E＋I"教学模式中如何更好地体现具身性整

---

　　①　张良.论具身认知理论的课程与教学意蕴[J].全球教育展望,2013,42(04):27-32,67.

合和跨学科实践，促进学生在实践活动过程中自主发展，还需要进一步的研究和反思。

（2）"5E+I"课程实施的教学操作流程对学生实践活动评价关注不够

评价作为课程实施的重要环节，贯穿于整个教学实践过程之中。评价不仅仅是对效果的判断，更是为了促进发展。小学数学"综合与实践"领域有别于"数与代数""图形与几何""统计与概率"所常用的终结性评价方式。因而，对于小学数学"综合与实践"领域的教学而言，建立标准化的评价体系是教学难点。因为，其教学以实践活动为基本形式，在学生自主、全程参与实践活动的过程中会遇到很多偶然与意外的状况。这些为学生实践活动评价增加了难度。探索和执行不同类型的评价方式对学生的实践活动进行贯穿式评价具有重要的意义和价值。

通过第三轮教学实践观察，师生对学生实践活动的评价意识还是很薄弱，尽管设计了学生自评和互评评价表，但是只是填写了评价的表格，并未发挥评价促进的作用。评价设计的初衷是要将评价贯穿于学生的实践活动过程之中，但在实际教学中并未得到落实，评价只是发生在课堂学习之后。将评价主体由教师拓展到学生自己和同伴，通过教学实践发现，这样的多元化评价主体对促进教学设计、促进学生深度学习具有重要意义。"5E+I"教学模式要将学生的实践活动评价贯穿于学生实践活动的全过程之中，与学生的实践活动同时发生，从而真正体现过程性评价、表现性评价的理念。实现评价不是学习的终结，而是促进学习的有效载体的作用与价值。

2. 对"5E+I"课程实施模式的教学流程的第三次调整

通过第一轮、第二轮教学实践后对"5E+I"课程实施模式的教学流程原型及变式的两次反思与修改，在完成第三轮教学实践后，发现教学过程中基本能很好地体现教学模式蕴含的教学理念。但是，通过教学效果分析和反思，发现"5E+I"课程实施模式的教学流程还是存在有些需要继续改进的地方。下面就具体教学模式呈现的修改阐释如下。

（1）对教学模式的再完善和修改

结合第三轮教学实践的分析和反思，进一步对"5E+I"课程实施模式的教学流程及其变式再修订和改进。综合与实践领域的教学是重在实践、重在综合。因而，学生的学习不仅仅是得到问题结论、获得解决问题的方法，更重要的通过自己的活动探究这样一种学习过程，让学生积累如何学习、如何思考的经验；获得未来生活需要的关键能力和必备品格；形成应对未来生活问题的智慧，面对未知的问题与挑战能做出积极的回应；培养学生会用数学的眼光观察世界，会用数学的思维思考世界，会用数学的语言表达世界的三会核心素养。

因此，本轮的修改，一方面，针对交流拓展环节让学生再经历反思、总结和经验积累的过程，希望通过这个环节帮助学生形成和积累问题解决的经验。对本环节提出更丰富和具体的变式要求。另一方面，将学生的实践活动评价贯穿于整个模式之中。让评价融合到教学之中与学习同时发生，评价主要分阶段贯穿于教学模式流程之中，评价的主体、评价的方式、评价的内容都体现多元、多样化思想。

基于以上反思，本轮研究对"5E＋I"课程实施模式的教学流程原型及变式的具体修改与完善如下图所示。

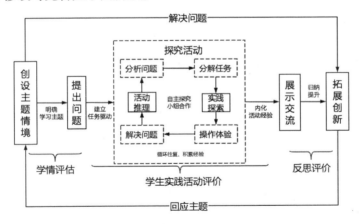

图 7-16　第三次修订后的"5E＋I"课程实施模式的教学操作流程原型

修订后的"5E＋I"课程实施模式的教学操作流程突出了评价的阶段性贯穿，在教学不同阶段体现不同的评价任务，主要分为课前的学情评估、课中的学生实践活动评价和课后的反思性评价。教学过程是一个完整的循环，从起始环节到结束环节是一个完整的问题解决过程,从结束环节到起始环节是主题回应过程。这个教学过程前后呼应。

　　小学数学"综合与实践"领域课程实施的实践性要求,以活动形式承载。教学中的活动不等于实践,日常教学中的活动要基于具身认知理论指导,真正让学生在活动中参与实践,不仅仅经历实践活动,更重要的是要在实践活动中帮助学生积累活动经验。因而,在教学实践中要为学生创设可直接参与的社会性实践活动。利用学生生活周围的鲜活事物,让学生亲身参与。在教学实践中依据不同的活动内容,对教学环节进行变式运用。基于上述的讨论和反思,对教学流程的变式做出相应的调整和修改。

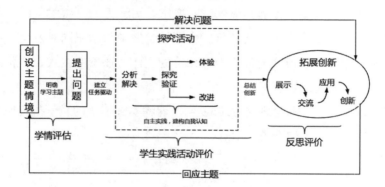

图 7-17　第三次修订后的"5E+I"课程实施模式的教学操作流程变式一

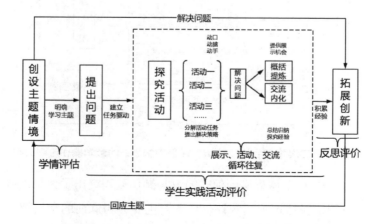

图 7-18　第三次修订后的"5E+I"课程实施模式的教学操作流程变式二

（2）对师生行为指南的再修订

依据第三轮教学实践的分析和反思，结合研究团队的集体讨论，对"5E＋I"课程实施模式中的师生行为指南进行完善和修改。第三轮教学实践反思后，对表 7–5 中的"5E＋I"教学模式师生行为指南做了修改与完善，具体修改完善的内容用（★）标记。修改后的师生行为指南如表 7–11 所示。

表 7–15 第三轮教学后"5E+I"课程实施中师生行为指南

教学环节	教师行为	学生行为
创设主题情境	寓学习主题于教学开场白之中	明确学习主题
提出问题	1. 问题情境要蕴涵学习主题 2. 要提供给学生发现、提出问题的机会（★）	1. 能根据情境提出需要解决的核心问题 2. 调用已有经验和知识，尝试提出初步解决策略
探究活动	1. 注重引导学生开展主动学习活动 2. 参与并指导学生的实践活动过程（★） 3. 关注学生实践活动中的困难 4. 给每一个探究活动提供充足的时间（★）	1. 采取小组讨论、实践和给别人讲述的活动方式 2. 要学会与同学相互交流、积极分享自己的成果 3. 及时反馈活动中遇到的问题 4. 要全程参与探究过程
拓展总结	1. 设计学生展示交流的活动（★） 2. 让学生总结、回顾实践活动过程（★） 3. 引导学生科学总结与迁移拓展 4. 对学生作品进行充分展示	1. 尝试运用数学语言描述总结的规律，养成建立模型的意识 2. 运用所学知识解决同类问题 3. 积极展示自己参与学习活动的结果
评价	1. 教师要注重活动过程评价 2. 采用多元化评价方式 3. 教师设计多元智能评价标准 4. 教师要分阶段明确评价任务（★）	1. 能够依据自评表进行自我评价（★） 2. 对同伴的活动参与进行评价（★） 3. 接受同伴间互评

四、三轮教学实践研究的总结与反思

(一) "5E+I"课程实施模式的三轮教学实践总结

本研究基于"5E+I"课程实施模式的实践应用进行了三轮教学实践。第一轮教学研究是对建构的教学模式的基本的尝试和探索，主要按照之前建构的教学模式进行教学设计和实施，从宏观视角对提出的小学数学"综合与实践"领域的"5E+I"课程实施模式进行整体的实践与考查。第二轮教学实践研究是对建构的教学模式的进一步的调整和修改，主要在第一轮的教学实践基础之上对修改和调整后的教学模式再次调试和实施，从中观层面对"5E+I"课程实施模式进行进一步的完善。第三轮教学实践是基于微观视角对教学模式的操作要求和流程等细节进行改造和提升。

表 7–16　三轮教学实践研究的基本概述

内容	第一轮实践	第二轮实践	第三轮实践
研究问题	按照"5E+I"课程实施模式的教学流程进行教学实践，了解实际的小学数学"综合与实践"领域课程的实施样态是怎样的?	修订后的教学流程原型和变式在实际运行中是怎么样的样态?"5E+I"课程实施模式中师生操作指南如何设计?操作指南的指导作用发挥的如何?	第二轮修订后的"5E+I"课程实施模式的教学流程原型及变式实际的运行样态是怎样的?实现交流拓展环节中的拓展要求，需要哪些教学条件?"5E+I"课程实施模式的教学流程中如何对学生的实践活动进行评价?
实施过程	从概念化主题的确立、挑战性问题的设计、操作性任务的分解和体验性活动设计四个方面进行实践应用设计。	从"主题与问题情境整合""实践活动任务""师生行为指南"三个方面进行实践化应用。	从探究活动、拓展总结环节和教学结构调整以及学生的实践活动评价四个方面进行实践化设计。

续表

内容	第一轮实践	第二轮实践	第三轮实践
实施效果	体现了整合与实践教学理念，教学中学生活动任务明确，活动实践性强，学生思维有深度，教师相对认可和赞同该模式，尝试接受教学流程。	主题导入环节更加流畅自然，学生的实践活动更加自主，教学中的活动形式灵活多样。	学生的学习方式发生了转变，更善于积累解决问题的活动经验，总体上师生对"5E+I"课程实施模式认识清晰，对教学流程运用自如。
存在问题	概念化主题的统领作用不明显，驱动性任务没有被分解，任务要求不明确。	探究活动环节的活动实践性、开放性和探究性不足，交流拓展环节的总结和拓展过程薄弱，"5E+I"课程实施模式中师生行为指南不够聚焦。	教学中的具身性整合和跨学科实践体现不足，"5E+I"课程实施模式中对学生实践活动评价关注不够。
模式修订	对"创设主题"的操作要求进行补充，对"探究活动"环节的操作要求进行细化，在活动任务中强化活动实践性。	对主题揭示和问题情境创设环节进行整合，形成创设主题情境环节，对"5E+I"课程实施模式中师生行为指南进行修订。	增加交流拓展环节的活动要求，修订"5E+I"课程实施模式中师生行为指南，增加学生活动评价指南。

（二）　"5E+I"课程实施模式的三轮修订与反思

经过三轮的教学实践研究，从宏观、中观和微观三层视角对"5E+I"课程实施模式的教学流程进行修订、完善和提升，依据教学实践中遇到的困难和疑问，研讨聚焦提出有效的解决方案，最终形成适合小学数学"综合与实践"领域课程实施教学模式、师生行为指南及学生活动评价指南。教学实践研究中通过学生表现的分析，授课教师的课后反思及深度访谈，对学生作品的分析以及参与研究的专家的观察，结合研究团队的集体讨论，研究发现"5E+I"课程实施模式可以促进学生的学习方式变革，基于"整合+实践"

教学理念，促进从"接受"学习向"实践探索"转变，促进从"隐形思考"向"可视化思维展示"的转变。学生在面对真实的生活问题时，基于整体性思考，探索寻求解决问题的策略。在实践活动过程中积累问题解决的经验，形成应对未来挑战的智慧。

第八章　小学数学"综合与实践"领域课程实施模式的总结与展望

在数学课程改革深化背景下，小学数学"综合与实践"领域越来越重要。数学"综合与实践"领域是全面贯彻落实立德树人根本任务，转变学生数学学习方式，培养学生综合素养的重要载体和有效手段。本研究按照演绎推理路径，在全面认识小学数学"综合与实践"领域课程实施理论基础上，通过综合运用归纳和演绎的方法，借鉴相关模式的思想、策略、结构和方法，构建出小学数学"综合与实践"领域课程实施模式原型。在理论模式基础上进一步教学实践，在实践过程中不断调整和修改教学操作流程。最终，总结归纳出小学数学"综合与实践"领域的"5E＋I"课程实施模式理论，并形成具体的教学操作流程和教学行为指南。该部分主要总结阐述"5E＋I"课程实施模式理论、"5E＋I"课程实施模式的特色与创新和"5E＋I"课程实施模式的应用策略，并对课程实施模式的深入推广提出未来展望。

一、"5E＋I"课程实施模式的理论总结

小学数学"综合与实践"领域具有其他课程内容领域所无法比拟的课程价值与意义。因而在课程实施层面具有其独特性。在美国生物学课程研究（BSCS）①开发的"5E 教学模式"启发下，根据小学数学"综合与实践"领

---

① 赵呈领，赵文君，蒋志辉. 面向 STEM 教育的 5E 探究式教学模式设计［J］. 现代教育技术，2018，28（03）：106–112.

域课程特点、课程实施理论和实践教学经验，归纳总结出小学数学"综合与实践"领域课程实施的六个主要环节，包括创设（Establish）、提出（Introduce）、探究（Exploration）、展示（Exhibition）、拓展（Expand）、评价（Evaluate）环节，依据英文首字母简称为"5E＋I"课程实施模式。

（一）"5E＋I"课程实施模式的理论阐释

小学数学"综合与实践"领域课程实施注重整合与实践理念的落实，主要基于学生生活的周围事物以主题活动、真实生活问题或项目为导向，以培养学生的核心素养为目标，通过实践活动，让学生自主参与、合作、探究学习。小学数学"综合与实践"领域坚持以学生为主体，教师为主导的课程主体原则，特别强调学生在实践活动过程中的自主参与、全程参与，教师在教学中的主导作用体现在对活动过程的有效组织、启发和引导。并且，小学数学"综合与实践"领域课程实施需要整合数学学科各领域知识、其他学科知识和社会科学技术等方面的知识内容，创设适合小学生的学习主题和问题情境，激发学生的探究欲望、促进学生的深度思维。

1. "5E+I"课程实施模式的主要内容

基于小学数学"综合与实践"领域课程实施理论要求，"5E＋I"课程实施模式的主要内容包括创设、提出、探究、展示、拓展和评价，其内涵意义如表8-1所示。

表 8-1　　"5E+I"课程实施模式的主要内容介绍

环节	内容要点	教学策略
创设	教师首先要创设有意义的主题和问题情境，以激发学生的实践活动兴趣。学生可针对具体的主题、事物、现象或情境等进行思考联想，并综合已有知识和经验，提出疑惑和问题，这是展开实践活动的重要前提。 在创设环节学生的已有知识经验和教师创设的情境之间，既可以产生认知冲突，又可以启发学生发现其他问题。从而激发学生的进一步探究欲望。	这个环节的教学方法多样，可以综合多元化的课程资源，其主要目的是引发学生的思考，激发学生的学习兴趣，增强学生活动欲望。让学生的身心聚合，既动手、又动脑，还要动口。让学生善于发现问题，乐于参与活动。

续表

环节	内容要点	教学策略
提出	提出问题具有两层含义，其一是指教师直接提出让学生产生认知冲突的问题，让学生调用已有知识和经验思考解决；其二是指学生依据已有的情境提出自己发现的问题。在这一环节，需要针对具体的问题和内容灵活处理。教师要积极鼓励学生提出问题，让学生具有敏捷的问题意识。	在该环节教师要善于倾听、发现和捕捉学生的思维困惑；鼓励、引导学生大胆提问和思考；尽可能激发学生的想象，帮助学生调用已有的知识和经验；学生提出的问题越多，后续的活动效果越好。
探究	探究是综合实践活动课的重要环节，在这一环节中教师要组织学生自主参与实践活动。学生要根据具体的任务进行探究活动，他们需要统筹设计分工，需要进行讨论、合作、观察、操作、体验等活动。在探究活动中要建立已有知识经验和具体现象、问题间的关联，探索规律、归纳活动，发现这是参与活动的重要意义所在。	在此环节教师要发挥好组织、引导的作用，主动参与到学生的活动过程之中，帮助学生及时解决遇到的棘手问题，引发学生的活动思考。学生要在活动中自主建构认识和积累活动经验，并及时提出自己的探究发现，表达自己的思考认识和活动感悟。
展示	学生参与探究活动后要对获得的成果和发现进行展示。学生运用自己的语言说明和解释自己在活动过程中的收获。教师要善于欣赏学生的活动成果，并给予充分的肯定。全面接受学生的发现，即使存在错误，这是帮助学生内化活动经验的关键。	学生要积极展示自己参与活动的成果，主动与同伴交流，相互倾听。在这一环节学生是主体，教师要尊重学生的活动成果，启发学生表达活动体验。
拓展	学生经历探究活动，积累了解决问题的经验，需要利用这些经验尝试解决其他的问题或者解释其他的现象。因此，该环节要提供足够的时间和空间，让学生综合运用知识经验再实践，强化获得的知识经验。并且，可以帮助学生加深对新获得的知识经验的全面理解。	教师要为学生的拓展应用提供新的活动任务，可以提出新的问题，也可以引导学生尝试从其他课程资源中寻找类似问题。让学生通过专家、书籍、网络资源、数据库、实验等多种渠道获取信息，并运用所学知识经验解决问题，从而掌握新的知识经验。

续表

环节	内容要点	教学策略
评价	评价环节贯穿于课程实施的全过程。第一阶段主要是评估学情。第二阶段是评价学生的实践活动。教师要利用多元化的评价方式,关注学生的活动过程,不能仅仅注重活动结果。第三阶段是反思评价。可以通过学生自评、同伴互评进行。	教师可以在教学过程中设计一些评价手段。例如,提问、活动记录表评分、小组讨论交流记录等。学生可以通过填写课前学习单、活动自评表、小组评价表等方式参与评价过程。

2."5E+I"课程实施模式的理论基础

小学数学"综合与实践"领域课程实施模式的构建主要以具身认知理论、课程整合理论和多元智能理论为基础,并受主题学习、项目式学习、单元教学等教学与学习理论的指导。

3."5E+I"课程实施模式的功能目标

"5E+I"课程实施模式的主要功能是促进小学数学"综合与实践"领域的教学实践。其具体功能目标主要有:转变学生的数学学习方式,帮助师生养成课程资源的自主创设意识,促进学生具身实践,培养学生的应用、创新和模型意识。

4."5E+I"课程实施模式的教学操作流程

本研究构建的"5E+I"课程实施模式的教学流程主要包括创设主题情境、提出问题、探究活动、展示交流和拓展创新五个环节,而评价贯穿于整个模式之中,具体分为三个阶段:第一阶段学情评估、第二阶段学生实践活动评价、第三阶段反思评价。此外,通过教学实践研究,操作流程可做变式处理。

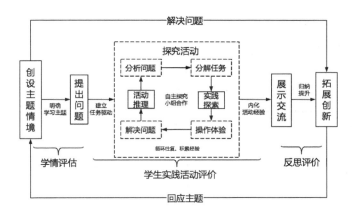

图 8-1　"5E+I"课程实施模式的教学流程原型

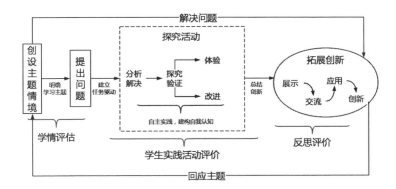

图 8-2　"5E+I"课程实施模式的教学流程变式一

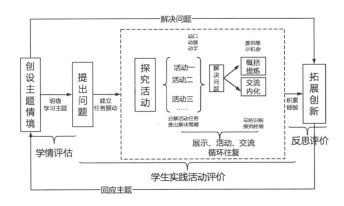

图 8-3　"5E+I"课程实施模式的教学流程变式二

5. "5E+I"课程实施模式的实施条件

"5E+I"课程实施模式的实施条件主要通过师生行为指南来展示，在师生行为指南中展现了教学的基本实施条件。

表 8-2   "5E+I"课程实施模式的实施条件

教学环节	教师行为	学生行为
创设主题情境	寓学习主题于教学开场白之中	明确学习主题
提出问题	1. 问题情境要蕴涵学习主题 2. 要提供给学生发现、提出问题的机会	1. 能根据情境提出需要解决的核心问题 2. 调用已有经验和知识，尝试提出初步解决策略
探究活动	1. 注重引导学生开展主动学习活动 2. 参与并指导学生的实践活动过程 3. 关注学生实践活动中的困难 4. 给每一个探究活动提供充足的时间	1. 采取小组讨论、实践和给别人讲述的活动方式 2. 要学会与同学相互交流、积极分享自己的成果 3. 及时反馈活动中遇到的问题 4. 要全程参与探究过程
拓展总结	1. 设计学生展示交流的活动 2. 让学生总结、回顾实践活动过程 3. 引导学生科学总结与迁移拓展 4. 对学生作品进行充分展示	1. 尝试运用数学语言描述总结的规律，养成建立模型的意识 2. 运用所学知识解决同类问题 3. 积极展示自己参与学习活动的结果
评价	1. 教师要注重活动过程评价 2. 采用多元化评价方式 3. 教师设计多元智能评价标准 4. 教师要分阶段明确评价任务	1. 能够依据自评表进行自我评价 2. 对同伴的活动参与进行评价 3. 接受同伴间互评

（二）"5E+I"课程实施模式的特色与创新

本研究的主要研究成果是构建了小学数学"综合与实践"领域的"5E+I"课程实施模式。该模式的特色与创新主要体现在以下几个方面。

第一，针对当前小学数学"综合与实践"领域课程实施存在的问题，基于"理论——实践——理论"循环验证研究路径，构建出可以指导教学实践的课程实施理论模式，并提出具体的教学操作流程及其变式。目前，小学数学"综合与实践"领域在实施过程中教师照本宣科，课程资源的开发和创设意识薄弱。然而，该领域的课程实施本质要求师生要依据具体情境创设和开发适切的学习主题和实践活动项目。因此，本研究提出"创设"环节，以回应上述课程实施要求，并依据其他方面的课程实施要求和理念，构建"5E＋I"课程实施模式的其他环节，并阐释其内涵。理论的构建往往需要实践的检验与修正，因此本研究对构建的理论模式做了三轮教学实践研究，对教学操作流程原型和变式做了全面修正与调适。通过教学的实践应用、教学过程分析和教学效果检验，最终形成可以直接指导小学数学"综合与实践"领域课程实施的"5E＋I"模式。

第二，"5E＋I"课程实施模式很好地促进了小学数学"综合与实践"领域的具身性整合与实践。该课程实施模式的中心环节是探究活动环节，突出学生的实践活动，既强调活动，又突出实践。实践活动组织在具身认知理论指导下，注重学生身体参与、思维投入，促进学生知、情、意、行全面发展。同时，"探究活动"作为中心环节在课程实施中时间占比也较大。探究活动环节以学生自主探究为主，教师积极参与学生活动过程，组成实践活动共同体，共同经历分析、解决问题过程，共同积累活动经验。活动作为连接个体与社会生活的桥梁，为学生的认知形成和发展提供土壤，把身体活动过程所获得的知觉经验置于学习的关键位置，引导学生内化活动经验。在活动过程中强调经验积累，在经验积累中凸显自主活动。该模式中的具身性整合与实践超越基本认知发展范畴，强化具身性体验与实践。素养作为联动个人发展与真实社会任务需求的基础，要以行动进行表征；认知发展固然也是课程整合的重要内容，但是素养的形成与发展必然要付诸行动体验之中。具身性整合与实践也是小学数学"综合与实践"领域课程实施的基本要求，"5E＋I"模式的特色就是设置探究活动环节，进一步强化具身整合的实践性要求。

第三，"5E＋I"课程实施模式的教学操作流程可依据具体内容做变式处理，提高了模式应用的灵活性。虽然模式具有结构稳定性的要求，但是也要注重模式的灵活性。本研究依据具体的教学实践研究，在"5E＋I"课程实施模式的教学操作流程原型基础上，依据综合实践活动内容，做了变式处理，生成了两个教学操作流程的变式。变式一主要针对操作设计类的实践活动，在具体探究活动环节，整体分析解决问题，通过实践操作探究验证，增进学生的个体体验，并促进操作改进，主要强调学生在具体操作实践活动中建构自我认知，从而学生完成自己的作品，形成自己的认知理解。变式一将"展示"环节整合到拓展创新环节，在拓展环节中结合自我展示，与同伴交流活动体验，相互启示应用心得，激发创新意识。变式二主要针对规律探究性的综合实践活动，通过任务分解，逐个参与活动，分步解决问题。在探究活动中整合展示，在活动中逐步概括提炼，交流活动体验，促进活动经验的内化。在探究活动过程中逐步发现和总结策略。最终总结归纳出规律，建构数学模型。每一个探究活动都是一个完整的模型建构过程，在多个活动的循环探索中，归纳总结探究发现的规律，最终建构数学模型。

第四，评价贯穿于课程实施模式全过程。评价是小学数学"综合与实践"领域课程实施中的难点和重点环节。小学数学"综合与实践"领域的评价是为了促进学生实践活动方式的转变。评价旨在促进学生学习方式、方法转变和提高学习效率，是促进学生发展的有效载体。小学数学"综合与实践"领域的评价分为三个阶段。因此，本研究中得到的最优化的教学流程将评价分为三个阶段。第一阶段，学情评估，主要是评估选择的主题和确立的研究问题的综合性、实践性、适切性和开放性等。第二阶段，学生实践活动评价，这个阶段的评价要渗透到实践活动过程之中，采取多元化评价方式，关注学生活动过程中的态度、学习方法、思维程度等，并且注重多元评价主体的评价，促进评价的全面与客观。第三阶段，反思评价，主要是学生个体对自主实践活动的评价。总之，小学数学"综合与实践"领域的"5E＋I"课程实施模式的评价环节注重学生解决问题的过程和学生实践活动自主性。

（三）"5E＋I"课程实施模式的应用策略

本研究在第六章中构建了小学数学"综合与实践"领域课程实施"5E＋I"模式，并通过三轮教学实践对"5E＋I"模式的教学操作流程进行了调试和修改，同时也对该模式的应用策略进行了提炼。小学数学"综合与实践"领域的"5E+I"课程实施模式的应用策略主要围绕以下几个方面。

1. 确立素养目标，转变数学学习方式

小学数学"综合与实践"领域作为新型课程内容形态，旨在转变学生数学学习方式，实践活动是促进学生认知形成和发展的沃土。小学数学"综合与实践"领域就是要为学生创建广阔的实践活动空间。因而，小学数学"综合与实践"领域课程目标要关注对学生数学学习方式的引导和转变，让学生体悟和感受数学学习是身体与思维协调参与的过程。数学不是枯燥的纸笔训练，不是严苛的数字符号，不是概念和公式的背诵，数学学习是动手、动脑、动口，是身体多感官的参与和体验。小学数学"综合与实践"领域的"5E+I"课程实施的教学目标设计要紧紧围绕数学学习方式转变，设置合理的教学目标，以体现学生数学学习方式的多样性。在具体实践活动中注重对学生核心素养和解决问题关键能力的培养。尤其注重对学生数学应用意识、创新意识和模型意识的培养。

2. 创设概念化主题活动内容，统筹实践活动过程

小学数学"综合与实践"领域课程实施是以概念化主题进行统整。学习主题的创设围绕数学核心概念，关注学生个体生活实际。主题创设要基于学生的身心实践进行整合，不能仅仅关注知识内容的相似性。作为挑战性实践主题，必须基于学生的实践性学习，毕竟是数学学科的实践活动，要以数学核心概念为主导，统整实践活动的开展。创设了具有统整作用的主题活动之后，教学内容安排要整体分析，抓住学科本质。数学学科本质体现在核心的数学概念、基本的数学思想和具体的思维方法上，实际教学中师生的主题创设抓手是参照教材实践活动设计，但是在教材基础上要进行重组与创生。小学数学"综合与实践"领域课程实施要围绕学生的生活，选择适切的活动主题；每个创设的主题背景要启发学生发现和提出进一步探究的实际问题；主题活动特别体现实践性，不能只见活动不见实践；实践过程中隐藏了学生的经验，经验的存在是隐形、零散、无序的，要统合经验使其显性化、系统化，需要运用概念化方法，对其进行改造。概念化主题可以使学生的实践活动探究过程更加聚焦，探究活动紧凑有序。

3. 设计单元化实践活动，灵活组织教学过程

小学数学"综合与实践"领域课程实施强调整体性与完整性。因而，在具体教学实践中可以打破常规的课时、课节约束，创建以单元为单位的教学组织单位。单元组织主题活动实践更有利于各环节的深入贯彻，实践活动内容的整合、综合与融通。往往在具体的实践活动过程中，学生会综合运用跨领域、跨学科的知识技能和思想方法。一次有效的实践活动需要课前的充分协调、课堂教学的严密组织和课后的经验内化与反思。以单元为单位组织教学可以有效地呈现一个完整的问题解决过程，利于学生探究活动的深入开展。单元的本质是打破常规知识编排的基本结构，完整地呈现一个事物的学习过程、一个概念主题的理解过程、一个具体的学习故事等，一个单元就是一个完整的微课程。当然，按照教学流程组织，一个单元需要将具体的素养目标、课时、主题情境、活动任务、核心知识内容和思想方法，形成一个结构完整的教学整体。

4. 建构综合性评价体系

评价作为小学数学"综合与实践"领域课程实施的必备环节，贯穿于课程实施全过程。"5E＋I"课程实施模式中的评价，不局限于追寻学生探究活动结果和解决问题的标准答案，而更关注学生在实践活动过程中的态度、情感、思维发展和经验积累。在该模式中评价主体多元，教师作为评价主体进行评价活动的统筹设计与组织实施，学生个体也是评价主体之一，既可以进行自我评价，也可以参与同伴评价。多元评价主体让实践活动过程的评价更客观、更真实、更有效。小学数学"综合与实践"领域课程实施的评价分阶段实施，不同阶段具有不同的评价任务和要求，评价实施中主要关注学生的多元智能发展。加德纳认为学生智能具有多元性，智能具有多元化特征，学生的智能不是整合化表现，而是多维度独立表现出来，因此要同等关注多种智能。本研究中构建的小学数学"综合与实践"领域的"5E＋I"课程实施模式要求教师坚持赏识教育观念、个性差异化的学生观和问题解决能力发展的智能观，在具体评价实施中要建构综合性的评价指标体系，关照学生不同维

度的智能表现，关注不同学生的不同智能表现。

二、"5E + I"课程实施模式的未来展望

本研究基于小学数学"综合与实践"领域课程实施，尝试构建了"5E+I"课程实施模式。通过三轮教学实践不断对"5E+I"课程实施模式进行调试和修订，尤其对教学操作流程进行精准修改和变式处理。通过研究希望提出具体可操作的小学数学"综合与实践"领域课程实施模式，以帮助指导一线教师教学实践，进一步促进小学数学"综合与实践"领域的有效实施。但是，在实际研究过程中受研究样本、方法等不可控因素的影响和限制，本研究还存在一些不完善之处，可以在后续的研究中继续修正，对小学数学"综合与实践"领域的"5E+I"课程实施模式的未来研究展望如下。

第一，小学数学"综合与实践"领域的"5E+I"课程实施模式的理论阐释还需要进一步丰富和挖掘。本研究虽然基于小学数学"综合与实践"领域课程内涵、特征和课程实施理论与要求，进行了阐释与构建，并提出了具体的可操作的教学实施流程。但由于研究时间、经历和水平的局限，诸多问题还需要更深入研究。

研究构建的"5E+I"课程实施模式中的主要内容，创设、提出、探究、展示、拓展和评价环节，每一个环节的内涵和意义需要进一步的理论阐释，便于一线教师更好理解与掌握，从而指导其教学实践。因而，未来研究可以基于教师培训视角提出更清晰的"5E+I"课程实施模式的解释说明手册。

第二，"综合与实践"领域设置已经二十年之久，领域内已经积淀了一些实施经验，教师也形成了一些思维定势。因此，在具体的课程实施模式应用过程中对新构建的"5E+I"课程实施模式造成了影响。模式中的某些环节落实受限，一线教师对课程实施模式理论理解不到位，从而影响教学操作流程的调试与修正。

第三，本研究依据构建的"5E+I"课程实施理论模式，结合具体的教学案例进行实践应用，提出了教学操作流程原型和变式。虽然进行了三轮教学

实践应用研究，但受限于研究对象和操作流程及变式的普适性，未得到深入研究。因此，在未来的研究中可以结合小学数学课程的整体发展需要，依据数学核心素养要求，开发多种类型的实践活动案例来阐释和细化模式的实践操作流程，并可以进行跨地区、多学校、多年级的教学实践应用与推广。

第四，小学数学"综合与实践"领域的"5E+I"课程实施模式的理论成熟与发展需要进行大规模的教学实验和长期的教学验证。理论的提升离不开实践的促进，因此，"5E+I"课程实施模式的发展必须与教学实践保持有效互动。目前，小学数学"综合与实践"领域的"5E+I"课程实施模式还处于探索研究初期，虽然在教学实践中得到了教师的认可，但是仍处于自主、尝试的状态之中。关于小学数学"综合与实践"领域的"5E+I"课程实施模式推广，还需要长期的政策保障和实验推广，这就需要未来研究进一步深化相关课程理论，使其模式的理论更具科学化和理论指导意义。此外，还要加强对课程实施模式的理论培训与指导，促进教学工作者的理论素养，更好地把握"5E+I"课程实施模式的理论方向。

综上所述，基于时代的变革要求赋予了数学"综合与实践"领域新的价值意义与责任要求，需要深入推进数学"综合与实践"领域课程的纵深发展和有效实施。未来研究，一方面，要继续加强"5E+I"课程实施模式的理论研究，另一方面要加大教学实践应用与推广的力度。

第九章　结论与讨论

　　小学数学"综合与实践"领域作为一种新型课程内容形态，是基础教育数学课程与教学改革的标志，是我国数学课程与教学改革的特色与创新之举，是对其他数学课程领域的整合、应用和拓展。本研究试图通过小学数学"综合与实践"领域课程实施研究，促进其常态化实施。首先，研究对小学数学"综合与实践"领域进行理论再认识，架起小学数学"综合与实践"领域课程实施理论框架。其次，通过对小学数学"综合与实践"领域课程实施现状进行调查研究，梳理实施过程中现存的主要问题。最后，基于理论认识和现实考察，尝试构建小学数学"综合与实践"领域课程实施模式。通过"理论—实践—理论"的循环印证路径，在理论与实践之间架构完整的课程实施模式，促进小学数学"综合与实践"领域的全面实施。

一、研究的基本结论

（一）小学数学"综合与实践"领域课程内涵

　　小学数学"综合与实践"领域作为一种新的课程内容形态，是基础教育课程与教学改革的标志，是我国数学课程与教学改革的特色与创新之举。研究发现，小学数学"综合与实践"领域课程是对传统数学课程内容的规范、继承与发展，是对国际数学课程内容的顺应与超越。总体上，小学数学"综合与实践"领域课程注重通过真实的问题解决、卷入式的知识与技能运用、沉浸式的活动经验积累，培养学生的综合能力与素养，实现学生的全面发展。研究表明，小学数学"综合与实践"领域课程是以数学学科跨学科主题活动为主的一种综合性课程，是帮助学生体验、感悟、积累数学活动经验的实践性课程，是以解决实际生活问题为导向的经验性课程。小学数学"综合与实践"领域课程是落实数学课程立德树人根本任务，培养学生数学核心素养的重要载体，尤其有利于培养学生的模型意识、应用意识和创新意识。

小学数学"综合与实践"领域作为数学课程建设过程中的一种创新表现，是数学课程结构的重要组成部分，彰显了决策界、实践界和理论界共同的价值体认。小学数学"综合与实践"领域体现着数学教育本质观和数学课程价值观，其课程价值紧紧围绕数学"三会"素养，以问题解决为载体，突出培养学生的模型意识、应用意识和创新意识。新时代的学习观、课程观、学生观、学校观、评价观、质量观、教育发展观都将面临解构与重构。学习的时空界限被放大，学习的环境系统虚实结合，学习的场域体系被扩容。小学数学"综合与实践"领域作为新型课程内容形态可以帮助转变学生数学学习方式、为学生积累数学活动经验创设空间以及帮助学生回归现实生活；推动基础教育课程改革中教学内容的呈现方式、学生的学习方式、教师的教学方式和师生互动方式的变革；促进数学育人价值的体现，成为数学课程的重要内容载体，促进跨学科实践要求的进一步落实；促进学生身心整合，注重体之于身的实践。小学数学"综合与实践"领域以跨学科主题活动为主要形式，强调数学学科内部、外部的知识内容深度融合、相互交叉，通过知识跨界整合，培养学生解决实际问题的能力，凸显了思维上的融会贯通。从而，促进学生模型意识、应用意识等素养的真正形成，实现小学数学"综合与实践"领域课程培养学生核心素养的价值要求。

（二）小学数学"综合与实践"领域课程特征

小学数学"综合与实践"领域不同于"数与代数""图形与几何""统计与概率"三个领域，该领域强调以学生的生活经验、实际生活问题和社会需要为核心进行内容整合，有效地培养学生解决问题、数学思维和综合实践能力，转变学生的数学学习方式，强调学生在数学学习过程中积极动脑、动手、动口，体现"做数学"的理念，培养学生的数学学习兴趣，增强数学学习自信心。学习方式强调学生自主参与、体验、感悟、探索、交流、合作和创新，注重数学活动的多样性学习；学习时间和空间是开放式的，学习不局限于数学课堂，向多学科和实际生活领域延伸。因而，本研究基于课程视角从课程设计、课程目标、课程内容、课程组织和课程评价五个方面分析小学数学"综合与实践"领域课程特征。

在课程设计维度，小学数学"综合与实践"领域以问题解决为导向，其在本质上是一种解决问题的数学活动。在课程设计上表现出问题性特征。课程设计突出在不同学段，依据学生的年龄特征，设计切实可行的问题情境，让学生经历发现问题、提出问题、分析问题和解决问题的全过程。小学数学"综合与实践"领域课程成为孕育"问题"的温床，为学生提供开放性思维场域，激发学生善于观察实际生活并提出有价值的研究问题，奠定创新意识培养的基础。

在课程目标维度，小学数学"综合与实践"领域注重学生的具身整合发展，该领域的整合性发展要求是其综合性与实践性课程特征的综合体现。小学数学"综合与实践"领域的综合性是由学生的生活世界的完整性和学生全面发展性决定的，它不是其他数学课程内容领域的辅助或者附庸，而是具有自己独特价值和功能的独立的内容领域。小学数学"综合与实践"领域的实践性要求具有尝试、经历、体验、观察、操作、猜想、验证、感受和体会等特性，强调形成做数学、体验数学、感悟和理解数学的学习方式，促使数学学习生于实践、长于实践、为了实践。

在课程内容维度，小学数学"综合与实践"领域以跨学科主题活动为主。这使得数学知识从静态向动态、从结果向过程、从封闭向开放、从无趣向有趣、从统一向个性化、从规定向理解进行转化，课程内容具有高度的综合性、挑战性和不确定性。该领域的课程内容表现出跨学科特性，内容不仅仅是依据严谨的数学知识逻辑来组织，更重要的是依据学生所面临的真实的和复杂的生活问题来组织。学生所面对的问题,解决时往往需要综合运用多学科、跨领域的知识、思维、经验与方法,小学数学"综合与实践"领域可以将学生个体的经验、学科知识以及社会生活转化为该领域的课程内容。

在课程组织维度,小学数学"综合与实践"领域体现出任务分工的自主性。小学数学"综合与实践"领域课程组织特别注重学生自主参与数学活动。坚持以学生为中心,充分尊重学生的个性、个体生活经验、已有知识、兴趣和爱好。这决定了其课程组织的自主性特征。学生具有自主选择活动目标、内容、方式以及活动方案和结果呈现形式的权利。教师可依据实际课程主题灵活、自主安排教学课时,给学生提供充足的实践活动时间。学生的自主性既表现于参与活动的外显性行为,还表现在思维活动内隐性过程之中。小学数学"综合与实践"领域在课程组织过程中更能体现出师生个体生活经验的重要意义,更能促进不同的学生得到不同的数学发展。

在课程评价维度,小学数学"综合与实践"领域要凸显学生思维发展的过程性。小学数学"综合与实践"领域是学生完成基本思想和基本活动经验的感受、体验和积累等内隐性目标的主要载体。因而,其评价更加困难,更要突出评价的过程性。小学数学实践活动过程中学生表现包括情感、态度、价值观等方面的发展,这些都具有过程性特征,因此评价要坚持人文主义取向,注重评价的情境性交互,评价主体和价值标准的多元化,评价方法以建构主义方法为主,评价过程以描述为主,评价以促进学生思维发展为价值旨归。

(三) 小学数学"综合与实践"领域课程内容

小学数学"综合与实践"领域课程内容既要综合"数与代数""图形与几何""统计与概率"的知识与方法,又要强调自主参与实践活动过程的学习方式、保障完整的学习过程,还要融合多学科的复杂思维等。因此,其课程内容组织与选择具有独特要求。研究获得了课程内容选择原则、课程内容组织维度和课程内容发展走向三个方面的结论。

1. 小学数学"综合与实践"领域课程内容选择原则

本研究基于具身认知理论，研究得出小学数学"综合与实践"领域课程内容要注重学生身心合一，充分发挥学生身体实践活动的作用，搭建起"认知—身体—空间"一体化实践活动学习参与模式，以学生身体为逻辑起点，切合学生身心发展规律，促使学生全身心整体参与。基于此，本研究得出小学数学"综合与实践"领域课程内容选择原则包括身体性原则、活动性原则、过程性原则、趣味性原则和情境性原则。身体性原则的重要意义在于促进学生身心与活动环境的融合，提高认知水平，促进学生身心全面发展，真正形成数学智慧。小学数学"综合与实践"领域课程内容的基本要求就是要落实数学活动性，这是数学课程全面育人、科学育人的一种指南。小学数学"综合与实践"领域课程内容选择的活动性原则将指导落实数学活动性要求，促使学生活动连续、全面、整体开展，让学生完整地经历体验、观察、发现、提出、分析、解决问题和反思的全过程。过程性原则要求小学数学"综合与实践"领域课程内容选择以数学知识的发生发展、学生的认知形成和学生的经验积累过程的内在联系为线索，充分展现和激发学生在实践活动中的思维活动，使学生真正参与到数学发现的过程中，让学生经历数学发生的全过程。小学数学"综合与实践"领域课程内容选择的趣味性原则是基于学生的身心发展要求，尊重学生天性，选择能激发学生数学学习兴趣的课程内容，更利于学生实践活动的顺利开展，激发学生的数学学习信心与创新思维。小学数学"综合与实践"领域课程内容选择的情境性原则更利于学生的身体运动与实际问题解决情境交互，促进学生身体、环境和大脑的交互作用，落实实践活动认知的情境交互动态性要求。综上，小学数学"综合与实践"领域课程内容选择原则将指导一线教师开发适切的主题活动。

2. 小学数学"综合与实践"领域课程内容组织维度

小学数学"综合与实践"领域课程主要围绕数学知识间的相互联系、数学与其他学科知识间的相互联系和数学与科学技术及社会生活间的相互联系，依据课程整合理论，进一步将内容组织划分为学科内、跨学科和超学科三种关系维度，从而提出小学数学"综合与实践"领域课程内容组织的学科内——渗透式整合维度，跨学科——融合式整合维度，超学科——消弭式整合维度。获得的三种课程内容组织维度逐层递进，全面整合，体现了小学数学"综合与实践"领域课程的本质要求。小学数学"综合与实践"领域课程坚持基本的整合理念，其课程内容组织欲将打破数学知识边界，促使数学知识与学生的生活经验连接起来，让周边的课程资源流通、整合并建构成整体化的知识体系，促进学生的整体性理解。学科内——渗透式整合以数学学科知识为基础，以主题活动为中心，将数学学科内的"数与代数""图形与几何""统计与概率"领域的相关知识、思想、方法、能力等组成一个有联系、有逻辑、有结构、有层次的系统，来确定形成适合学生发展、满足学生需求的主题活动。跨学科——融合式整合以主题活动为中心，将不同的学科概念、内容和活动等整合起来，为解决某一具体的、实际的生活问题提供不同的学科思维、方法和资源，可依据学科属性的相通性、学生心理特点和学习规律及学习方式，将其高度融合，形成更全面的主题活动。超学科——消弭式整合是考虑数学与科学技术、社会生活间的相互联系，超越学科界限，寻找解决问题的多种途径。这是一种超学科消弭式的内容整合方式，主题活动主要围绕学生的生活世界，由师生共同创生，密切联系与学生相关的现实问题。教师引导学生打破学科思维定势，灵活变通所学知识与已有经验，发散思维寻求多种途径解决问题，逐渐提升学生解决实际问题的能力。

3. 小学数学"综合与实践"领域课程内容发展走向

小学数学"综合与实践"领域课程内容相对于其他领域，其基本内容以学生的直接生活经验为主要表征形式，课程内容要从具体的、学科的、规定的书本世界向生活化的、经验性的、活动交互的现实世界回归。基于小学数学课程特点，研究发现小学数学"综合与实践"领域课程内容的发展走向，表现出从兴趣化走向领域化、从类型化走向主题化、从问题化走向项目化的趋势。2001 年版课程标准将数学课程内容划分为"数与代数""空间与图形""统计与概率"和"实践与综合应用"四个领域，这标志着我国数学课程内容的领域化发展趋势，表明小学数学"综合与实践"领域课程内容不再停留于实践活动、应用题、课外兴趣活动，而是超越已有应用题和实践活动内容实现了从兴趣化走向领域化。课程内容的领域化发展体现了义务教育课程的综合性与实践性要求，使得小学数学"综合与实践"领域课程内容打破学科壁垒，加强知识间的联系，在时空上向学生的生活世界延伸，密切关注学生与社会、学生与生活的联系。在 21 世纪时代整合特征影响下，小学数学"综合与实践"领域课程内容打破传统的活动类型划分，而是按照现实生活事物整合不同的学科知识，例如将人与自然、人与社会和人与自我等更高远的主题统合起来，从而使小学数学"综合与实践"领域课程内容面向真正的生活世界，课程内容从知识技能走向了实践活动经验，实现了小学数学"综合与实践"领域课程内容的华丽转身，走向了全面、自主的主题化。虽然小学数学"综合与实践"领域课程内容以问题为载体，但是学生面对的未知世界更需要一种问题解决的态度和积极的反应。因此，小学数学"综合与实践"领域课程内容要从问题化走向项目化，着眼于学生与生活世界的紧密联系，让学生直面生活实际问题，给予学生一个完整的项目活动去探究、解决，而不是局限于某一具体的问题所进行的探究活动。项目化的发展走向旨在从学习流程上给予课程内容以规定性，体现着一种未知与不确定性。然而，这种不确定性为小学数学"综合与实践"领域课程提出了更高挑战。项目化体现出更高的课程综合性要求，它融合了多学科内容，提供给学生跨学科学习的活动经验，为学生提供了丰富多元的课程体验，彻底改变了学与教的方式，提升了学生思考和解决现实问题的能力，在一定程度上促进了学生核心素养的深度发展。

（四）小学数学"综合与实践"领域课程实施取向

课程实施是指把课程计划付诸实践的过程，它是达成课程目标的基本途径。课程实施取向是指对课程实施过程本质的不同认识以及支配这些认识的相应的课程价值观念。基于不同的课程理解和课程实施过程的认识，形成了课程实施的不同价值取向，普遍的课程实施价值取向包括忠实取向、相互适应取向和创生取向。本研究基于这三种课程实施取向分类，分别从每一种课程实施取向的理论基础、课程内涵、课程实施本质、课程变革过程、课程知识理解和教师角色六个方面对标分析小学数学"综合与实践"领域，发现其课程实施表现出创生取向。教师不是忠实的课程实施者，而是课程开发者，教师可以依据实际教学情况创编主题活动，师生成为共同的知识建构与创造者，而不是知识的消费者。小学数学"综合与实践"领域课程实施体现了教师对该课程领域的深度理解，并对现实情境做出反思性批判。教师在课程实施过程中作为行动者不断地反思、改进自我课程认知；教师也不断引导学生与现实生活世界对话，应用数学知识解决问题。当然，坚持创生取向的课程实施，必然对传统的"依纲照本"课程实施现象提出巨大的现实挑战。

　　首先，小学数学"综合与实践"领域课程实施的创生取向为课程理解带来巨大挑战。研究过程中发现教师习惯于"依纲照本"，大部分教师把教材当作唯一的课程资源，意识不到自我课程开发的作用，更没有关注学生自主开发与创造的权利，进而对于小学数学"综合与实践"领域，有教师认为其就是复习总结课，是活动课，是课内外自学课等。这些认识反映出一线教师对小学数学"综合与实践"领域课程的理解有误，严重制约着课程有效实施。创生取向要求基于课程整合理论，理解小学数学"综合与实践"领域课程内涵，把握其综合与实践性本质要求。课程实施的创生取向需要重新理解课程知识，课程知识不只是固定的、抽象的、由课程专家提供给教师使用，还需要师生共同创造生成。课程实施需要师生对知识的再认识与重新建构，课程知识具有个性化特征。课程实施的创生取向要求重新审视课程实施过程中的师生关系，师生不是课程知识的直接接收者和消费者，更是课程创设与开发者，课程实施既要关照学生的生活世界，还要关注教师的个人历史经验。课程实施过程是对师生生活意义的诠释过程，师生是课程实施中的重要主体。

　　其次，小学数学"综合与实践"领域课程实施的创生取向为课程评价带来挑战。对于具有创生取向的课程实施而言，课程实施过程更加关注师生的相互对话与交流，课程实施过程是师生共同创造与建构的过程，只有经过师生的课程再创设，并转化为实际的教学情境和经验，课程实施才具有实际意义。由此可见，师生成为课程变革的核心和主体，课程实施具有明显的情境性和个性化特征。因此，课程评价不再是对明确的、规定性的指标体系的检测，而具有了不确定性、多元性和过程性等特征。然而，小学数学"综合与实践"领域是实现一些内隐性课程目标的重要载体，不容易评价其达成的效果。因此，小学数学"综合与实践"领域的课程评价要建立独特的评价体系。本研究基于多元智能理论的指导，提出小学数学"综合与实践"领域课程评价要关注整体，促进共同发展；要注重过程，关照行为表现；要建立多元、多样化评价指标，提升多元智能评价。本研究参照加德纳的九种智能理论，言语——语言智能、逻辑——数理智能、视觉——空间关系智能、身体——运动智能、音乐——节奏智能、交流——人际交往智能、自我反省智能、自然观察者智能和存在智能，依据课标对数学"综合与实践"课程的要求，提出了小学数学"综合与实践"课程学生的评价维度，主要包括问题探究能力、数学表达能力、实践操作能力、合作和管理能力、自我认识能力和应用创新能力。

最后，小学数学"综合与实践"领域课程实施的创生取向带来课程实施条件的新挑战。小学数学"综合与实践"领域具有综合与实践性要求，因而在课程实施过程中需要突破传统的教学模式，突破时空限制，创设活动实践条件。数学教学空间向社会空间延展，需要走出教室、走出学校、走向社会，这些需要充足的条件才能保障课程有效实施。师生共同创设的活动空间，需要各种资源的协调统一，更需要有力的制度保障。创生取向为课程实施创造了更多可能，同时也提出了更严苛的条件要求。创生取向的课程实施需要重建课程形态，真正体现综合与实践的本质意义。小学数学"综合与实践"领域课程实施需要师生创设多样化的主题活动，活动得以开展的基础是具有充足的时间。课程实施过程中可以依据活动的实际需求灵活安排时间，这样的创生实施取向需要教学课时的充足设计保障与灵活设计。当然，小学数学"综合与实践"领域课程具有多样性的形式，更需要充足的课程资源，包括文本资料、信息技术资料、环境与工具资源等，具体的课程实施过程中需要创设对应的活动资源，确保实践活动顺利开展。创生取向的课程实施需要师生具有课程创设的自主权利，因而要加强落实课程实施的制度保障。依据课程标准提出具体明确的实施要求，学校提供可行的课程管理制度。以学校为依托，建立与社会机构的合作制度，从而保障小学数学"综合与实践"领域课程的有效实施。

（五）小学数学"综合与实践"领域课程实施现状

小学数学"综合与实践"领域课程设置已达二十年之久，在具体课程实施过程中的现实样态与存在的本质问题需要进一步梳理与澄清。本研究基于量化研究和质性分析相结合的研究范式，具体采用问卷调查、访谈调查、课堂观察的方法，从教师、学生及课堂教学视角分析小学数学"综合与实践"领域课程实施现状。研究自主设计并编制了"小学数学'综合与实践'领域课程实施现状调查问卷（教师用）"，调查回收有效问卷4194份，访谈教研组长3位，普通教师3位，学生9名，进行了10节课的参与式课堂观察，涉及北京、浙江、重庆、陕西、甘肃、青海六省市。通过多样化的研究方法全面梳理了小学数学"综合与实践"领域课程实施现状。从教师的角度来看，综合与实践领域课程的实施就是在教师对正式课程内涵价值理解支配下作出如何处理课程要素的决定，并将自己的决定付诸实践的过程，而实践的过程又会受到很多因素的影响。本研究基于这样的理解，主要围绕以下四个方面得出小学数学"综合与实践"领域课程实施现状的研究结论。

1. 师生对小学数学"综合与实践"领域课程存在高价值认同下的模糊理解

课程实施者基于自身的价值观念从多视角去个性化理解和诠释正式课程文本，但是不能否认所有的理解一定承载着课程设计者的原意。通过调查发现，教师对于正式课程的理解基本上符合文本原意。教师对于义务教育数学课程标准中的"综合与实践"领域的数学观、课程目标的价值取向、课程内容的来源、课程的实施方式等方面的理解，与课标文本所呈现出来的设计者想要表达的客观意义基本符合。这说明教师对于"综合与实践"领域课程的理解状况总体良好。但是受课程标准自身表述高度概括、相对抽象，以及"综合与实践"领域描述比较模糊的影响，加之教师对于课程标准本身的遵从，以及课程理解途径的单一限制，教师理解正式课程的主要行为是浅层调整建构，而不是深层反思拓展，试图遵循课程标准的基本要求，开展小学数学"综合与实践"领域课程。通过调查发现，在"综合与实践"领域课程实施过程中师生表现出高价值认同下的模糊理解，导致小学数学"综合与实践"领域课程方向把握不准。有时只见活动形式，没有真实的探究过程；注重对结果的记忆与探寻，忽视探究过程的创造与发现；有时看着在做，并没有专业的实践活动设计；只在意活动的开展，忽视实践成效；有时只求做过，不论实践反思；实践只是上手形式，并未发挥育人功能。

2. 小学数学"综合与实践"领域课程实施效果存在显著差异

研究通过问卷调查发现，一线教师对数学"综合与实践"领域的实践操作水平在职称、年级、地域三个方面都存在显著性差异。低职称教师和高职称教师在实践操作维度的得分相对较高。高级职称教师实际的数学实践活动组织次数较多，态度也比较积极。三级职称教师组织次数最多，对小学数学"综合与实践"领域的教学态度很热情。访谈和课堂观察发现，低职称教师对"综合与实践"领域的实践操作会更加认真，活动准备也比较充分；高职称教师对"综合实践"领域的实践操作更加得心应手，对数学活动的设计与组织更加自如、问题设计更贴切。在地域分布上，关于小学数学"综合与实践"领域课程实施实践操作水平维度，北京与浙江地区的得分最高，重庆与陕西次之，甘肃与青海得分最低。整体上，小学数学"综合与实践"领域课程实施效果存在地域差异。北京与浙江地区对小学数学"综合与实践"领域课程实施重视度高，在具体实施过程中创生取向突出，依据具体的实践活动设计进行了课程再创设，课程实施中更加重视学生的参与以及实践效果的反思。总体上，北京与浙江地区，小学数学"综合与实践"领域的主题活动丰富，实践成果丰硕，更重要的是该地区对小学数学"综合与实践"领域课程实施进行了探索与实践研究，得到了丰富的研究成果。重庆与陕西地区，小学数学"综合与实践"领域的实践活动组织多样，实践活动课时适当增加。青海与甘肃地区，小学数学"综合与实践"领域课程实施严格遵照课标要求，每学期至少组织一次，课程资源创设相对贫乏，活动内容以教材内容为主。

3. 影响小学数学"综合与实践"领域课程实施效果的主要原因是课程理论建构和课程实施模式

本研究依据课程再认识和实施现状调查，分析了小学数学"综合与实践"领域课程实施中表现出的突出现象和具体问题，然后归纳发现了影响小学数学"综合与实践"领域课程实施的重要原因，影响教师实施小学数学"综合与实践"领域课程实施的因素主要包括课程理论建构和课程实施模式构建。教师的课程包括对课程目标、内容、教学和评价等要素的处理，教师的处理方式依赖于课程基本理论。小学数学"综合与实践"领域作为数学课程内容领域之一，具有特殊的课程价值与意义。"综合与实践"领域凸显了数学不仅仅是"可教"的，更是"可做"的，还是"可用"的。然而，教师了解和掌握该课程理论的基本途径单一，高度概括和抽象的数学课程标准并不能指导教师解读课程本质内涵。因而，需要加强小学数学"综合与实践"领域课程理论体系建设，强化理论培训与指导，提升教师的课程认识理解水平；增强教师课程意识，促进教师课程实施由"自在"向"自为"转化。小学数学"综合与实践"领域课程实施需要教师具有强烈的课程意识，准确理解课程本质，把握课程的价值目标，协调设计课程基本要素。然而，小学数学"综合与实践"领域课程是基于学生的认知发展和已有经验基础，让教师引导学生自主探索和合作交流，让学生在数学实践活动过程中理解掌握基本的数学知识和技能，学会综合运用数学思想和方法，去解决实际问题的综合性实践课程内容领域。因此，需要建构独特的课程实施模式，促进小学数学"综合与实践"领域课程实施。

（六）小学数学"综合与实践"领域课程实施模式

课程实施是一个复杂的研究问题，受到多方面复杂因素的影响。课程实施往往与课程改革、课程变革等术语密切联系。如若把课程实施看作是对新课程计划的实践过程，则意味着对原有课程的一种变革，或者说课程实施力图将课程变革引入教育实践之中。本研究聚焦于"小学数学'综合与实践'领域应该有怎样的课程实施模式？"这一核心研究问题，力图通过模式原型的理论建构—模式的教学实践验证—课程实施模式总结三个步骤，对小学数学"综合与实践"领域课程实施模式做系统研究。运用教学视频分析法对 12 节典型的小学数学综合实践活动课的教学课例特征进行分析，得到小学数学"综合与实践"领域的课堂教学样态，确定了小学数学"综合与实践"领域的五个核心要素：主题、问题、任务、活动和评价。根据小学数学"综合与实践"领域课程本质，在具身认知理论指导下建构提出小学数学"综合与实践"领域的"5E＋I"课程实施模式，主要包括创设（Establish）、提出（Introduce）、探究（Exploration）、展示（Exhibition）、拓展（Expand）、评价（Evaluate）六个环节。创设作为课程实施的起始环节，主要在于揭示活动主题，创设情境；提出作为课程实施的关键环节在于提出核心问题，建立任务驱动；探究环节是课程实施的中心环节，是实践活动探究的重要过程；展示作为重要环节，是对实践活动的深度反思，引导学生实现由行到知的提升；拓展是课程实施的巩固环节，是对课程的进一步拓展与延伸；评价环节作为课程实施的必备环节，贯穿课程实施的全过程，及时关注着学生的探究表现。"5E＋I"课程实施模式的建构凸显了数学学科的实践性要求，促进了数学学科实践的系统教学设计，强调了数学学科实践反思的拓展升华意义。从而，整体上培养学生的数学学科核心素养。

二、研究的讨论

每一项研究都需要反思与讨论，研究讨论包括很多方面，可能是研究内容、研究工具开发或者是研究过程与方法等，具体的讨论内容与研究本身相关，与研究的重难点有关系。无论讨论哪个方面，研究者认为关注研究成果与研究问题之间的关联，研究成果的应用与创新，在研究中可能存在的不足与问题，以及问题背后可能存在的原因和进一步改善的措施等，是讨论的重点内容。基于这些思考，针对本研究的成果进行初步讨论。

（一）调研工具、样本量、地域选取以及调研过程中的一些问题

本研究首先在文献梳理过程中通过对重要文献地域的分析，结合研究的实际便利性，确定了"北京＋浙江""重庆＋陕西""青海＋甘肃"三个地域分布梯队。在研究期间花费了大量时间和精力，但是由于各方面不可抗的阻力，研究样本、地域分布等还不够多、不够广泛。本研究采用质性与量化相结合的混合研究范式，在研究工具的设计与开发以及调研数据的分析中运用了统计学的工具与软件，在具体工具使用过程中还存在一些缺陷，考虑分析不够全面。尤其，访谈调查多采用线上形式，因而访谈过程中难免出现一些不可抗的干扰因素；访谈大多在晚上8、9点钟进行，访谈对象通过专家推荐、亲戚朋友介绍等方式确定。研究过程中尽量平衡选择不同职称、不同年级的师生作为访谈对象。访谈对象的地域也和问卷调查地域保持一致。但是由于个人能力有限，对于访谈内容的分析还是会存在一些不足，质性研究方面也有缺憾。研究前期，进行了半个多月的田野调查，进行了一些访谈，效果很好。但是，由于疫情原因，研究后期的访谈都采用网络手段，没有达到预期效果。本研究数据的搜集主要是通过访谈完成的，研究中研究者尽量避免主观性因素对访谈数据的干扰，但是难免会受到客观因素的影响。比如，访谈过程中突然网络不佳、噪声干扰等情况。尤其对小学生的访谈，访谈过程中会受到其他人员的打扰。加之研究者的访谈技巧有限，对访谈对象谈及的内容描述，可能存在记录得不够详细、不够清晰、不够全面的问题。研究中研究者也试图通过收集教师的教学日记、课件、教学设计和学生的作品等来弥补访谈信息不全面的问题。但是，所有资料都是电子材料，感觉还是没有实物全面，量化研究方面存在遗憾。本研究中的问卷调查，采用问卷网发布调查问卷"小学数学"综合与实践"课程现状调查问卷（教师用）"。由于问卷网络传播的地域差异，回收到的问卷数量存在一定的地域差异。第二梯队的问卷回收数量较大，其他地域问卷回收数量相对较少。每个梯队里也存在地区差异。虽然网络问卷调查便利，但是也存在很多弊端。一些主观填空题目被忽略，没有人填写。为此，在预调查之后就删除了所有的填空题目，

全部变成选择题。本研究中还有一个重要的量化研究，即教学视频分析。本研究中的教学视频分析过程，基于视频分析框架，是由研究者一个人完成了分析、编码、赋值、评分的工作，因而研究中可能存在个人主观因素的影响。教学视频选择都是经过打磨后的相对优质的课，典型性很足，但是代表性不足。

（二）对"5E+I"课程实施模型教学实践应用的反思

构建小学数学"综合与实践"领域课程实施模式是本研究的重点，也是难点，依据构建的课程实施理论原型，对模型进行教学实践检验和调试是必不可少的。本研究除了利用德尔菲法判断模型的可行性外，主要进行教学实践检验与调试。本研究依据设计本位的基本过程，设计进行了三轮教学实践，这三轮教学实践是一个逐步推进与深化的过程。第一轮教学实践研究主要是从宏观视角进行实施模式的教学尝试和探索，尝试遵照模式原型的理论要求，进行实践活动案例的教学设计与实施；从观念层面对"5E+I"课程实施模式中的核心要素进行整体的设计与考察。第二轮教学实践研究主要是从中观视角进行教学调整和改进，在第一轮教学实践研究基础上，在理解认知层面对"5E+I"课程实施模式进行调试。第三轮教学实践研究主要是从微观视角进行教学提升与应用，在具体操作应用层面对"5E+I"课程实施模式的结构进行细节打磨。经过三轮教学实践，一线教师认可该模式的教学应用价值，并肯定其实践操作意义。然而，教学实践中仍然存在一些值得思考的问题。第一，本研究选取的"制作活动日历"和"打电话"两个实践活动案例是人教版教材中的内容，主要是基于年月日的认识和优化思想两个主题展开。由于案例实践学校的教学计划，这两个实践活动课时设计相对紧张，本研究也只展示了其中45分钟的活动过程。第二，教学实践过程中教师在创设环节存在困难，因而教学实践中主题开发不够丰富，主要以教材内容为主；在提出环节，师生提出的问题也相对单一。第三，研究提出的师生行为指南，为课程实施模式的应用提供了操作性指导和条件要求。因此，在后续的研究中更要注重师生行为指南的科学性、精确性，进一步发挥课程实施模式的实践价值。

三、有待进一步研究的问题

本研究首先回顾并阐释了小学数学“综合与实践”领域课程的发展与基本理论，对小学数学“综合与实践”领域基于课程视角进行再认识。其次，调查分析小学数学“综合与实践”领域课程实施现状，分析目前小学数学“综合与实践”领域课程实施过程中存在的具体问题，以及影响课程实施的主要因素。最后，尝试建构小学数学“综合与实践”领域课程实施模式，以期提高小学数学“综合与实践”领域课程实施效果，指导、帮助一线教师有效开展小学数学综合与实践活动教学。研究论文主要由问题的提出、文献综述、研究设计、课程再认识、课程实施现状、课程实施模式建构及教学实践等几个部分组成，共分九章展开论述，研究内容紧密关联、相互印证，构成统一整体。总之，小学数学“综合与实践”领域课程实施是落实数学课程立德树人根本任务，培养学生数学核心素养，转变数学学习方式的重要途径。对小学数学“综合与实践”领域课程实施研究是一项潜在而丰富的研究，希望本研究能够抛砖引玉，促发进一步研究高潮，进一步推进小学数学课程与教学深化改革。关于本研究结论，后续可以进一步努力的方向如下。

1. 结合 2022 年版义务教育数学课程标准的相关要求，进一步开发小学数学“综合与实践”领域活动案例。对“5E＋I”课程实施模式的操作流程和师生行为指南再进行应用，引导一线教师系统设计小学数学实践活动。

2. 针对研究对小学数学“综合与实践”领域课程实施现状的分析，在线上与线下相结合的混合式学习背景下，尝试运用“5E＋I”课程实施模式，提高小学数学教育教学质量。

3. 结合研究提出的“5E＋I”课程实施模式，通过实践研究，采用钉钉、腾讯会议、希沃、微信等信息技术工具，从课前、课中、课后三个阶段，根据小学数学“综合与实践”领域课程特点与要求，设计“5E＋I”课程实施模式的预学单、学习单、综合学习检测、综合学习评分表等，引导学生深入参与实践活动探究，进一步研究实践活动如何促进学生深度学习的相关研究。

4.根据研究提出的"5E＋I"课程实施模式，分环节，精准检测该模式中学生综合学习水平，进一步促进小学数学"综合与实践"领域的评价，建构系统化的评价体系，促进实践活动发展。

结　语

　　小学数学"综合与实践"领域作为一种新型课程内容形态，是基础教育数学课程与教学改革的标志，是我国数学课程与教学改革的特色与创新之举，是对其他数学课程领域的整合、应用和拓展。本研究试图通过小学数学"综合与实践"领域课程实施研究，促进其常态化实施。首先，研究对小学数学"综合与实践"领域进行理论再认识，架起小学数学"综合与实践"领域课程实施理论框架。其次，通过对小学数学"综合与实践"领域课程实施现状进行调查研究，梳理实施过程中现存的主要问题。最后，基于理论认识和现实考察，尝试构建小学数学"综合与实践"领域课程实施模式。通过"理论——实践——理论"的循环印证路径，在理论与实践之间架构完整的课程实施模式，促进小学数学"综合与实践"领域的全面实施。

　　研究中运用了质性与量化研究相结合的研究方式，采用文献法、调查法和案例研究法，在具身认知、课程整合理论、实践课程观和多元智能理论的指导下，进一步澄清其课程实施理论，解开小学数学"综合与实践"领域课程理解迷思。研究选取一线教师、数学教研组长、学生和教学视频，从不同视角全面审视小学数学"综合与实践"领域课程实施现状，找准小学数学"综合与实践"领域课程实施问题。在此基础之上，精准构建小学数学"综合与实践"领域的"5E＋I"课程实施模式，创新小学数学"综合与实践"领域课程实践之路。综上，本研究达到了基本的研究目的，实现了小学数学"综合与实践"领域课程实施研究愿望。

　　通过研究，研究者深刻感受到小学数学"综合与实践"领域课程实施的重要性与必要性。小学数学"综合与实践"领域作为新型课程内容形态，既要不断发展其理论，又要积极创新实践模式，方可发挥小学数学"综合与实践"领域的重要教育价值。本研究尝试跨越小学数学"综合与实践"领域课程实施理论与小学数学"综合与实践"的教学实践的鸿沟，提出可具体指导一线教师教学实践的教学操作流程，虽然研究已经取得了一些结论，但是小学数学"综合与实践"领域课程实施本身具有复杂性，其仍然具有广阔研究空间。本研究构建的小学数学"综合与实践"领域的"5E＋I"课程实施模式，需要广泛的实践应用研究和优化改进，以及广泛的推广与普及。

参考文献

（一）著作

[1]［德］韦特海默. 创造性思维［M］. 林宗基，译. 北京：教育科学出版社，1987.

[2]［法］安德烈·焦尔当. 学习的本质［M］. 杭零，译. 上海：华东师范大学出版社，2015.

[3]［美］James A. Beane. 课程统整［M］. 单文经，译. 上海：华东师范大学出版社，2003.

[4]［美］Susan M Drake. 统整课程设计：证实能增进学生学习的方法［M］. 黄光雄，译. 高雄：高雄丽文文化事业股份有限公司，2001.

[5]［美］奥恩斯坦，汉金斯. 课程论：基础、原理和问题（第五版）（教育学经典教材）英文影印版［M］. 北京：中国人民大学出版社，2009.

[6]［美］伯克·约翰逊，拉里·克里斯滕森. 教育研究定性、定量和混合研究方法［M］. 马健生，译. 重庆：重庆大学出版社，2015.

[7]［美］多尔. 后现代课程观［M］. 王红宇，译. 北京：教育科学出版社，2000.

[8]［美］罗宾·福格蒂，朱迪·斯托尔. 多元智能与课程整合［M］. 郅庭瑾，译. 北京：教育科学出版社，2004.

［9］［美］罗莎琳德·查尔斯沃斯.3~8岁儿童的数学经验(第五版)［M］.潘月娟,译.北京:人民教育出版社,2007.

［10］［美］威廉F.派纳,威廉M.雷诺兹,帕特里克·斯莱特里,等.课程理解［M］.张华,译.北京:教育科学出版社,2003.

［11］［美］约翰·杜威.民主主义与教育［M］.陶志琼,译.北京:中国轻工业出版社,2014.

［12］［日］佐藤学.静悄悄的革命——课堂改变,学校就会改变［M］.李季湄,译.长春:长春出版社,2003.

［13］［苏］A.A.斯托利亚尔.数学教育学［M］.北京:人民教育出版社,1984.

［14］［英］麦克·扬.未来的课程［M］.谢维和,王晓阳,等译.上海:华东师范大学出版社,2003.

［15］［英］帕梅拉·利贝克.儿童怎样学习数学——父母和教师指南［M］.方未之,译.北京:人民教育出版社,1987.

［16］安东尼·杰克逊.全球胜任力——融入世界的技能［M］.吴敏,译.上海:华东师范大学出版社,2020.

［17］曹一鸣.十三国数学课程标准(小学、初中卷)［M］.北京:北京师范大学出版社,2012.

［18］曹一鸣.数学教学论(第2版)［M］.北京:高等教育出版社,2020.

［19］曾令鹏.小学数学综合与实践活动课程实施研究［M］.广州:广东高等教育出版社,2020.

［20］陈省身,张奠宙,王善平.做好的数学［M］.大连:大连理工大学出版社,2020.

［21］陈向明.质的研究方法与社会科学研究［M］.北京:教育科学出版社,2000.

［22］单中惠,朱镜人.外国教育经典解读［M］.上海:上海教育出版社,2004.

［23］傅敏,田慧生.课堂教学叙事研究:理论与实践研究［M］.北京:教育科学出版社,2009.

［24］顾明远. 教育大辞典［M］. 上海教育出版社,1999.

［25］顾小清. 主题学习设计:信息技术与课程整合的实用模式［M］. 北京:教育科学出版社,2005.

［26］郭元祥. 综合实践活动课程与教学论［M］. 北京:人民教育出版社,2013.

［27］胡定荣. 课程改革的文化研究［M］. 北京:教育科学出版社,2005.

［28］黄志红. 课程整合的历史与个案研究［M］. 广州:广东高等教育出版社出版,2013.

［29］［美］霍华德·加德纳. 多元智能［M］. 沈致隆,译. 北京:新华出版社,1999.

［30］刘善娜. 把数学画出来——小学画数学教学实践手册［M］. 北京:教育科学出版社,2019.

［31］刘善娜. 这样的数学作业有意思——小学数学探究性作业设计与实施［M］. 北京:教育科学出版社,2016.

［32］刘月霞,郭华. 深度学习:走向核心素养［M］. 北京:教育科学出版社,2018.

［33］吕世虎. 中国中学数学课程史论［M］. 北京:人民教育出版社,2013.

［34］马云鹏,吴正宪. 深度学习:走向核心素养(学科教学指南·小学数学)［M］. 北京:教育科学出版社,2019.

［35］潘菽. 意识——心理学的研究［M］. 北京:商务印书馆,1998.

［36］中国社会科学院文献情报中心. 社会科学新辞典［M］. 重庆:重庆出版社,1988.

［37］施良方. 课程理论——课程的基础、原理与问题［M］. 北京:教育科学出版社,1996.

［38］施良方. 学习论——学习心理学的理论与原理［M］. 北京:人民教育出版社,1992.

［39］史宁中. 基本概念与运算法则——小学数学教学中的核心问题［M］. 北京:高等教育出版社,2013.

［40］史宁中.义务教育数学课程标准(2011年版)解读[M].北京:北京师范大学出版社,2012.

［41］数学课程标准研制组.全日制义务教育数学课程标准(实验稿)解读[M].北京:北京师范大学出版社,2002.

［42］孙名符,吕世虎,傅敏,等.数学·逻辑与教育[M].北京:高等教育出版社,1994.

［43］泰勒.课程与教学的基本原理[M].施良方,译.北京:人民教育出版社,1994.

［44］涂荣豹.数学教学认识论[M].南京:南京师范大学出版社,2003.

［45］王鉴.课程与教学基本原理[M].北京:人民教育出版社,2014.

［46］王丽兵.换个角度学不一样的数学[M].杭州:浙江教育出版社,2021.

［47］王权.中国小学数学教学史[M].济南:山东教育出版社,1996.

［48］课程教材研究所编.20世纪中国中小学课程标准·教学大纲汇编(数学卷)[M].北京:人民教育出版社,2001.

［49］吴世颖,李明德.外国教育史教程(第三版)[M].北京:人民教育出版社,2015.

［50］有宝华.综合课程[M].上海:上海教育科学出版社,2002.

［51］张奠宙.数学教育研究导引[M].南京:江苏教育出版社,1994.

［52］张定强,张炳意.数学教学关键问题解析[M].北京:中国科学技术出版社,2020.

［53］张华,石伟平,马庆发.课程流派研究[M].济南:山东教育出版社,2000.

［54］钟启泉.现代课程论[M].上海:上海教育出版社,1989.

［55］朱慕菊.走进新课程——与课程实施者对话[M].北京:北京师范大学出版社,2002.

（二）学位论文

［1］Cho Hyoungmi. 小学分数除法教学的中韩案例比较研究［D］.上海：华东师范大学,2020.

［2］毕渔民. 数学五环活动教学模式研究［D］.哈尔滨：哈尔滨师范大学,2016.

［3］常磊. 中小学数学教学情境的国际比较研究［D］.上海：华东师范大学,2017.

［4］陈近. 我国小学数学双基教学的发展［D］.上海：华东师范大学,2018.

［5］褚小婧. 数学教科书意识形态研究［D］.金华：浙江师范大学,2019.

［6］翟贤亮. 从具身认知的基本属性到边界条件：祛魅与新立［D］.长春：吉林大学,2018.

［7］董静. 小学数学教师教学逻辑的个案研究［D］.长春：北师范大学,2016.

［8］付天贵. 数学文化对小学生数学学习兴趣影响的测评模型构建研究［D］.重庆：西南大学,2020.

［9］谷晓沛. 小学数学教师学科教学知识建构模式研究［D］.长春：东北师范大学,2018.

［10］柯珊. 高中物理核心内容及其教学策略研究［D］.长春：东北师范大学,2016.

［11］李莉. 5~6岁儿童数学问题解决认知诊断评估工具的开发及应用研究［D］.上海：华东师范大学,2020.

［12］石迎春. 小学数学"有过程的归纳教学"模式建构［D］.长春：东北师范大学,2021.

［13］谭秀云. 小学数学"综合与实践"活动实施的问题与策略研究［D］.南京：南京师范大学,2017.

［14］王文洁. 高中地理优质课堂特征研究［D］.上海：华东师范大学,2018.

［15］王志玲. 小学六年级学生数学交流推理能力教学研究［D］.上海：华

东师范大学,2019.

[16] 吴宏.小学数学深度教学研究[D].武汉:华中师范大学,2018.

[17] 徐颖.不确定性视角下小学数学教学改进研究[D].无锡:江南大学,2020.

[18] 岳增成.HPM对小学数学教师教学设计能力影响的个案研究[D].上海:华东师范大学,2019.

[19] 张丽伟.小学数学卓越教师信息化教学技术使用行为影响因素研究[D].长春:东北师范大学,2020.

[20] 张琴.基于多元智能理论的小学数学"综合与实践"的教学研究[D].苏州:苏州大学,2013.

[21] 赵冬臣.小学数学优质课堂的特征分析[D].长春:东北师范大学,2012.

[22] 仲秀英.学生数学活动经验研究[D].重庆:西南大学,2008.

[23] 朱立明.义务教育阶段学生数学符号意识发展水平研究[D].长春:东北师范大学,2017.

[24] 李清.初中数学"实践与综合应用"领域课程研究[D].长春:东北师范大学,2009.

（三）期刊

[1] Brent Davis,康长运.复杂理论与教育[J].全球教育展望,2008(01):8-12,20.

[2] 白晓歌.特色化综合实践活动的有效实施[J].中国教育学刊,2021(09):104.

[3] 蔡凤梅.小学生数学识图、画图与析图能力培养[J].教学与管理,2020(29):57-59.

[4] 蔡庆有.数学"综合与实践"内容的课程分析[J].教学与管理,2017(01):58-61.

[5] 曹培英.课程改革进程中若干地方性实践的回顾与分析——上海市基

于"五四学制"的小学数学课程内容精简样例[J].课程·教材·教法,2018,38(12):42-46,20.

　　[6]曹一鸣,李俊扬,大卫·克拉克.数学课堂中启发式教学行为分析——基于两位数学教师的课堂教学录像研究[J].中国电化教育,2011(10):100-102.

　　[7]查人韵.具身认知视域下小学数学实验的教学策略[J].上海教育科研,2021(05):83-86.

　　[8]陈德坤.小学数学"运算能力"核心素养的培育[J].中国教育学刊,2021(10):106.

　　[9]陈海烽,石树伟.数学实验需要找准自己的位置——由一则数学实验("翻牌游戏")课例谈起[J].数学通报,2016,55(07):7-10.

　　[10]陈理宣.论知识的整体性及其教育策略——基于实践教育哲学的视角[J].中国教育学刊,2015(12):26-31,48.

　　[11]陈婷,李兰,蔡金法.中国小学数学"问题提出"教学的研究与实践——基于《小学数学教师》和《小学教学》(数学版)中"问题提出"文章的分析[J].数学教育学报,2021,30(01):19-24.

　　[12]陈婷,谢升梅,蔡金法.我国中小学数学课程中"问题提出"的演变——基于课程标准(教学大纲)的分析[J].课程·教材·教法,2021,41(05):82-89.

　　[13]邓翰香,吴立宝,曹一鸣.新世纪以来我国中小学数学教材研究热点、演进与展望——基于科学知识图谱的实证分析[J].教育理论与实践,2021,41(08):38-43.

　　[14]冯新瑞.综合实践活动课程在落实劳动教育中的独特优势[J].教育科学研究,2021(02):64-67,96.

　　[15]付天贵,宋乃庆.走向小学数学文化自觉的思考[J].数学教育学报,2019,28(06):51-54.

　　[16]傅洁.小学数学课堂中数学与生活的平衡[J].中国教育学刊,2021(06):105.

［17］高红妹.香港《数学教育学习课领域程指引》评介及其启示［J］.课程·教材·教法,2019,39(02):138-143.

［18］高嵩,陈晓端.论当代主题式教学中的课程知识整合［J］.课程·教材·教法,2020,40(05):79-86.

［19］葛敏辉.以概念构图重构小学数学课堂样态——基于可视化学习的课堂新探索［J］.上海教育科研,2021(11):93-96.

［20］顾新佳,刘娟娟.小学数学结构化学习学历案及其设计［J］.教学与管理,2020(32):52-55.

［21］郭建芬.小学数学混合学习模式建构及教学策略［J］.教育理论与实践,2019,39(20):60-62.

［22］郭立军,刘凤伟,李美娟.小学数学概念的学习进阶:以小数概念为例［J］.课程·教材·教法,2021,41(10):79-85.

［23］郭绍青,张绒,马彦龙."有效教学"课堂录像分析方法与工具研究［J］.电化教育研究,2013,34(01):68-72.

［24］郭元祥.论教育的过程属性和过程价值——生成性思维视域中的教育过程观［J］.教育研究,2005(09):3-8.

［25］郭元祥,舒丹.论综合实践活动的育人功能及其条件［J］.教育发展研究,2019,38(10):25-29.

［26］郝志军,徐继存.教学模式研究20年:历程、问题与方向［J］.教育理论与实践,2003(23):51-55.

［27］何光峰,李美娟.TIMSS数学录像课研究及其借鉴意义［J］.数学教育学报,2016,25(05):88-91.

［28］何光峰.TIMSS录像课教学语言的分析及其对课堂教学评价的启发［J］.外国中小学教育,2017(04):34-40,7.

［29］胡红杏.项目式学习:培养学生核心素养的课堂教学活动［J］.兰州大学学报(社会科学版),2017,45(06):165-172.

［30］胡良梅.研读小学数学教材的三重境界［J］.教学与管理,2018(32):34-36.

［31］黄德忠.《义务教育数学课程标准(2011年版)》第一学段"综合与实践"的内容解读[J].教学与管理,2014(02):53-55.

［32］黄甫全.国外课程整合的发展走势及其启示[J].比较教育研究,1997(03):39-42.

［33］黄宏伟.整合概念及其哲学意蕴[J].学术月刊,1995(09):12-17.

［34］黄伟星,殷英.基于数学核心素养开展数学综合与实践教学[J].小学数学教师,2019(01):80-83.

［35］黄翔,童莉,史宁中.谈数学课程与教学中的跨学科思维[J].课程·教材·教法,2021,41(07):106-111.

［36］黄友初,陈杰芳,尚宇飞.小学数学优质课堂的教学语言特征研究[J].课程·教材·教法,2021,41(04):105-111.

［37］惠浩,刘国良.数学建模在小学科学探究学习中的运用[J].教学与管理,2020(29):64-66.

［38］季苹,陈红.综合实践活动课程如何实现"综合"——"以问题和概念为两端"的设计框架[J].中国教育学刊,2019(10):98-103.

［39］季晓华,罗康敏.小学数学教材中史料的编排特点与教学启示[J].教学与管理,2020(29):70-72.

［40］贾丽娜,田良臣,王靖,等.具身教学的设计研究:基于身体参与的多通道整合视角[J].远程教育杂志,2016(1):82-89.

［41］贾轩,曾小平.小学数学开放性作业的设计方法[J].教学与管理,2019(23):52-54.

［42］姜浩哲.我国传统数学文化融入教科书的价值、现状与展望——以人教版小学数学教科书为例[J].课程·教材·教法,2021,41(01):98-104.

［43］姜丽华.综合实践活动课程的被分解及其价值澄清[J].教育科学,2002(06):23-24.

［44］焦彩珍.具身认知理论的教学论意义[J].西北师大学报(社会科学版),2020,57(04):36-44.

［45］晋银峰.小学课程整合20年:历程、问题与策略[J].课程·教材·教

法,2020,40(11):13-19.

[46] 康宝贵.小学数学的实践与综合应用[J].教育评论,2007(05):147-148.

[47] 孔凡哲,张丹丹,周青.合作问题解决在人教版小学数学教科书中的呈现及与课程标准的一致性分析[J].课程·教材·教法,2019,39(02):92-99.

[48] 雷丽珠,易骏.综合实践活动视角下的小学劳动教育[J].教学与管理,2020(35):26-28.

[49] 黎灿明.立足教材研制数学"综合与实践"的好问题[J].教学与管理,2016(20):45-47.

[50] 李传庚.综合实践活动中儿童公共精神培育的价值与实践——基于"场景学习"的深化研究[J].人民教育,2021(01):69-71.

[51] 李光华,李双娥.小学数学"数学广角"内容分析及教学策略[J].教学与管理,2019(02):45-47.

[52] 李广,马云鹏.课程价值取向:含义、特征及其文化解析[J].东北师大学报(哲学社会科学版),2010(05):167-171.

[53] 李怀军,张维忠.小学生数学问题提出能力发展研究[J].数学教育学报,2019,28(05):2-8.

[54] 李佳,高凌飚,曹琦明.SOLO水平层次与PISA的评估等级水平比较研究[J].课程·教材·教法,2011,31(04):91-96,45.

[55] 李金梅.综合实践活动课程中的项目学习:理念、优势与改进[J].教育学术月刊,2021(02):85-90.

[56] 李孔文.塔木德:施瓦布实践课程思想根源[J].全球教育展望,2012,41(08):25-30.

[57] 李英杰.小学语文学科教学质量的课堂评价——基于对11节录像课的分析[J].教育科学研究,2014(04):25-30.

[58] 李允,李如密.教学机智的意蕴、要求及修炼[J].教育科学研究,2008(06):7-11.

[59] 李志河,李思哲,王元臣,等.具身认知环境下大学生深度学习评价量

表设计与核验[J].电化教育研究,2020,41(12):92-98.

[60] 刘久成.新中国成立以来小学数学"长度单位"教材内容的演进与思考[J].数学教育学报,2021,30(05):8-13.

[61] 刘莉.小学数学"综合与实践"活动案例开发与研究[J].基础教育课程,2018(20):34-39.

[62] 刘玲,戴金芮.分化与融合:综合实践活动课程的边缘化困境及其破解[J].中小学管理,2020(05):43-45.

[63] 刘美辰,李光.中小学综合实践活动的学生评价:问题检视、原因分析与改进策略[J].中国考试,2021(12):46-55,74.

[64] 刘延革,张丽丽.基于多元智能理论的数学综合与实践"主题式"评价体系的开发[J].小学教学研究,2021(16):5-8,15.

[65] 罗国忠.第三次国际数学和科学研究的科学探究能力评价体系及其启示[J].物理教学探讨,2007(11):1-2.

[66] 罗祖兵,余瑶.数学知识不确定性的价值及其实现[J].全球教育展望,2014,43(07):112-119.

[67] 吕世虎,杨婷,吴振英.数学单元教学设计的内涵、特征以及基本操作步骤[J].当代教育与文化,2016,8(04):41-46.

[68] 马晓羽,葛鲁嘉.基于具身认知理论的课堂教学变革[J].黑龙江高教研究,2018(1):5-9.

[69] 娜仁格日乐,史宁中.度量单位的本质及小学数学教学[J].数学教育学报,2018,27(06):13-16.

[70] 潘旭东,丁秀红.小学低年级数学"游园课程"的开发与实践[J].课程·教材·教法,2019,39(06):100-106.

[71] 潘涌.课程范式的转型与解放教学创造力[J].全球教育展望,2009,38(02):11-16.

[72] 彭国庆.小学数学"综合与实践"教学策略[J].教学与管理,2019(35):45-47.

[73] 彭国庆.小学数学深度学习的实施策略[J].教学与管理,2020(17):

56-58.

[74] 彭燕伟.小学数学核心素养研究现状及展望——以 2017 年度人大《复印报刊资料·小学数学教与学》中核心素养研究为例[J].教学月刊小学版（数学）,2018(09):42-45.

[75] 戚洪祥.数学问题解决:演变、内涵及实践路径[J].上海教育科研,2020(11):88-92.

[76] 沙国禅.综合实践活动课程深度学习的困境与策略[J].教学与管理,2020(22):32-35.

[77] 沈科.小学数学综合与实践"课型分类及教学策略[J].教学与管理,2013(29):45-47.

[78] 沈小碚,罗章.论深度学习在综合实践活动中的发生机理[J].教育科学研究,2021(10):77-81.

[79] 沈小碚,罗章.综合实践活动课程的实然之思及解困之道[J].教育理论与实践,2021,41(17):36-41.

[80] 石鸥.从课程改革的目标看综合实践活动的独特价值[J].中国教育学刊,2005(09):34-37.

[81] 史学正,徐来群.施瓦布的课程理论述评[J].外国教育研究,2005(01):68-70.

[82] 数学教育研究小组.数学素质教育设计要点[J].数学教学,1993(03):1-5.

[83] 宋乃庆,蒋秋,高鑫.STEAM 教育理念在我国小学数学教科书中的渗透探析[J].课程·教材·教法,2020,40(06):81-88.

[84] 宋宜秀.基于"思维可视化"理论的小学数学课堂重建分析[J].中国教育学刊,2019(S1):49-51.

[85] 孙彦婷,李星云.我国小学数学课程建设 70 年的历程与发展趋势[J].课程·教材·教法,2019,39(11):53-58.

[86] 陶红强.小学生数学符号意识分析框架的构建[J].数学教育学报,2020,29(05):41-45.

［87］汪国华. 数学应用意识的再认识及研究的方向［J］. 数学教育学报，2006（01）：89-91.

［88］王洪才. 教育研究的基本方法论［J］. 北京师范大学学报（社会科学版），2006（06）：21-27.

［89］王会亭. 从"离身"到"具身"：课堂有效教学的"身体"转向［J］. 课程·教材·教法，2015（12）：48-49.

［90］王嘉旖，叶浩生. 身体活动与学业成绩：来自具身认知的启示［J］. 心理学探新，2018，38（6）：492-496.

［91］王鉴. 课堂志：作为教学研究的方法论与方法［J］. 教育研究，2018，39（09）：122-132.

［92］王美倩，郑旭东. 基于具身认知的学习环境及其进化机制：动力系统理论的视角［J］. 电化教育研究，2016（6）：54-60.

［93］王尚志. 参与数学课程改革的经历与感悟［J］. 基础教育课程，2021（19）：4-10.

［94］王婷. 课程创生性变异的内涵、功用与实现条件［J］. 教育科学研究，2010（11）：46-49.

［95］王小燕，王音，康世刚. 聚焦数学文化落实立德树人——第五届全国小学数学文化课程教学观摩暨实验研究经验交流研讨会综述［J］. 数学教育学报，2020，29（02）：100-102.

［96］王欣瑜. 跨年级小学数学学力认知诊断测验的开发与验证［J］. 中国考试，2019（08）：71-78.

［97］王新民，吴立宝. 课改十年小学数学课堂教学变化的研究［J］. 中国电化教育，2012（08）：111-114，128.

［98］王瑶，李健，王光明. 小学高年级学生数学学习策略量表的设计与编制［J］. 心理研究，2021，14（05）：473-480.

［99］韦潞莹，黄甫全. 我国小学数学概念教学的回顾与展望［J］. 基础教育课程，2020（10）：42-52.

［100］吴璇，孔凡哲. 综合实践活动获得感的意蕴与提升［J］. 教学与管理，

2019(29):20–22.

[101]武建生.数学教学中学生实践能力的培养[J].教育理论与实践,2014,34(08):54–56.

[102]肖娴,胡月.综合实践活动课程评价的"学生本位"取向[J].当代教育科学,2020(05):56–59.

[103]谢明初.后现代主义、数学观与数学教育[J].教育研究,2005(12):66–71.

[104]熊梅,董雪娇,孙振涛.学科核心素养视角下的小学数学大单元设计[J].教学与管理,2019(35):51–53.

[105]徐伯钧.普通高中新课程实施中的异化现象令人担忧[J].中国教育学刊,2015(09):7–11.

[106]徐美荣.数学"综合与实践"领域课程内容的开发与实践[J].教学与管理,2015(35):45–46.

[107]徐志彤.注重类比推理:小学数学课培育创造性思维的尝试[J].人民教育,2021(07):66–68.

[108]许建领.高校课程综合化的渊源及实质[J].教育研究,2000(03):48–53.

[109]闫国瑞.试析荷兰"现实数学教育"理念的课程实现[J].比较教育研究,2018,40(11):81–90.

[110]闫守轩,赵雪艳.我国综合实践活动课程研究的热点与展望——基于2000—2018年CNKI数据库关键词共现知识图谱的可视化分析[J].教育理论与实践,2020,40(20):35–39.

[111]杨红萍,杨捷.小学生数学阅读能力结构的因素分析[J].数学教育学报,2019,28(05):14–18,91.

[112]杨万里.浅谈提高数学应用意识的问题及其对策[J].课程·教材·教法,1993(10):56–58.

[113]杨轶.小学数学深度学习的"问题驱动"[J].中国教育学刊,2021(11):107.

［114］姚蕊. 小学数学主题单元教学的整合策略［J］. 教学与管理,2019（20）:42-44.

［115］叶蓓蓓,冯绵绵. 实物化、电子化到信息化:新中国小学数学教具的演变［J］. 课程·教材·教法,2019,39（07）:68-75.

［116］叶浩生. 身心二元论的困境与具身认知研究的兴起［J］. 心理科学,2011,34（04）:999-1005.

［117］叶立军,周芳丽. 基于录像分析背景下的优秀数学教师课堂提问能力的研究［J］. 数学教育学报,2014,23（03）:53-56.

［118］叶婷. 高中学科综合实践活动的实践及思考——以语文"见字如面+"为例［J］. 上海教育科研,2020（08）:89-92.

［119］叶育枢. 香港小学数学课程评价:"理念""方式"与"启示"［J］. 数学教育学报,2019,28（05）:19-23.

［120］叶志强,宋乃庆,陈婷. 职前小学教师数学素养认识的质性研究［J］. 中国电化教育,2019（02）:57-65.

［121］殷世东. 综合实践活动育人方式的逻辑与课堂教学重构［J］. 教育科学研究,2021（11）:91-96.

［122］勇乐文. 游戏情境让小学数学课堂更高效［J］. 中国教育学刊,2021（06）:108.

［123］于国文,曹一鸣. "中澳法芬"中学数学课堂教师提问的实证研究［J］. 数学教育学报,2019,28（02）:56-63.

［124］于国文,曹一鸣. 关键教学行为视阈下的国际数学课堂比较——中澳法芬四国中学数学课堂研究［J］. 基础教育,2018,15（04）:93-102.

［125］俞宏毓,朱向阳,顾泠沅. 管窥小学数学课堂教学现状——"两位数减两位数退位减法"教学案例分析［J］. 数学教育学报,2019,28（01）:43-48.

［126］袁顶国,刘永凤,梁敬清. 教学模式概念的系统分析——教学模式概念的三元运行机制［J］. 西南师范大学学报（人文社会科学版）,2005（06）:110-114.

［127］张楚廷. 人的教育需要人的课程来支撑［J］. 课程·教材·教法,

2009,29(03):3-6.

[128]张传燧,欧阳文.课程范式与课程建构性试析[J].课程·教材·教法,2006(11):11-16.

[129]张东娇.课程建设·权力介入·人文精神——缘于价值和事实两个维度的讨论[J].西南师范大学学报(人文社会科学版),2003(05):89-93.

[130]张华,仲建维.综合实践活动课程:价值分析和问题透视[J].当代教育科学,2005(12):3-6.

[131]张华,仲建维.综合实践活动课程:价值分析和问题透视[J].当代教育科学,2005(12):3-6.

[132]张华.论课程领导[J].教育发展研究,2014,33(02):1-9.

[133]张昆.整合数学教学设计的取向——基于知识发生的逻辑取向与心理取向研究[J].中国教育学刊,2011(06):52-55.

[134]张黎黎,于悦.小学数学教学主题图的分类及运用[J].教学与管理,2018(35):45-47.

[135]张侨平,邢佳立,金轩竹.小学数学教学中数学推理的理论和实践[J].数学教育学报,2021,30(05):1-7.

[136]张胜,康玥媛.TIMSS研究方法的经验与启示——基于对梁贯成教授的深度访谈[J].数学教育学报,2017,26(04):72-75.

[137]张伟俊.数学"综合与实践"活动的有效设计研究[J].上海教育科研,2018(10):82-86.

[138]张先彬.小学数学深度教学四原则[J].人民教育,2020(22):52-54.

[139]张屹,王珏,谢玲,等.小学数学PBL+CT教学促进学生计算思维培养的研究——以"怎样围面积最大"为例[J].华东师范大学学报(教育科学版),2021,39(08):70-82.

[140]张勇.小学数学通过绘画创造情境的可能性[J].人民教育,2021(22):79.

[141]张祖润.小学数学"综合与实践"有效性的实践与思考[J].中小学教师培训,2016(10):57-60.

［142］章勤琼,阳海林,陈肖颖.小学数学教学中的表现性评价及其应用［J］.课程·教材·教法,2021,41(03):83-89.

［143］章全武.中国小学数学教材建设 70 年:回顾与展望［J］.数学教育学报,2021,30(03):59-63.

［144］赵士果,崔允漷.比恩课程统整的理念及模式建构［J］.全球教育展望,2011,40(07):32-36,19.

［145］赵书超.综合实践活动课程:理念与价值［J］.全球教育展望,2011,40(09):19-24.

［146］赵晓萌,张傲雪,张明亮,等.父母教育卷入与小学儿童数学焦虑的纵向联系:数学态度的中介作用［J］.心理发展与教育,2021,37(05):683-690.

［147］赵雪梅,钟绍春.具身认知视域下促进高阶思维发展的多模态交互机制研究［J］.电化教育研究,2021,42(08):65-71,87.

［148］郑义富.关于数学精神、数学思想与数学素养的辨析［J］.课程·教材·教法,2021,41(07):112-118.

［149］郑毓信."数学深度教学"的理论与实践［J］.数学教育学报,2019,28(05):24-32.

［150］周晓梅.基于循证理论的小学数学实验教学模式探究［J］.教学与管理,2020(02):56-58.

［151］朱晨菲,马复.小学课程内容发生了哪些变化——基于新旧《数学课程标准》的比较［J］.小学教学(数学版),2012(Z1):19-22.

［152］朱俊华.小学数学结构化学习的单元整体设计［J］.教学与管理,2020(35):55-57.

［153］朱黎生.《义务教育数学课程标准(2011 年版)》修订了什么［J］.数学教育学报,2012,21(03):7-10.

［154］朱恬恬.综合实践活动课程的价值取向研究［J］.湖南师范大学教育科学学报,2016,15(03):86-91.

［155］朱永新,沈祯真.论课程与教材的综合化——以新教育实验为例［J］.课程·教材·教法,2021,41(09):21-28.

［156］朱忠琴.论中小学课程内容组织的连续性［J］.当代教育科学,2017（02）:42-45.

［157］庄惠芬.小学数学单元学习群的建构与实践［J］.教育理论与实践,2021,41（32）:59-61.

［158］庄惠芬.小学数学游戏化学习策略的建构［J］.教学与管理,2020（32）:58-59.

（四）其他

［1］习近平.习近平致国际教育信息化大会的贺信［N］.人民日报,2015-05-24（002）.

［2］严士健.让数学融入我国文化传统［N］.光明日报,2007-05-08（011）.

［3］对话义务教育数学新课标［N］.中国教育报,2005-06-01.

［4］中华人民共和国教育部.基础教育课程改革纲要（试行）［N］.中国教育报,2001-7-27（2）.

［5］中华人民共和国教育部.基础教育课程改革纲要（试行）［EB/OL］.（2001-6-8）.http://www.moe.gov.cn/srcsite/A26/jcj_kcjcgh/200106/t20010608_167343.html.

［6］中华人民共和国教育部.教育部关于全面深化课程改革 落实立德树人根本任务的意见［EB/OL］.（2014-3-30）.http://www.moe.gov.cn/srcsite/A26/jcj_kcjcgh/201404/t20140408_167226.html.

［7］中共中央,国务院.关于深化教育教学改革,全面提高义务教育质量的意见［EB/OL］.（2019-6-23）.http://www.moe.gov.cn/jyb_xxgk/moe_1777/moe_1778/201907/t20190708_389416.html.

［8］中共中央,国务院.中国教育现代化2035［EB/OL］.（2019-2-23）.http://www.gov.cn/xinwen/2019-02/23/content_5367987.htm.

［9］中华人民共和国教育部.中小学综合实践活动课程指导纲要［EB/OL］.（2017-9-27）.http://www.moe.gov.cn/srcsite/A26/s8001/201710/t20171017_316616.html.

［10］中华人民共和国教育部．国家中长期教育改革和发展规划纲要（2010—2020 年）［EB/OL］．（2010–7–29）．http://www.moe.gov.cn/srcsite/A01/s7048/201007/t20100729_171904.html.

［11］课程教材研究所.20 世纪中国中小学课程标准·教学大纲汇编［S］.北京：人民教育出版社,1999.

［12］中华人民共和国教育部.全日制义务教育数学课程标准(实验稿)［S］.北京：北京师范大学出版社,2001.

［13］中华人民共和国教育部.全日制义务教育数学课程标准(2011 年版)［S］.北京：北京师范大学出版社,2012.

［14］卢 江,杨刚.义务教育教科书数学一年级(上册)［S］.北京：人民教育出版社,2014.

［15］卢 江,杨刚.义务教育教科书数学一年级(下册)［S］.北京：人民教育出版社,2014.

［16］卢 江,杨刚.义务教育教科书数学二年级(上册)［S］.北京：人民教育出版社,2014.

［17］卢 江,杨 刚.义务教育教科书数学二年级(下册)［S］.北京：人民教育出版社,2014.

［18］卢 江,杨 刚.义务教育教科书数学三年级(上册)［S］.北京：人民教育出版社,2014.

［19］卢 江,杨 刚.义务教育教科书数学三年级(下册)［S］.北京：人民教育出版社,2014.

［20］卢 江,杨 刚.义务教育教科书数学四年级(上册)［S］.北京：人民教育出版社,2014.

［21］卢 江,杨 刚.义务教育教科书数学四年级(下册)［S］.北京：人民教育出版社,2014.

［22］卢 江,杨 刚.义务教育教科书数学五年级(上册)［S］.北京：人民教育出版社,2014.

［23］卢 江,杨 刚.义务教育教科书数学五年级(下册)［S］.北京：人民教育

出版社,2014.

　　[24]卢江,杨刚.义务教育教科书数学六年级(上册)[S].北京:人民教育出版社,2014.

　　[25]卢江,杨刚.义务教育教科书数学六年级(下册)[S].北京:人民教育出版社,2014.

致　谢

　　回望三载，拖家带口开始博士求学之路。物换星移，只不过宇宙长河的一瞬，于我的人生旅程而言，却是浓墨重彩。忘不了没有写作思路的煎熬与焦虑，忘不了拒稿时的挫败与灰心，忘不了调研时的激动与兴奋，更加不会忘记导师点拨后的豁然开朗、信心满满。抚思昔日时光，饱含了太多的感念与深情，谨以此致谢。

　　首先，特别感谢导师吕世虎教授，导师渊博的学识、严谨的治学态度、科学的思维方法和超凡的人格魅力使我受益良多。吕老师的和蔼态度与包容让我感怀至深。多少次给我们开会至晚上十一二点；多少次在线给我指导论文；多少次出差途中还要被我叨扰。翻阅邮箱里的邮件，翻看论文上红色的修订批注，不禁潸然泪下，饱含了太多日月星辰的陪伴，太多老师的指导与帮助，太多指尖与键盘的碰撞。在博士论文选题、开题和写作过程中，倾注了吕老师太多的心血与帮助。论文每一章的框架都得到了吕老师的严格把关与指导。吕老师亲自帮我联系调研学校，给我介绍人脉资源。我论文撰写的荆棘之路上，吕老师披荆斩棘，保驾护航，帮我树立坚定的研究信念，提供科学的方法指导。生活上，吕老师和师母相敬如宾，尤其师母的温婉贤淑深深影响着我。吕老师和师母时常会关切询问我小孩的情况和我爱人的学业情况，叮嘱我要协调好生活与学业，照顾好家庭。吕老师的教诲如春风化雨、润物无声，使我终身受益，没齿难忘。在此祝愿吕老师和师母身体健康、工作顺利、万事顺遂。

其次，感谢博士求学期间万明纲教授、刘旭东教授、傅敏教授和各位授课老师的精彩报告和倾囊相授，这些课程的系统讲授为我的论文写作奠定了坚实的理论基础。感谢李如密教授、傅敏教授、姜秋霞教授和张定强教授在论文开题中提出的宝贵意见与建议。感谢徐继存教授、王兆璟教授、傅敏教授、李金云教授在预答辩中提出的问题与指导。

再次，十分感谢傅敏教授在上课、中期考核、论文开题和预答辩中的点拨、建议与指导。十分感谢浙江外国语学院贾随军教授对研究的指导与帮助，贾老师不辞辛劳与我讨论、交流，启迪、开阔我的研究视野与思路，并为我介绍研究资源，联系研究对象，传递研究资料。十分感谢重庆市教科所康世刚所长在调查研究时提供的帮助和便利，使我论文写作得以顺利开展。

最后，感谢2019级博士班的各位同学在读博期间的陪伴、开导和鼓励。感谢师兄彭燕伟、师姐于丽芳、师弟吴文斌在交流与讨论中提供的建议与帮助。感谢各位硕士同学的启发与支持。感谢四位共娱共乐小伙伴的并肩作战，使我的博士生活绚丽多彩。谢谢你们，愿我们都被生活温柔以待。

感谢父母给予我生命，养育我成长，愿时光不老，岁月无恙！特别感谢我的爱人郭晋昌，遇见你是我的幸运，赴兰比翼求学的时光终生难忘。谢谢你为家庭的付出，谢谢你给予我的支持！祝你博士学位论文答辩顺利！愿你三冬暖，春不寒，清晨沐浴阳光，傍晚品味香甜！愿岁月可回首，且以深情共白头！感谢我的小孩郭来来小朋友，谢谢你的笑容无数次治愈妈妈疲惫的身心，你是上天赐予的礼物，是妈妈明目张胆的喜欢，放纵不羁的宠爱，童年很短，未来很远，愿你眼里有光，心中有爱，余生携春风，星辰伴大海！

亲爱的家人、朋友和生命长河中的每一位有缘人，愿你我以梦为马、不负韶华，面朝大海、春暖花开。

史红燕

2022 年 11 月 10 日

附　录

附录一　小学数学"综合与实践"领域课程研究前期访谈提纲

尊敬的 *** 老师：

　　您好！感谢您在百忙之中抽出宝贵时间接受我的访谈。

　　这是一项关于小学数学"综合与实践"领域课程的研究，本次访谈希望了解您对小学数学"综合与实践"领域课程的一些看法，旨在为小学数学"综合与实践"的课程研究提供参考。本次访谈内容不涉及您的任何隐私问题，只是了解您对小学数学"综合与实践"领域课程的一些态度和观点，答案也没有对错、优劣之分；我们的访谈内容仅用于科学研究，会严格保密，请您不要有任何顾虑；您是否如实回答，将直接决定我们最终能否得出正确的研究结论。为了保证访谈过程的完整性和真实性，访谈会全程使用录音笔进行内容记录，后期再转换为文本以备学术研究之用。我将严格遵守学术研究伦理道德，确保访谈的私密性，保护您的个人信息。因此，请您从自身实际出发，轻松、真实地分享您的经验！再次感谢您的支持与配合！

访谈人：***

2021 年 7 月

1. 您认为小学数学"综合与实践"领域课程开设的必要性如何？与"数与代数""图形与几何""统计与概率"三个领域相比，其独特性体现在哪些方面？

2. 您感觉您能把握住《义务教育数学课程标准》（2022年版）中对小学数学"综合与实践"领域课程的要求吗？能用几个关键词描述您对"综合与实践"领域课程的认识吗？

3. 您是如何开展"综合与实践"领域课程教学的呢？可以结合您的教学过程谈谈您的感触吗？

4. 学生在"综合与实践"的学习活动中都干些什么呢？表现得怎么样呢？

5. 您认为您开展的"综合与实践"活动效果怎么样？您可以列举您组织过的活动实例谈一谈实施效果。

6. 如果有一个关于小学数学"综合与实践"领域课程的专题培训会，您最想得到哪些方面的培训？

7. 对于"综合与实践"领域课程您还有什么想说的呢？

附录二　小学数学"综合与实践"领域课程现状调查问卷（教师用）

尊敬的老师：

您好！这是一项关于小学数学"综合与实践"领域课程的调查，本问卷希望了解小学数学教师对"综合与实践"领域课程的认知理解、价值认同、实践操作和情感体验四方面的情况，旨在为小学数学"综合与实践"领域课程研究提供参考，感谢您的参与！本调查内容不涉及您的任何隐私问题，只是了解您对小学数学"综合与实践"领域课程的一些态度和观点，答案也没有对错、优劣之分；我们收集的数据仅用于科学研究，严格保密，问卷为匿名填写，请您不要有任何顾虑；您是否真实回答，将直接决定我们最终能否得出正确的研究结论。因此，请您按照实际情况、诚实作答，从前往后答卷，请勿漏答！对您的参与我们表示最真诚的谢意，感谢您的参与！

第一部分

请您仔细阅读以下每个陈述，您在多大程度上符合或者不符合它，请您选择相应的答案或者填空。

1. 您的性别（　　）

A. 男　　B. 女

2. 您现在所教年级（　　）

A. 一年级　　B. 二年级　　C. 三年级　　D. 四年级

E. 五年级　　F. 六年级

3. 您的学历（　　）

A. 大专　　B. 大学本科　　C. 研究生　　D. 其他

4. 您的职称（　　）

A. 三级　　B. 二级　　C. 一级　　D. 高级　　E. 正高级　　F. 其他

5. 您的教龄（　　）

A. 1~5 年　　B. 6~10 年　　C. 11~20 年　　D. 21 年及以上

6. 您所在地区（X 省 X 市）

第二部分　了解您对小学数学"综合与实践"领域课程的认知理解情况

请您仔细阅读以下每个陈述，您在多大程度上符合或者不符合它，请您选择相应的答案或者填空。

7. 您了解小学数学"综合与实践"领域课程。（　　）

A. 非常不符合　　B. 不符合　　C. 一般　　D. 符合　　E. 非常符合

8. （多选题）您通过哪些途径了解数学"综合与实践"领域课程的？

（　　）

A. 课程标准　　B. 教学参考书　　C. 教材　　D. 同事交流

E. 培训　　F. 网络

G. 其他_____

9. 您能理解 2011 年版课标中对小学数学"综合与实践"领域课程的界定。（　　）

A. 非常不符合　　B. 不符合　　C. 一般　　D. 符合　　E. 非常符合

10. 您认为小学数学"综合与实践"领域课程和"数与代数""图形与几何""统计与概率"课程一样。（　　）

A. 非常不符合　　B. 不符合　　C. 一般　　D. 符合　　E. 非常符合

11. 您清楚教材中哪些是"综合与实践"课程的内容。（　　）

A. 非常不符合　　B. 不符合　　C. 一般　　D. 符合　　E. 非常符合

12. 您认为数学"综合与实践"领域课程的特征是。（　　）

A. 问题性　　B. 综合性　　C. 实践性　　D. 创生性

E. 自主性　　F. 其他

第三部分　了解您对数学"综合与实践"领域课程价值认同的情况

请您仔细阅读以下每个陈述，您在多大程度符合或者不符合它，请您选择相应的答案或者填空。

13. 您认为有必要在小学数学课程内容里设置"综合与实践"课程。

（　　）

A. 非常不符合　　B. 不符合　　C. 一般　　D. 符合　　E. 非常符合

14. （多选题）您认为数学"综合与实践"领域课程对培养学生的哪些核心素养具有重要的价值意义？（　　）

A. 模型意识　　　B. 问题意识　　　C. 应用意识

D. 创新意识　　E. 其他

15. 您清楚设置数学"综合与实践"领域课程的目的。（　　）

A. 非常不符合　　　B. 不符合　　　C. 一般　　　D. 符合　　　E. 非常符合

16. （多选题）您认为实施数学"综合与实践"领域课程，对您有哪些帮助？（　　）

A. 转变教学观念　　　B. 改变教学方式　　　C. 提高对学生的管理能力

D. 提升了数学活动设计能力　　　E. 其他

17. （多选题）您认为实施数学"综合与实践"领域课程，对学生有哪些帮助？（　　）

A. 激发学生的数学学习兴趣

B. 加深对知识之间联系的理解

C. 培养学生综合应用数学知识解决实际问题的能力

D. 教给学生一些思考问题的思想方法

E. 培养学生发现和提出问题的能力

F. 培养学生的合作与交流能力

G. 培养学生收集、整理、分析资料的能力

H. 增强了学生的自学能力

I. 其他＿＿＿＿＿＿＿＿＿＿＿＿＿＿＿＿＿＿＿＿＿＿＿＿＿＿＿

第四部分　了解您实施小学数学"综合与实践"领域课程的情况

请仔细阅读以下每个陈述，您在多大程度上同意或者不同意它，请您选择相应的答案或者填空。

18.您认为在小学阶段实施数学"综合与实践"领域课程能很好地体现义务教育阶段数学课程目标和要求。

A.非常不符合　　　B.不符合　　　C.一般　　　D.符合　　　E.非常符合

19.您能按照教材内容，组织开展每一次"综合与实践"活动。

A.非常不符合　　　B.不符合　　　C.一般　　　D.符合　　　E.非常符合

20.您能轻松确定数学"综合与实践"活动目标。

A.非常不符合　　　B.不符合　　　C.一般　　　D.符合　　　E.非常符合

21.您能主动搜集资源，改编数学教材中的"综合与实践"课程的内容，充实活动内容。

A.非常不符合　　　B.不符合　　　C.一般　　　D.符合　　　E.非常符合

22.您每学期开展数学"综合与实践"活动的次数。（　　　）

A.1~2次　　　B.3~5次　　　C.6~7次　　　D.8~10次　　　E.10次以上

23.您会让学生自主学习教材中的"综合与实践"课程的内容，上课时直接跳过。（　　　）

A.非常不符合　　　B.不符合　　　C.一般　　　D.符合　　　E.非常符合

24.您会选择考试时会考的"综合与实践"课程内容，去精心设计。

A.非常不符合　　　B.不符合　　　C.一般　　　D.符合　　　E.非常符合

25.您会选择一些数学"综合与实践"活动任务，作为家庭作业让学生自主探究。（　　　）

A.非常不符合　　　B.不符合　　　C.一般　　　D.符合　　　E.非常符合

26.您认为一学期应该组织几次数学"综合与实践"活动。（　　　）

A.1~2次　　　B.3~5次　　　C.6~7次　　　D.8~10次　　　E.10次以上

27.您实施数学"综合与实践"活动时很担心要占用很多课时。（　　　）

A.非常不符合　　　B.不符合　　　C.一般　　　D.符合　　　E.非常符合

28.您认为要改变数学学习评价方式，应该将"综合与实践"活动纳入考查范围。（　　　）

A.非常不符合　　　B.不符合　　　C.一般　　　D.符合　　　E.非常符合

29.您组织数学"综合与实践"活动，是设计好活动任务，让学生遵照指

令完成就行。（　　　）

　　A. 非常不符合　　B. 不符合　　C. 一般　　D. 符合　　E. 非常符合

　　30. 您会抓住课堂中学生的一些生活问题，给学生提供数学"综合与实践"活动的机会。（　　　）

　　A. 非常不符合　　　B. 不符合　　　C. 一般　　　D. 符合　　　E. 非常符合

　　31.（多选题）您在实施数学"综合与实践"领域课程采用的活动形式有哪些？（　　　）

　　A. 数学游戏　　　B. 数学实验　　　　C. 数学探究

　　D. 数学调查　　　E. 设计与制作　　　F. 其他

　　32.（多选题）您在实施数学"综合与实践"领域课程的教学组织形式有哪些？（　　　）

　　A. 主题活动　　　B. 小组合作　　　　C. 学生自主探究

　　D. 项目式　　　　E. 课题学习　　　　F. 其他

第五部分　了解您实施数学"综合与实践"领域课程的情感体验情况

　　请仔细阅读以下每个陈述，您在多大程度上同意或者不同意它，请您选择相应的答案或填空。

　　33. 您完成一次"综合与实践"活动会很累。（　　　）

　　A. 非常不符合　　B. 不符合　　C. 一般　　D. 符合　　E. 非常符合

　　34. 您会因组织了一次数学"综合与实践"活动而感到开心。（　　　）

　　A. 非常不符合　　B. 不符合　　C. 一般　　D. 符合　　E. 非常符合

　　35. 您会对学生在数学"综合与实践"活动中的表现感到惊讶。

　　　　　　　　　　　　　　　　　　　　　　　　（　　　）

　　A. 非常不符合　　　B. 不符合　　　C. 一般　　　D. 符合　　　E. 非常符合

　　36. 您感觉学生在数学"综合与实践"活动过程中很开心。（　　　）

　　A. 非常不符合　　B. 不符合　　C. 一般　　D. 符合　　E. 非常符合

　　37. 您感觉家长对学生探究数学"综合与实践"活动是很配合的。（　　　）

　　A. 非常不符合　　B. 不符合　　C. 一般　　D. 符合　　E. 非常符合

38. 您感觉在小学阶段实施数学"综合与实践"领域课程很困难。（　　）

A. 非常不符合　　B. 不符合　　C. 一般　　D. 符合　　E. 非常符合

39.（多选题）您感觉开展小学数学"综合与实践"领域课程困难的原因是（　　）。

A. 占用课时，影响教学进度

B. 没有受过专业培训，自己力不从心

C. 学生能力有限，无法积极参与

D. 学校制度约束，活动不能充分开展

E. 没有活动组织团体，一个人操作困难

F. 其他

附录三　（数学教研组长）访谈提纲

尊敬的 *** 老师：

　　您好！感谢您在百忙之中抽出宝贵时间接受我的访谈。

　　这是一项关于小学数学"综合与实践"领域课程的研究，本次访谈希望了解您对小学数学"综合与实践"领域课程实施影响因素的一些看法，旨在为小学数学"综合与实践"领域课程研究提供参考。本次访谈内容不涉及您的任何隐私问题，只是了解您对小学数学"综合与实践"领域课程的一些态度和观点，答案也没有对错、优劣之分；我们的访谈内容仅用于科学研究，会严格保密，请您不要有任何顾虑；您是否如实回答，将直接决定我们最终能否得出正确的研究结论。为了保证访谈过程的完整性和真实性，访谈会全程使用录音笔进行内容记录，后期再转换为文本以备学术研究之用。我将严格遵守学术研究伦理道德，确保访谈的私密性，保护您的个人信息。因此，请您从自身实际出发，轻松、真实地分享您的经验！再次感谢您的支持与配合！

访谈人：***

　　1. 您组织过关于小学数学"综合与实践"领域课程的专题研讨活动吗？研讨的情况是怎样的？

　　2. 您感觉老师们在实施小学数学"综合与实践"领域课程时的困难和问题是什么？

　　3. 在你们的教学研讨活动中，老师会经常讨论"综合与实践"领域课程教学中的问题吗？您感觉老师们对小学数学"综合与实践"领域课程的态度是积极、主动、热情的吗？

　　4. 如果你们省内要组织小学数学教学比赛或者公开课之类的活动，你们教研组会选择打磨"综合与实践"领域课程的内容去参赛吗？

5. 您认为小学数学"综合与实践"领域课程实施中教师主观的影响因素是什么？在日常教学中主要表现在哪些方面？

6. 您在小学数学"综合与实践"领域课程实施中做过哪些努力？是否统一开发过"综合与实践"领域课程资源？

7. 您对今后小学数学"综合与实践"领域课程开发与实施的意见及建议是什么？

附录四 （教师）访谈提纲

尊敬的 *** 老师：

您好！感谢您在百忙之中抽出宝贵时间接受我的访谈。

这是一项关于小学数学"综合与实践"领域课程的研究，本次访谈希望了解您对小学数学"综合与实践"领域课程实施影响因素的一些看法，旨在为小学数学"综合与实践"领域课程研究提供参考。本次访谈内容不涉及您的任何隐私问题，只是了解您对小学数学"综合与实践"领域课程的一些态度和观点，答案也没有对错、优劣之分；我们的访谈内容仅用于科学研究，会严格保密，请您不要有任何顾虑；您是否如实回答，将直接决定我们最终能否得出正确的研究结论。为了保证访谈过程的完整性和真实性，访谈会全程使用录音笔进行内容记录，后期再转换为文本以备学术研究之用。我将严格遵守学术研究伦理道德，确保访谈的私密性，保护您的个人信息。因此，请您从自身实际出发，轻松、真实地分享您的经验！再次感谢您的支持与配合！

访谈人：***

1. 您有参与过关于小学数学"综合与实践"领域课程的培训或者系统学习过网络上的一些资源吗？

2. 能谈谈您记忆深刻的一次"综合与实践"课程的教学活动过程吗？

3. 如果要参与教学比赛或者公开讲课，您会选择"综合与实践"课程的内容去参赛吗？

4. 您感觉实施小学数学"综合与实践"领域课程的困难和问题是什么？

5. 您认为影响您实施小学数学"综合与实践"领域课程的因素是什么？

6. 您认为考试评价制度是影响小学数学"综合与实践"领域课程常态化实施的重要因素吗？您认为还有其他什么因素呢？

7. 您对今后小学数学"综合与实践"领域课程开发与实施的建议是什么？

附录五　（学生）访谈提纲

亲爱的 *** 同学：

　　您好！感谢您在百忙之中抽出宝贵时间接受我的访谈。

　　这是一项关于小学数学"综合与实践"领域课程的研究，本次访谈希望了解您对小学数学"综合与实践"领域课程实施影响因素的一些看法，旨在为小学数学"综合与实践"领域课程研究提供参考。本次访谈内容不涉及您的任何隐私问题，只是了解您对小学数学"综合与实践"领域课程的一些态度和观点，答案也没有对错、优劣之分；我们的访谈内容仅用于科学研究，会严格保密，请您不要有任何顾虑；您是否如实回答，将直接决定我们最终能否得出正确的研究结论。为了保证访谈过程的完整性和真实性，访谈会全程使用录音笔进行内容记录，后期再转换为文本以备学术研究之用。我将严格遵守学术研究伦理道德，确保访谈的私密性，保护您的个人信息。因此，请您从自身实际出发，轻松、真实地分享您的经验！再次感谢您的支持与配合！

访谈人：***

　　1. 您喜欢上数字编码、制作活动日历、一亿有多大、打电话、确定起跑线等数学活动课吗？

　　2. 您知道这些课程内容都属于数学"综合与实践"领域课程吗？

　　3. 您对老师在数学活动课上组织开展的数学活动是否满意？为什么？

　　4. 这些数学活动内容老师一般都是怎么处理的呢？自学？留作业？课堂组织活动？分小组？独立完成？

　　5. 在数学"综合与实践"领域课程的活动过程中，对想不出解决办法的活动，老师如何解决这一问题？在数学"综合与实践"领域课程的活动过程中您感觉怎样呢？感觉对于您而言很难吗？

6. 您喜欢具有挑战性还是趣味性的数学"综合与实践"领域课程的活动？

7. 您认为数学"综合与实践"领域课程活动的方式会让您更喜欢数学吗？能帮助您把数学学得更好吗？您会在数学"综合与实践"领域课程的活动中积极、自主思考并愿意与同学交流吗？

8. 您会期待老师对您的活动成果教学评价吗？

9. 能不能谈一谈您印象最深刻或者最糟糕的一次数学"综合与实践"领域课程的经历？谈一谈为什么？您能为老师今后实施数学"综合与实践"领域课程提些建议吗？

附录六　课堂教学观察记录表

课题名称								
时间		地点		人数			班级	
执教老师		年龄		教龄			职称	
主要活动内容	数学概念理解	数学知识应用	数学操作活动	数学问题探究		数学实验验证		其他
学生活动方式	游戏体验	动手操作	课堂讨论	调查	模拟表演	手工制作	师生问答	实验活动 / 其他
主体参与形式	小组为单位参与	个人参与	班级共同参与	师生共同参与	学生与家长共同参与		其他	
玩、教具以及教学辅助资料	课前学习单	课中活动手册	活动材料	玩具	教具	作品	作业	其他
活动时间等级评价	36~40分钟	31~35分钟	26~30分钟	21~25分钟	16~20分钟	11~15分钟	0~10分钟	
活动拓展_____	主题内容拓展	增加人员参与数■	扩大活动区域	建立学校之间、学校与社区及家庭之间的合作		其他		

注：正式观察时，■具有的每一项下打"？"